On Contents Production

Tsutomu Kuno

コンテンツ製造論

公野勉

風塵社

コンテンツ製造論

風塵社

はじめに

現在、これまでの定性サイクルの不況ではなく、世界規模の歴史的な構造不況がおとずれている。経済や政治の構造、国際関係や国家経営のシステムそのものにパラダイム転換を迫るほどの歴史的な不況期に突入しているのである。ゆるやかに速度を上げながら、いろいろな領域でそれまでの貯えを吐き出し、そして新しい種子を植えることができずにいる。

この波は恐ろしいことに、豊かな八〇年代までに社会に出た人々には理解できないことが多い。八〇年代までにデビューした人々は、安定した経済体制と会社組織に守られて生産活動を行ってきた。隣接する業務や組織内での自分の立つ場所の意味、会社の利益構造や政治、国際関係や近代史などをよく知らなくても定年を迎えることができた、幸せな世代である。成長経済と企業組織を希望的、道徳的に妄信せざるを得ない世代なのだ。その豊かさも実は朝鮮戦争やベトナム戦争という外的な要因をテコにして、イレギュラーに獲得した外貨のために生じたものだ。しかし、その生産性のために必然的に設定されていた終身雇用や年功序列という防壁はすでにない。自分自身で生産力とその産業知識を獲得しておかなければ生き残れない時代となってしまったのだ。常識も教育もそのような時代に備えることをしないできた。もう高度経済成長期のような奇跡の時代は、向こう五〇年は到来しないのだ。

景気浮揚の兆しが見えないいま、映像産業も例に漏れず、いろいろな方向からの危機を迎えている。戦後に幾度か確定されてきたメディアの枠組みとヒエラルキー、そして経済ダイナミズムが二〇一〇年代に入ってから大きく変動し、それまでのメジャーメディアが求心力を喪失し、あるいはそれまでの豊かさに比例するように伸びた社会環境・労働環境の厳酷化や金融事業者の先鋭化により、〝持たざる者〟はその創造と成長の機会を失い、〝持つ者〟である大資本もその投資先を策定できずに、従来の構造のまま市場における覇権を維持し続け、結果として市場の収縮を生んでしまっている。

本書は映画をはじめとした映像産業界への参入者に対する、先人たちからの警告の書である。

これまで数多《あまた》の事業者が映像製作事業に参入し、そして断念していった。それは特殊な流通の地図を手に入れられなかったことや、開発・製造者であるクリエイターとの特異なコミュニケーション技法を理解できず、修得することができなかったことによる。また製造業でありつつも似て非なる特殊な会計基準が、その健全性を阻んできた。貴重な多額の資本が喪われてきたのである。

しかし、新規参入という刺激がなければ産業の拡張も強靭さも育たない。その意味で逆にあらゆる法理やスキルを駆使して生き残ってきたのが、映画をはじめとした映像産業とも言える。特に映画の業界は、洋画買付や洋画配給という外国権利元との取引や商品取り扱いにも乗り入れることから、きわめて難易度の高い契約やキャッシュフローなどの会計に長け、リーズナブルでストレスレスなビジネスマナーや商習慣を育ててきた。またクリエイティビティという抽象的な領域を動力とするため、それをグリップするノウハウも蓄積されてきた。

本書はその〝生きのびた人々〟の貴重な証言集であり、また、これまで開示されていなかった業界内のさまざまなソリューションも提示していく書である。

教科書でありつつ記録であり、旅行前に読むガイドブックでありつつ現地でのシェルパとして本書が活用されることを祈念する。

二〇一六年三月

公野勉

【凡例】

◎本書で「製作」とは、ある作品の企画、資金調達、出資、宣伝、興行全般にかかわるプロデューサー的な業務全般を指す（例、製作委員会）。「制作」はその業務の一環として、作品を作るための実作業を示す（例、制作会社）。

◎作品名には『　』を用い、その作品のシリーズ名を「　」で示し、キャラクター名にはカッコを使用していない。たとえば、『機動戦士ガンダム』〈一九七九年に放映されたテレビ番組名〉、「ガンダム」シリーズ〈現在に至る一連のテレビ・映画などのシリーズ名〉、ガンダム〈モビル・スーツと称される有人操縦ロボット〉とする。

コンテンツ製造論　目次

はじめに　3

第1章　コンテンツリテール（興行・小売）　11
第1節　映画興行　黒崎徹也（TOHOシネマズ常務取締役）　12
第2節　ゲーム　小林裕幸（カプコンプロデューサー）　25
第3節　電子出版　古川公平（講談社取締役）　64
第4節　パッケージ／ゲーム　鵜之澤伸（アニメコンソーシアムジャパン代表取締役）　86

第2章　コンテンツディストリビューション　125
第1節　映画配給　豊島雅郎（アスミック・エース取締役）　126
第2節　映画配給と興行について　149
第3節　映画宣伝としてのコンテンツマーケティングおよび広告論　162

第3章　コンテンツの経営　177
第1節　コンテンツプロダクション　植村伴次郎（東北新社最高顧問）　178
第2節　アニメプロダクション　内田健二（サンライズ代表取締役会長）　204

第一章　コンテンツリテール（興行・小売）

第一節　映画興行

黒崎徹也（くろさき・てつや）　ＴＯＨＯシネマズ常務取締役

【二〇〇七年七月インタビュー】

インタビューの前提なんですけれども、わたしがそれまでいたヴァージン・シネマズ〔一九九七年、山本マーク豪氏が漢のヴァージン・グループから出資を受けて設立し、映画興行会社として急成長を遂げた〕という会社が、二〇〇三年に東宝株式会社に買収されて東宝グループの傘下に入ったため、現在わたしは東宝の興行部門が分社化されたＴＯＨＯシネマズという会社で番組編成の仕事をしています。質問されたことにはお答えしますが、それはもちろんわたしの意見であって、会社を代表してのものではない、ということをご理解ください。

——わかりました。こちらもその前提でおうかがいします。それではまず最初に、黒崎さんの経歴を簡単に教えていただけませんか？

映画好きだったので、浪人時代から始めた映画館のアルバイトを、一浪二留で都合七年間、シネマサンシャインという池袋の映画館で続けました。そこは、いまの複合映画館の第一号のようなところで、オープニング（開業時）からアルバイトをしていて、現場の業務はみんなやっていました。九三年にワーナー・マイカル（現イオンシネマ）が一号店を立ち上げるという募集をしていたので応募して、ワーナーの一号店で働くことになりました。その後九九年に、海老名で支配人だった山本マーク豪さんに呼ばれて彼の立ち上げたヴァージン・シネマズに転職しました。

その後二〇〇三年にヴァージン・シネマズが東宝株式会社に買われて、そこから二〇〇五年までは東宝興行部に配属され、現在に至ります。

映画興行とはなにか？

――では具体的に、いまご活躍されている興行というのは映画事業のなかでどのようなビジネスでしょうか？　そのなかで黒崎さんはどういうお仕事をご担当されているのでしょうか？

ＴＯＨＯシネマズというのは、映画の興行をしている会社です。映画館ですね。映画館の運営のなかでいくつか業務があり、わたしのしている〝編成〟という業務は「どういう映画をどの劇場で、いつからいつまで上映するかを決める」部署です。

――黒崎さんが、映画のビジネスに参加しようと決心されたきっかけがあれば、教えていただけませんか？

単純に昔から映画が好きで観ていて、映画の仕事ができたらいいなと思っていました。そうしたら、たまたまうちの近くの池袋で映画のアルバイトを募集していたから、それに応募してみよう、と。そこからいまにいたるわけです。

——興行に足を踏み入れられたのは、たまたまだったということですか？

映画業界に入ろうと思ったら、映画館に入るのが、一番手っ取り早いんですね。募集している数がいちばん多いですから。それでも他業種に比べれば少ないほうですけれど、映画館のアルバイトだったら学生でも募集しているじゃないですか。ですから、そこが一番目に付くし、業界に入るきっかけの多いところになりますよね。制作なんかだと、余程のことがないと入れないと思います。

——そうですよね。就職雑誌とかに載ってるわけではないですからね。それでは、旧来型の映画館と新しい興行スタイルであるシネコン運営のちがいを教えていただけますか？

シネコンと既存映画館のちがいについては、ひと言でいうとリスクヘッジ〔リスクを分散し回避すること〕されているという点だと思います。つまり、いままでの映画館のように、一個のスクリーンで一作品だったら、その作品がコケても、それでやっていかなきゃいけない。やめちゃえればいいんですけれど、いろんなしがらみもあるし、なかなかそうもいかない。ところが、いくつかスクリーンがあれば、これも入りそうかな、と気になる作品をたくさん抱えておけばいい。劇場のキャパは適当に変えられるし〔席数の多いスクリーンと少ないスクリーンとで上映作品を入れ替えること〕、そういうリスクヘッジができることが一番大きいでしょうね。

また、ロビーとチケット売り場を共有することで、仮に五スクリーンになったとしてもそれの五倍分が必要になるわけではないということです。もぎりも一ヵ所ですむし、映写も一人ではできないかもしれないけれど、五人はかからない。チケット売り場も同様です。そういうことは既存店では、なかなかできないことですよね。

――そういう事情もあって、シネコン型の映画館の各スクリーンのキャパシティがそれぞれちがってくるわけですか？

絶対的な方程式は多分ないと思います。でも全部同じに作ったらダメでしょう。大きい座席数のところと小さい座席数のところの組合せが必要でしょうね。

――スクリーンも大きいと価格は高いんですか？

スクリーンも多少はしますけど、椅子を買わなきゃいけない点で経費がかかります。それに、劇場を大きくしたら、その分家賃がかかりますからね。六本木は街の規模が大きいので、大きいスクリーンも必要だと思います。その分経費もかかります。それと、小さくしすぎるとテレビと変わらないことになるので、その辺のバランスはありますね。

他社に先駆けたヴァージン・シネマズ

――ヴァージン・シネマズは、開業当初から先駆的なサービスを導入して話題を集めました。こういう運営思想はどういうところからくるのでしょうか？

そもそもヴァージン・シネマズは、外資のシネコンでは日本に進出したのが四番目だったんです。すでに、ワーナー・マイカル、ユナイテッド・シネマ、ＡＭＣがあって、その三社がすでに日本に進出しており、売り上げもよかったようです。その後に日本の映画会社も、松竹ＭＯＶＩＸとかのシネコンを始めました。そこで山本マーク豪が日本でやろうってことで資金を集めて、ヴァージン・シネマズを立ち上げたのが一九九九年なんですけど、一番後発だったんです。

社風として、「他がやらないことをとりあえずなんでもやろう」「あったらいいなって思うことをやってみよう」というものがありました。リチャード・ブランソン〔一九五〇年〜、イギリスの実業家。ヴァージン・グループ創設〕にも同じようなスピリッツがあるんですよ。彼は、ブリティッシュ・エアウェイズが気に入らなかったから、自分の気に入る航空会社を作って新たなサービスを導入しようと、ブリティッシュ・エアウェイズに戦いを挑んでヴァージン・アトランティックを立ち上げています。

そこでファーストクラスを意識したプレミアスクリーンを作り、また、マイカルではガラスでカウンターを全部仕切っていたんですが、チケットカウンターもエアラインのチケットカウンターのようにしました。ヴァージン・シネマズでは、手間がかかったっていいじゃない、他がやっていないんだからやってみましょう、という考えがありました。なんでもうちが最初にやってみましょうとしたんです。当時、他社で土日だけ指定をしていたところもあったんですけど、ヴァージン・シネマズでは毎日全席指定をやろうと。他がやらなくてもうちだけやろうとスタートしたんです。エアラインでも全席指定なんだからと、うまくそういうふうに関連性をつけました。

次にホスピタリティ面では、アメリカの映画館でやっていた企画をアレンジしてママズ・クラブ・シアターという名称で、赤ちゃんを連れて一緒に映画を観ましょう、ただしお互い様でいきましょうというサービスを始めました。その回は赤ちゃん連れのお客さん向けの上映会だから、赤ちゃんが泣いても文句言わないで、一緒に観る場を提供しましょうっていうことで、これも一つのアイコンにしました。また、ｖｉｔっていうインターネットでのチケットサービスも始めました。

ハード面でもソフト面でも、そういういろんなサービスを始めたわけです。そこにアイコンをいくつか作って、ロゴも作って、こうしたサービスを他の会社に先駆けてやっていたわけです。

――差別化を前提として、追撃をしていく映画チェーンとして価値を持たせようとしたわけですね。

そうですね。そういうなかで、わたしも前から会員組織を作りたいと思っていたので、会員組織も作ろうとなったわけです。そこでまたエアラインを意識して、マイレージサービスをそういう会員組織にしていこうと考えていたので、シネマイレージと。

始めた当初のこのサービスの目的は、観客のかたがたへの表彰だったんです。一番たくさん観た人を表彰しますから、うちの映画館で一番時間をたくさん過ごしてくださいっていうことなんです。

ですから、ポイントの付きかたが、他の会社のように料金ではないんです。観た映画の長さをポイントにしているので、短い映画を観たら一二〇分、『タイタニック』（一九九七年、米）なんか観たら一八〇分とポイントが付いていくことにしました。そこで、年間MVPを作って、トップのかたにはヴァージン・アトランティックで行くロンドン往復の旅をプレゼントっていうようなサービスをやっていたんですよ。

そういうお金には換算できないサービスをどんどん追求していこうとしていたので、その最初と第二回は、年間MVPの人にはうちのプレミアスクリーンにプレートをはめこもうとしたんです。「あなたは、これだけ観てくれました。どうもありがとうございます」ということです。それと記録を残そうとしました。何月何日にうちでこの映画を観てくれた、そういうものが記録に残る。それをシネマイレージ・レポートっていっているんですが、どこでなにを観たかを記録に残そうとしたわけです。「それを一年に一回送りますから、あなたが赤ちゃんのうちから観ていればあなたの映画人生は全部わかりますよ」、うちで観ていればってところがミソなんですね。

ヴァージン・シネマズが九九年にオープンして、五店鋪目からシネマイレージを始めたので、二〇〇〇年に始めたことになります。一号店が福岡の久山、二号店が名古屋で、三号店が千葉の市川、四号店が浜松で五号店が大阪の泉北だったんですが、その五店鋪でスタートしたんです。

そこで記録を残すという最初の志だけですと、一部のファンは喜ぶかもしれないけれど、一般的じゃないかもしれないってことで、どうしようかなとなったわけです。

そのときに名古屋のシネコンで、入場者にスタンプを押していて、六個押したら一回分プレゼントしますよというサービスがヒットしていたんです。それでうちも、カード作るくらいなら同じことをやっておこうとなって、カードを持っていれば、ポイントも貯まるし、記録も残るし、一回観るたびにカードに印を付けられる機能があるって聞いたんで、じゃあそれを使ってスタンプラリーにしようとなっていったわけです。

最終的にはスタンプラリーが人気になってきたので、わたしが最初に考えていたのとちがうところに行ってしまったところはあるんですけど、他がやらないことをやろう、あったら面白いことをやっていこう、という点は変わりないですね。だからシネマイレージができた二〇〇〇年ごろは、ＮＨＫの「おはよう日本」をはじめいっぱい取材されましたよ。

――記録として残るのであれば、マーケティングにもなりますよね。

ネット時代を見越して、レポート発送しないでも個人情報のアドレスを入れたらネット上で見られるようにしています。

そういう工夫はしてきているんですけど、その記録の使い道ももっと工夫していこうと考えています。映画館でたくさん映画を観て時間を過ごしてくださいよという、映画ファンのためのサービスというのが、本来の主旨ですからね。

こうしたサービスというのは、ヴァージンにしてみれば、多分生き残るために見つけた、ニッチだったわけです。ガツガツしていて金もなくてコネもないから、他がいやがることを率先的にやろうという姿勢だったので、他館が断ったことをやりましょう、配給会社が喜んでくれるならそれをやりましょう、ほかが偉そうなことを言ったり文句ばっかり言ってやらないことを、うちは二つ返事でいきましょう、基本的にはそういうところで始めたわけです。

それにちょっと馬鹿っていうのかな、あんまり採算性とかは深く考えないで、やっちゃおうよ、失敗したら多少金払ったっていいじゃないか、細かいことブツブツ言うなよっていうところでなんでもできたっていう気楽な面がありました。シネマイレージもお金がかかったんですけど、当時の社長がやれよって、すぐOKしてくれたので進められたわけです。

――山本マーク豪さんとの相性がすごくよかったと。

シネマイレージは苦労も多かったんですが、それでもいいと。一方でわたしも、いろいろと試みてみたんですよ。シニアに取り組もうということで、シニア向けのカード会員でシニア・シネマイレージというのを作ったりとか。それも当時はいっぱい取材されましたけど、なかなかうまくいかなかったんですね。

二〇〇一年からかな、シニアの場合プレミアスクリーンが普通の料金で観られるとか、家族と一緒に来たら家族を割引にするとか、おじいちゃん、おばあちゃんは割引にするとか、チャリティーでいいから昔の映画をタダでいっぱい観ましょうよとか、いろいろやったんですが、これはあまりヒットしなかったですね。

わたしがワーナー・マイカルにいたとき、安藤（肇）さんという宣伝部のすごく尊敬できる人がいたんですが、その人はワーナーのこういう立派な映画館を、その地域に宣伝しようという発想だったんです。既存映画館っていうのは、たとえば『スター・ウォーズ』（一九七七年〜、米）があると『スター・ウォーズ』の宣伝を一生懸命にして『スター・ウォーズ』のポスターを貼ったりしていたんですけど、マイカルはそうじゃなかった。映画の宣伝じゃなくて、劇場の宣伝だったんですよ。こういう立派な映画があって、駐車場も完備されていてという劇場の宣伝をして、ここにマイカルという映画館があるぞというエリアへの宣伝をしていました。

映画館にはなにかがあるんでしょうね

――現在、番組編成というお立場で、どういうことを考えていらっしゃいますか？

いままでの常識っていうのは、わたしには常識じゃなかったりするわけです。でもその常識というのが何十年間も続いているものですから、昔から映画界にいる人にはやはり常識でしょう。

一方で、方程式で番組編成をスパッと割り切れるのならばベストですが、なかなかそうもいかない。ある映画館の常識とされているものには、一般の人や新規参入者には非常識であることがいっぱいあると思うんです。ですから、新しいことにチャレンジしてみて、よかったこと悪かったことを検証していく。最初からダメだと思わないで、試行錯誤してみてもいいじゃないかってわたしは思うし、そういうことを続けていきたいですね。

――この興行界や映画界に向けて、提言をお願いしたいのですが。

コカ・コーラが日本に上陸してきたとき、その背景にあるアメリカの消費文化みたいなものを圧倒的に日本に押し付けて、憧れの対象にさせて、そこで日本人がコーラを飲むようになったような側面があるじゃないですか。同じような戦略で、劇場に足を向けさせるという戦略を、ライフスタイルの面から映画業界がうまく考えればいいと思うんです。

極端に言えば、「映画観ないの？　一週間に一回も映画行かないの？　映画は行ったほうがいいよね」って。それぐらいの形に持っていけば、映画を観る文化というのが育つと思うんです。あるかたがおっしゃっていたけれど、「その国の文化レベルは映画でわかる」というのはわたしも賛成なんですよ。アメリカ人ならば、週末、ベビーシッターに子どもを預けて映画に行くのが普通になってきている。そういうライフスタイルを、日本に植え付けるってことを業界を挙げてやればいい。シネコンというのは、そういう文化を創ることに、ある程度寄与していると思います。

でも、結局みんなエゴですから総論賛成各論反対になって、総論でこういうことやろうよとなっても、じゃあみなさんそこに金を出しますかとなると、いやうちは結構ですってことになってしまって、入場料の割引とかそういうことしかできない。

――それでは最後に、これから映画業界に憧れて興行界で働きたいとか映画界で働きたいと考えている学生たちや、新規参入を考えている実業家に、黒崎さんなりのお言葉をお願いします。

そうですね、映画の興行っていうのは、イオンとか、マイカル（現在はイオンリテールのスーパー）といった流通にたとえればわかりやすいと思います。つまり映画興行とは小売店のことです。はじめにすごくネガティブな話をすると、映画興行界で働こうということは、スーパーのレジ打ちをするというイメージです。扱っている商品こそ映画ですが、基本的にはサービス業です。配給が問屋でメーカーが製作会社です。ほとんどの人が映画に憧れを持ってくるけれど、幻想を変に持つと、長続きしませんね。

ですから、サービスが苦手で、笑顔で働けない人には、来てもらっても困るってことです。映画をやりたいという人は、最初からこっちに来ないほうがいい。

この産業を発展させるためには、コロンブスの卵的な発想をする天才が出てきてほしいと思います。いまの常識で考えられない新しいビジネスモデルを見つけてほしいと思います。

やっぱりわたしは映画が好きなんですね。映画は映画館で観るものだとわたしは思っているから、実はＤＶＤとかビデオとかも観ないんです。映画館にはなにかがあるんでしょうね。映画は映画館で観るものだというすごくアナログなところがわたしにはあるから、映画というのは劇場で観ることを前提に作ってもらいたいという気持ちはあります。

ですからスクリーンにしても、ワイドスクリーンになるとき、上下がスライドして、横長のスクリーンにする劇場があったんですが、ヴァージンのときに、それだけはやめてくれ、スクリーンは絶対に横に開くようにしてくれとこだわりました。

それと外から見ると、業界としてはやっぱり華やかじゃないですか。そういう、みんなにうらやましがられる産業であり続けないとダメだと思います。マーケットが小さくても、みんなにうらやましがられないといけない。伊勢丹ならば新宿店一店舗で数千億も売り上げがあるけど、トム・クルーズに会えるか？っていったら会えないじゃないですか。そういう華は必要でしょう。

多分、これから新規参入者がどんどん増えてくると思うんですよ。そこで、これまでの常識にとらわれない新たな発想が生まれてくれば、かえってがんばれる人たちも内部から出てくるという気がします。

第二節　ゲーム

小林裕幸（こばやし・ひろゆき）　カプコンプロデューサー

【二〇一五年五月インタビュー】

――最初に、現在のゲーム業界の概況について、小林さんがどのように認識されているかをお話し願います。

家庭用のゲームだけを見れば、日本の市場は完全に孤立してしまっていて、海外とはまったく別の売れかたをしています。日本では日本でしかウケないゲームが流行っているんです。たとえば、海外ではニンテンドー３ＤＳ（任天堂）のような携帯型ゲーム機というのは、あまり人気がないんですね。海外の場合、特に北米だと、家は広くて大きな部屋があって大きなテレビがあって、しかも各家と家とが離れていますから、据置型のゲーム機には根強い人気があります。移動も車ですから、携帯機は使えないですよね。

日本は狭い国ですからそういう生活環境がちがいますし、移動も電車を使うことが多いですから、携帯機に人気があります。ですから、自然と売れ筋商品も変わってきます。昔の日本では14インチのモニター画面でゲームをやっていましたけれど、本当に海外はちがいますね。

――最近ではダウンロード型のコンテンツにゲーム業界自体が移ってきている傾向にあります。小林さんの担当されている『ドラゴンズドグマ』（カプコン）も今度オンライン化されるということですが、それも携帯機ではないということを意識されたわけですか？

オンライン化は市場として意識されているのは事実です。カプコンは、『モンスターハンター　フロンティア』（カプコン、略称MHF）がヒットしているので、『ドラゴンズドグマ』もそれに続けてというのはあります。一方で、オンライン化の声が以前からあったんですね。

二〇一二年にプレイステーション（PlayStation、ソニー、略称プレステ、公式の略称はPS）3版の『ドラゴンズドグマ』を発売したときは、パーティ型のゲームで、主人公は「覚者」という勇者で、ポーンという人間のような格好だけど人間じゃないものとの四人でパーティを組む一人用のゲームだったんです。一人用なんだけど、ちょっとだけネットワークを使った仕掛けを入れて、自分専属のそのポーンの貸し借りができるようにしていました。貸せばアイテムをもらえるとか、そういういいことがあるという環境なんです。

それで、『モンスターハンター』（カプコン、略称モンハン）と同じように、四人がプレイヤーとして一緒に遊びたいという要望が最初からあったんです。ゲームでは、すでにオンラインで協力したり、対戦したりするのは流行っているので、そういう経緯があって、オンライン化に進んだという面もありました。

——ファンから驚きの声もあったそうですね。

そうですね。いままでパッケージ（包装された商品）のソフトだったのが、オンラインでということですから。『ファイナルファンタジー』（スクウェア・エニックス、略称FF）も『ドラゴンクエスト』（同、略称ドラクエ）も、オンラインになって驚かれたというのがあったので、流れとしては同じ方向ですよね。しかし、ゲームのオンライン配信はビジネスモデルとしては新しいんですけど、ゲームはゲームですから、内容は変わらないですよね。

小林裕幸さん。
1972年、愛知県名古屋市出身。95年カプコン入社。『バイオハザード』の開発チームにプログラマーとして配属される。入社4年目にして『ディノクライシス2』のプロデューサーに抜擢され、以後、『デビル メイ クライ』『バイオハザード4』『戦国BASARA』『ドラゴンズドグマ』など、大ヒット作を世に送り出す。同社ゲームの映画化、アニメ化、舞台化においても、原作監修などを務めている。

ゲームに流れるマンガの血脈

——それでは、カプコンに入社された経緯、このお仕事に就かれた動機を教えていただけますか？

ぼくは小学生のときにファミコン（ファミリーコンピュータ、任天堂）が出た世代なんです。でも、ぼくの家にはファミコンはなかったので、毎日のように持っている友だちの家に遊びにいっては、『ベースボール』（任天堂）とか『マリオブラザーズ』（同）で遊んでいました。ちょうど、ファミコン人気に火が点いた状況だったんです。

中学生になると、ゲームセンターやおもちゃ屋さんの店先にある、いまだとアーケードと呼ばれるゲーム機で遊ぶようになり、好きでしたね。高校に入ってから一度ゲームから離れたことがあったんですよ。そのころファミコンからスーパーファミコン（任天堂、略称スーファミ）に変わっていったんですが、ですからスーパーファミコンではあまり遊んでないんですよ。

スーパーファミコンで『ドラクエ』が流行っていたとき、ぼくはアーケードも好きだったので、メガドライブ（セガ・エンタープライゼス、現セガゲームス）を買ったんですよ。それで『ゴールデンアックス』（同）とかのアーケード系のゲームを楽しんでいました。

高校生になったら、ちょうどビデオレンタルが始まって、たまたま家にビデオデッキがあったので、レンタルでビデオを観ては、アニメや映画に惹かれていきました。それとマンガも好きで、マンガ雑誌はよく買って読んでいました。『サザンアイズ（3×3 EYES）』（講談社、高田裕三）が大好きで、不死身の男の話で、長かったですけど全巻買って読み漁っていましたね（笑）。あとは『寄生獣』（同、岩明均）が当時、すごく流行っていましたねえ。毎月楽しみで、高校に行く途中に朝買って、電車のなかで読みながら学校に通っていました。

――『少年ジャンプ』（集英社）には行かなかったんですか？

『ジャンプ』も好きでしたよ。『ジャンプ』は小学生のときから読んでいて、『聖闘士星矢』（集英社、車田正美）から『北斗の拳』（同、武論尊／原哲夫）から『ドラゴンボール』（同、鳥山明）から、『ジャンプ』黄金時代の王道作品は全部好きでした。世代的には下なので、『聖闘士星矢』からさかのぼって、『風魔の小次郎』（同、車田正美）から『リングにかけろ』（同、車田正美）までもどって、車田先生を読んでいました（笑）。

――『戦国BASARA』（カプコン、略称BASARA）の構成を見ていて、ジャンプイズムみたいなものをすごく感じました。

そうですね。うちのディレクターの山本（真）がすごく『ジャンプ』が好きで、彼はぼくよりちょっと下なんですけど、世代的にも『ジャンプ』作品で育っていますからね。山本はいまの『ジャンプ』も熱心に読んでいて、『ナルト』（集英社、岸本斉史）とか『ワンピース』（同、尾田栄一郎）『ブリーチ』（同、久保帯人）という作品も好きだと思います。彼のちょっとした知識のなかに、『ジャンプ』の伝統芸のようなものを受け継でいるのはぼくも感じます。

理系の大学に進んだんですけど、スーパーファミコンで『ストリートファイターII』（カプコン、略称ストII）が出たときで、もともと『ストII』はゲームセンターでも流行っていて、ぼくもアーケードで遊んでいた『ストII』が家でできるんだと感心してスーパーファミコンを買ったんです。でも、そのときはべつにカプコンに入るとは思ってもいなかったんです。ただのゲームが好きな学生だっただけです。

大学ではゲームをしながらも、車があったのでドライブに行ったり、アウトドアをやったりしていました。それで三年生になっていよいよ就職活動を始めなきゃいけないとなって、『四季報』（東洋経済新報社）やリクルートの企業レポートなんか見ていたら、ゲーム会社の案内が載っていたんですよ。それで初めて、ゲーム会社って就職先だなって気づいたんですよ（笑）。それまでゲーム会社を目指していなかったんです。

大学の専攻が３ＤのＣＧで、プログラムの勉強なんかをしていたので、『四季報』でも、システムエンジニアの方向で家電メーカーとかを見ていったんですけど、そこでようやくゲーム会社という選択肢もあることがわかったんですね。当時は、映画では『ターミネーター２』（九一年、米）とか『ジュラシック・パーク』（九三年、米）で大々的にＣＧを取り入れて話題となっていたころで、テレビでも『ウゴウゴルーガ』（九二年〜、フジテレビ）でちょっとしたＣＧをやり出していて、ぼくも興味を持っていました。

ゲームでは、『バーチャファイター』（セガ、現セガ・インタラクティブ）とか『リッジレーサー』（ナムコ、現バンダイナムコエンターテインメント）がいち早くＣＧを取り入れてすごいアクションを見せていたんですけど、意外に、まだ日本のシステムエンジニア系だとＣＧをやってなかったんです。研究所くらいはあったんでしょうけど。パソコンもwindows 95の発売前で、unixの時代でした。

でも、ゲーム業界を見ると、アーケードでは『バーチャファイター』とか『リッジレーサー』がすでに出ていて、家庭用も32ビット機でプレイステーション、セガサターンがある。もともとゲームが好きでしたし、ゲーム業界に行けばＣＧができるんだとなってから、ゲーム会社に入りたいと思ったんですね。それで、ゲーム会社を数社バーッと受けていって、たまたまカプコンに入ることができたということなんです。

『バイオハザード』への思い

――そのころ、カプコンからはどのようなゲームが出ていましたか？

ぼくが入社したころ、カプコンは家庭用に少し乗り遅れていて、『ヴァンパイア』というアーケードの格闘ゲームをセガサターンとプレイステーションで発表していました。それと、ゲームの『ストリートファイター』が実写の映画化（一九九四年、米）されていたので、実写のゲームも出ていましたね。

それで、参入が遅れていたとはいえ、カプコンくらいの規模だったら3Dのゲームくらいはできるだろうと思ったわけです。しかも、『ストリートファイター』大ヒット後なので大量採用で、ぼくの同期は一五〇人くらいいましたよ。一期前の先輩は二〇〇人いて、すごいバブリーな時代だったんです（笑）。『ストリートファイター』が当たってこれからは家庭用ゲームの時代だとなっていましたから、アーケードの移植（家庭用ゲーム機版への組み換え）をいっぱいするため新入社員を採れという時代なので、開発が多くて、同期の一〇〇人ちょっとくらいが開発だったんです。

――そのころは、CGを外部のプロダクションなどに委託するよりも、内部で作業していたんですか？

いえいえ、内部と外部で移植をしていました。それまでアーケードを作っていたカプコンが、格闘ものですけど、ヒットしたものを片っ端から移植していたときでした。家庭用では『ロックマン』とか『ブレス　オブ　ファイア』とかがすでに出ていて、家庭用にも力を入れようとしていたんですが、会社としては狙っていたタイトルの開発が遅れて大変だったようですね。

その一方で、社内では「ホラー」と呼ばれるチームが、まだ発表していない『バイオハザード』(略称バイオ)を開発している途中だったんです。ぼくはCGに関心があったから入社しても「3Dをやりたい」と言っていたので、その「ホラー」チームに入れたんですよ。ぼくの入社が一九九五年で、その翌年三月の年度末に、つまりちょうど入社一年目の最後に『バイオ』が出て、バーンとヒットして、それから続編という流れになっていきます。

——そうなんですか。「将来、おれがゲームを作ってやるぜ」という思いでゲーム会社を目指したわけでもなかったというのは意外です。

ゲーム業界を目指していたわけでもないし、ただ遊んでいただけなんですよ。ゲームが好きという点では縁があったのかもしれないですけど、カプコンに入ろうと思っていたわけじゃないですよ。でも、『ストII』はすごいなと思いましたね。ボタンが六個あって、こんなにいろんなアクションができて、技が出るんですから、波動拳なんてものすごい発明だとビックリしていたので、そういう驚きもあってゲームセンターに熱心に通っていたんです。それまでも格闘ゲームはしょっちゅう楽しんでいて、『天地を喰らう』(カプコン)とか、『ファイナルファイト』(同)とかも好きだったんです。

――最初の作品ともなると、『バイオハザード』への愛着は深いでしょう。

そうですね。『バイオ』の制作チームに入れたことでゲーム作り自体を学んだわけなので、プレイステーションの『バイオハザード』にはすごく思い入れがあります。その後、『バイオ』の『2』『3』にもずっと携わってきて、『バイオ1』を超えたとぼくが思ったのは『4』だったんです。

『4』はすごく苦労して生み出した作品で、三回やり直して四回目を世に出しています。ヴァージョンを三個もつぶしているんですよ。開発がある程度進んで、一応テストプレイで遊べるくらいのものは作ります。完成度は低いんですけど、序盤の探索して戦って、調べて開けてという王道の『バイオ』は遊べるようにしているので、ゲームとしての基礎はできているんです。そこで二つ目のバージョンまではちょろっと発表していて、三つ目は発表もせずにお蔵入りになって、やり直してから四回目にしてやっとできたんです。

最初のは主人公のレオンが飛行船内で動く「飛行船バイオ」というので、次がお屋敷のなかで幻覚が動く「幻覚バイオ」というので、そこまでは世にちょっとだけ映像が出ています。それから、まったく世に出ていない「ゾンビバイオ」があって、それらを全部つぶして、最終版の「ガナードバイオ」という進化で、出すまでに四年くらいかかりました。

――その開発期間中、制作中のものはどういう経理処理になるんですか？　つまり、開発期間中は、コストとして丸抱えしておいて、それを特別損失で落とすのではなく、発売するまで維持しているわけですか？

そうです。発売するまで開発費は積み重ねです。最終的にリクープ（回収）はしていますけどね。

――そうすると、プロデューサーのプレッシャーはものすごいですね。

でも、いまにくらべれば、当時の開発費はたかが知れていますよ。まだゲームキューブ（任天堂）の時代ですからね。それと、当時は数もたくさん売れたんです。「バイオハザード」はシリーズ全部で六六〇〇万本以上販売しています。これは新作だけでなく、移植とか全部をひっくるめての数字ですけど。けっこうな数が売れるし、当時はそんなに開発費もかかっていないので、ヒットすればものすごい利益になったんですよ。ゲームキューブになってプレステよりは開発費が上がっていますけど、いまのＰＳ３とか４とくらべれば、まだまだ安かったんですね。それでも、当時にしては開発費にものすごくかけているなという感じでした。

――こうして「バイオハザード」が大成功となって、いまではまさにカプコンの顔のような作品に成長されたわけです。振り返られて、この成功の要因はどこにあったと思いますか？

一作目がすごくていねいに作られていて、プレイステーションという登場したばかりのゲーム機で、いままでにない新しい3Dで立体的に探索して戦うという内容でしたから、「映画みたいなゲーム」と当時言われましたけれど、そういうこれまでなかった要素が絡みあって、いろんな意味で画期的であったというのがあります。

それと、怖いゲームということで、プレイステーション・ユーザーに口コミで広がったんですね。そのキャッチさがあったと思います。いろんなことを説明しないとわからないゲームでは伝わりにくいので、怖いというわかりやすさがないとなかなか広がらないんですよ。

それにしても、細部にこだわりましたよ。歩くときの足音にもこだわって、下がコンクリートならコンクリートの足音にし、木なら木の足音にしました。ガンマニアのスタッフがいたので、銃を撃てば薬莢も飛ぶんですよ。それまでの普通のゲームなら、バーンって撃ったら終わりなのに、ちゃんと薬莢まで飛ばしている。ゾンビも動きにすごくこだわって作っていましたし、そういうディテールにはずいぶん気を配りました。

アイテムも最終的にはアイテムボックスにしましたけど、最初は持てる数が決まっていて、それがうまっちゃうとモーションができなくなっちゃうんですよ。アイテムボックスも商品では四次元化したんですけど、四次元化してなかったときはあるところに置いたらそこまで取りにまたもどらないといけないというくらい、難易度がすごく高かったんです。そのくらい、作品としてはとんがっていました。しかも最初はロックオン（照準）もなかったですから、自分でちゃんと向かせないといけなかったんです。それも最終的な商品段階ではロックオンを取り入れて、クルッと向けばクルッと回るようにしています。そうやっていろんなことにこだわっていたので、お客さんとしてもやりごたえのある点が当時よかったんじゃないですかね。

ゲームの映像化

――いまではものすごく大きなタイトルになり、しかもワールドワイドに展開されてハリウッド映画にもなって、さらにその続編が何本も続いています。ＣＧ映画（二〇〇八年〜）もソニー・ピクチャーズエンタテインメントで配給されたりしているわけで、「バイオハザード」は原作的地位にいる小林さんの手を離れていっていますが、一方で小林さんはけっこうまめに「バイオハザード」のいろんな局面に参加されていますし、マーケティングにも顔を出されています。

ゲームは一人で作るものではないですけど、初代ディレクターは三上（真司）さんになります。三上さんはもうカプコンを退職されましたけど、『バイオハザード』は三上さんが生み出し、みんなで育てていった二〇年ということになるんじゃないかと思います。

ですから、今後もぼくは「バイオ」に関わっていくんでしょうね（笑）。ただし、自分は社員なので、あくまでも会社が決めたところを担当していくということになります。

――そうすると、映画の実写を作るときなどは、プロダクションの監修もされているんでしょうか？

そうです。二〇一七年公開の『Ⅵ』は、もう脚本は読んでいます。しかし、実際の映画の工程ってとても大変じゃないですか。そこまで関われないし、本業のゲーム作りもあるので、ポイント、ポイントだけしか監修なんてできないんですよ。撮影現場にあいさつに行っても、フライト込みで一週間くらいしか時間も取れませんから、実際は三日ほど見るぐらいなんですよ。

三日いたって、数分のシーンを撮影しているのをちょっと見ているだけですから、原作者サイドから来ましたとあいさつして、あとはラッシュがあがってから見る程度になっちゃいますよね。ゲームに比べれば、はるかに関わってないですね。

ぼくは映画も大好きなので関わりたいんですけど、でも実写の場合、監督のポール・アンダーソンが「バイオハザード」が大好きで取り組んでくれているから成功しているんだと思います。現場はみんなハリウッド映画のプロフェッショナルですから、撮影場所をロケハン（ロケーション・ハンティング）して決めて撮影に入るとか、ち密な撮影所のセットの設計とか、そういう段取りを見ているだけで、やはりすごいなあと感心しますよ。ですから、ヘンに口を挟まなくてよかったかなと思いますね。

――ソニーが配給された『バイオハザード』のCG映画シリーズにはどういう関わりでしたか？

あれはゲームと同じようにけっこう制作側に入っていますね。日本で作っているので身近というのも当然ありますけれど、脚本会議は必ず出て詰めましたし、台詞の言い回しまで口を出しているところもあります。絵コンテチェックもしましたし、そこはゲームと同じような工程でべったり張り付いてやっていました。ぼくがプロデューサーとして入っていたということもありますけれど。

――ゲーム制作の立場からすると、ＣＧの映画の方がゲームに近い感じは当然あるでしょう。

そうですね。それと、実写映画はゲームどおりじゃなくて、あくまでも映画オリジナルなので、それで関わりの度合いがちがうということもあります。実写は監督が作っているものですから、「あっ、ゲームのそこのところを取り入れたいのね」というのが見ていて面白いんですよ。クリーチャー（怪物）の扱いもそうですし、ゲームのどのシーンを取り入れているのかとか、そういうのが興味深かったですね。

――最近、出版社とかは映像化に際して原作どおりに進めることを希望されますよね。それで決してうまくいかないというわけではないんですが、言うとおりにやって不発というケースも多々あります。

その点は、ゲームって特殊なんだと思いますよ。マンガとかアニメとか小説って、絵や話の流れが完成されているものじゃないですか。しかも、多くのお客さんはそれをすでに鑑賞しちゃっているわけですから、それをなぞっているだけの映画やドラマとなると難しいと思います。ゲームにもそれは当然あてはまるんですが、クリアするのに何十時間もかけて遊ぶものを当然全部映像にはできないので、その点がゲームの映像化の特殊性になるんでしょう。

ゲーム制作のポイントと社内の役割分担

――それでは、どんなときに作品のアイデアが出たりするんでしょうか？　たとえば発案タイムのようなものを自分で設定しているのか、それとも、日常のなかでパッと浮かんだものを活かすとか。それと、そういうアイデアを思いつかれたら、それを企画書に落とされてから社内の稟議にかけて実現を目指していくわけですが、ゲーム制作の場合、そこで一番最初に注意しなければならない点というのはどういうことでしょうか？

ぼくは普段の仕事じゃないときに、ふとアイデアが浮かぶことが多いですね。なにかの作品を鑑賞したあととか、移動中とか、お風呂のなかとか、そうしたふとしたときです。

そういうときに思いついたアイデアを企画書に盛り込んでいくんですけど、ゲームの場合、映画のプロデューサーとちがうのは、出資者を集めなくてもいいという点なんです。つまり、カプコンの予算でゲームを作るので、どうやって会社に納得してもらう企画書を作るかが勝負になります。ですから、面白くて、アイデアを伝えやすい企画書にしないといけないわけです。

それと同時に重要な点は、そのアイデアに近しい類似タイトルの資料が必要になります。類似タイトルの過去の累計販売数とか、ビジネスモデルとか、その商品のどこが人気でどういうお客さんがいるかという販売対象の分析だったりとか、そうした説得材料をしっかりした資料で提出することが必要ですね。そういうのは、昔は雑でもよかったんですけど、いまはすごく細かく作っています。

――前に、カプコンの企画審査会の模様をあるテレビ番組で採り上げていたのを観ましたが、ある企画を役員のかたにプレゼンテーションされていて、そのときに制作スタッフのチームも決めるんですよね。そうすると、当たっている作品に従事しているスタッフを挙げると、企画の通りもよくなるんですか？

それはありますね。ディレクターがだれかというのはかなり大事なことですから、会社としてみれば、結局だれに賭けるかだと思うんですよ。こいつなら任せられるかどうかという判断ですね。あるディレクターは過去にこういう作品をやっていたから、この作品でも大丈夫だろうとかですね。それが不安な人ならば、ぼくも「不安だ」と言われることもありますよ。いつもシナリオが遅れるディレクターだったら、「シナリオは大丈夫か？」とかだいたい指摘されますね（笑）。外部に委託するにしても、その会社やスタッフさんの実績を見てということになります。

――そこで、ゲーム会社カプコンのなかで、ディレクターとプロデューサーの職掌のちがいを簡単にご説明してもらえますか？

ディレクターというのは企画もありますけど、どういうスタッフでチーム構成をするかというのが最初にあります。ゲーム開発のチームとなると、毎日顔を合わせて話を積み重ねていくことになるので、構成メンバーの相性なんかで人選することもあります。そうやってディレクターを中心にフロアにチームを作ります。そこからは、各セクションで話もしますし、全体でもミーティングを重ねていき、脚本をディレクターが書いたりもしますし、つまりそうやって現場に張り付いてチームをまとめてゲームを作り出す担当者をディレクターと呼んでいます。

プロデューサーは予算管理に始まり、カプコンの場合は売ることまで考えないといけないので、どうやって発表するかとかも担当します。

――カプコンにおけるディレクターとプロデューサーの関係というのは、コンテンツの中味に責任を持って差配するのがディレクターで、マーケティングやセールス、あるいは事業計画そのものに責任を持ってディレクターと調整していくのがプロデューサーということですか？

そうですね。ただし、カプコンの場合はそこが曖昧なところもあって、ディレクターだけどプロデューサーっぽいことをやることもあるし、プロデューサーが中味のことに口を挟むこともあるし、そこは組み合わせ次第なんですよ。ぼくも複数タイトルを担当するなかで、相手のディレクターによってその幅が変わっていきます。中味には完全に関わらないこともあれば、中味に関わってディレクターをフォローしたりとか、そのゲージ（幅）が組み合わせによってちがいます。

――なるほど、組む相手によって職域なんかも変わってくるわけですね。それによって成果が大きければいいじゃないかということですか？

そうです。最終的に成功してくれればいいので、ここまでしかやりませんというのは自分のなかには全然ないですね。

二〇一六年一月、『バイオハザード0　HDリマスター』を発売します。今回、ぼくはエグゼクティブ・プロデューサーで入っていたので、それをどうやって発表するかというのは大事な仕事になります。それで、発表から発売までをどのように描いてお客さんにアプローチしていくか、また、それとは別に売るヴィジョンも考えないといけないわけです。そういうときに、お客さんが求めそうな要素の仕込みをディレクターにお願いすることもあるし、ディレクターの方でもこういうことをやりたいという希望がありますよね。それをプロデューサーにぶつけてくる。つまり、プロデューサーは売るための仕掛けをゲームに入れてほしいから、「いいネタがあればそれを使って発表するよ」とディレクターに求めるわけなので、その両方が成り立たないといけないわけです。

一方で、当然予算オーバーになってはいけないので、会社への申請予算を作ってセクションごとに予算管理もしますし、人の管理もします。中味についてもそういうネタをちゃんと仕込まなくちゃいけないということになります。

もう一つ大きな問題は倫理的な面で、現場が暴走したりしてやりすぎたら、止めなくちゃいけないんです（笑）。肌の露出が激しすぎるとか、暴力描写や残虐なシーンが激しくなりすぎちゃうことがあるので、そこは抑制しなきゃいけないですよね。「バイオハザード」はホラーを売りにしているからしょうがない面もありますが、女性キャラのセクシーさの表現でゲームの路線自体も変わってきますし、そこは口を出しますね。

日本ではコンピュータエンターテインメントレーティング機構（ＣＥＲＯ）の定めた倫理規定があって、そこでゲームソフトの年齢基準も決められています。ですから、現場がやりすぎちゃったときに、「Ｚ指定（十八歳以上対象）となるとまずいから、Ｄレーティング（十七歳以上対象）にしてくれ」と指示することはよくあるんですね。ゲームの企画段階で、このくらいの指定というのをだいたい決めるんですよ。『デビルメイクライ（Devil May Cry、略称デビル）4』のときは、ぼくはＣ（十五歳以上対象）にしてくれと言ったんです。ＣとＤではやはり大きく差があって、Ｃの方が下の年齢を大きく拾えるからマーケットも広がりますよね。

――ファンの印象としては、ディレクターでありプロデューサーというような位置づけでマーケティング上に小林さんが出てきているし、イベントなんかでも本当はディレクターに聞くことを小林さんに聞いているというのは、そういうことだったんですね。

細かいことまでわかっているのはディレクターになります。ぼくもおおまかにはわかっているけど、気になることがあれば、理解するためにディレクターに聞いたり、スタッフにたずねたりして勉強するわけなんですよ。それは、情報を出す前に一度バーッと整理する必要があるからで、ミーティングでも「あっ、そんなのあるのね。それ面白いから出そう」となることがありますよ。イベントなんかでファンのかたから鋭い質問を受けると、「それはディレクターじゃないとわからないね」と答えることもあるし、ごまかすこともありますし（笑）、いろいろですよ。

それで、さっきの『バイオ0　HDリマスター』の発表なんですけど、ぼくとしてももちろん、なんとか勢いをつけたいと考えていたわけです。それで、パチスロの『バイオハザード6』の発表会があると社内で嗅ぎつけたので、「そこで『0』の発表もさせてくれ」とお願いして、品川プリンスホテルで『0』の発表もさせてもらったんです。そうすれば、パチスロの『6』もゲーム『0』もニュースに乗せられますから。

――それは鋭いですね。遊技機だと報道できないところも、ゲームだったら報道できちゃうわけですから。

そうなんですよ。遊技機だと取り扱えない媒体もあるかなあと思っていたので。でも、遊技機の雑誌とかテレビ番組とかが最近は増えていますから、地上波でもBSでもCSでもいいので、そっちに『0』も乗っかったらラッキーだと考えたんですね。もちろん、パチスロ機も扱えたら扱ってくださいということなので、ゲーム機のほうはそれと別に囲み取材を受けることにして、カプコンのスタッフ控え室に市松パネルを用意してもらって、そこではゲームについてだけ記者会見をしますとやったんです。パチスロを紹介できない媒体も来ていますしね。『0』には発表の予算がなかったので、おかげで全部ただでできました。

それに、ぼくはオリジナルの『バイオ6』のエグゼクティブプロデューサーでもあるので、それがゲストとしてパチスロの発表会に出ることは一応筋が通ってもいますから、社内では「小林さんが出るんだったら好きにやってください」というのがあったので、やりやすかったこともあります。原作のプロデューサーもパチスロ版にコメントを出したというのは、メディアにもいい話になると思うんです。

『戦国BASARA』の生み出した世界

——小林さんは「バイオハザード」以外にも、ハードボイルドタッチの『デビルメイクライ』や歴史群像劇的な『戦国BASARA』の生みの親でもあります。そこで『BASARA』についてうかがいますが、『BASARA』の場合、歴史ファンにしてみればひいきの武将が非業な最期を遂げずにすんだり、イメージよりもかっこよくなっていたりと、新たな想像力を喚起するようなゲームになっていると思います。それは、最初から意図されていたものだったのでしょうか？

もともとのスタートは、戦国時代のアクションゲームを作ろうということからだったんです。カプコンはアクションゲームが得意だから、どういう題材があるかを考えていたんです。先ほどの質問にもありましたけど、そういうヒントを探すため、ぼくはよく書店にも行くんですよ。それで大型書店のコーナーを眺めていたら、戦国ものに広く棚を取っていますし、テレビドラマや映画も戦国時代のものはたくさんありますよね。そういうのを見ていて、日本人ってやっぱり戦国時代が好きなんだなあと実感したわけです。

それと、ぼく自身は戦国時代にそれほどくわしいわけでもなかったんですが、地元が名古屋なので信長、秀吉、家康には親近感があるし、なかでも信長がぼくは好きなんです。破天荒にうつけ者の人生を歩んでいくところに惹かれているんですね。

それで、「これは戦国でやろう」とひらめいたので、戦国武将がヒーローですというゲーム作りに入る前、「このゲームならではの特徴をなにか作ってください。どんなものでもいいから」とディレクターにお題を投げておいたんです。そこでディレクターの山本から、「じゃあ、『ストリートファイター』のように、このゲームはキャラを個性的にします。それが売りです」と返ってきたので、「つまり、リュウとケン（どちらも『ストリートファイター』の主役でライバル関係）を作って、ほかのライバルたちを倒していくような内容だよね」って発展していったんです。

ですから、ぼくのなかでは『ＢＡＳＡＲＡ』の伊達政宗と真田幸村は、まさにリュウとケンなんですよ。それを軸に十六の武将のキャラクターを作って、さらに『ストリートファイター』の春麗《チュンリー》にあたるような、かすが（『戦国ＢＡＳＡＲＡ』登場人物）というようなキャラクターを付け加えていったんですね。ですから、武将もパワーファイターもいれば細いスピードタイプもいるという感じで、際立った個性を持つキャラのアクションゲームになっていったわけです。戦国時代には有名な武将がめちゃくちゃいますから、その後続編を重ねていって人気武将をだいぶ出しましたけど、出ていない武将がまだまだたくさんいます。『ストリートファイター』は世界のつわものたちと戦うというゲームだったわけですけど、そういう感じで作り上げていったので、『ＢＡＳＡＲＡ１』は日本で武将たちが戦って天下統一すればクリアだと、シンプルでいいんじゃないかと思いました。ところが、「ストーリーがほしい」という要望が強くて、それで『２』からストーリーものを入れて、新キャラも追加してということになったんですね。

ですから、『1』ではシチュエーションドラマはあるけど、ストーリーがないんですよ。政宗と幸村はライバルだから、出会うと突然アニメが流れるというようなのを、アニメ制作会社にお願いして七本作っただけです。スペシャル対戦だけそういうムービーのアニメを作って、あとはCGムービーですが、いろいろな要素を入れようと工夫したつもりです。

主題歌も入れようとなりました。アニメには主題歌があるのにゲームにないのはヘンだなと思って、「crosswise」をT.M.Revolutionに歌ってもらいました。それまでも、カプコンでは『鬼武者2』で布袋（寅泰）さんに主題歌を歌ってもらったりしていて、主題歌を入れるという動きは多少はあったんですけど、ゲーム業界全体ではまだまだ主題歌というのは定着していなかったんですね。『1』は一曲だけ入れることにしたんですが、『2』からはオープン、エンドに入れています。

――その『戦国BASARA』は、テレビアニメ化、舞台化され、さらには実写ドラマ化までされて大人気となりました。それまでゲームといえば、ディスプレイだけに没頭する没コミュニケーション的な遊具の代表のような扱いでしたが、いまでは対戦型とかオンラインとかもあるわけですから、そういう状況のなかで実際に商品開発に携わっている側が生のお客さんの反応を確かめられるのは貴重な機会ではないかと思います。小林さんは、舞台化にも監修の立場で積極的に関わっていますが、どのようなフィードバックを得られましたか？

生のお客さんのよさも当然あるんですけど、ぼくには役者の面白さというのがものすごく新鮮に感じられました。もちろん、ぼくには絶対に役者はできませんしやる気もないんですが、舞台での役者さんの演技を観ているのは好きですし、役者さんと話しているのも好きです。舞台はぼくから仕掛けたわけじゃなくて、やりたいという話が来たから受けただけなんですけど、それでもやりだしたら面白くて、DVDの収録にも立ち会っています。

役者さんって、やっぱり普通の人とはちがうところがあるんですね。それに同じ会社や業界の人間でもないので、一緒にお酒を飲んだり、食事に行って話していると、カプコンの人間なら言わないこともはっきり言ってくれるのでいい刺激になっているんです。現場の人間とはちがう感じがあるので、面白いなあと思っているところです。

――『戦国BASARA』には歴女（歴史もの好きの女子）がたくさん集まったといわれていますけれど、もともとゲームのマーケティングとして想定していた層と合っていたんですか？　また、今後小林さんの作るコンテンツでは、ゲームは男の子ユーザー、その後の二次創作された舞台のようなものがあったら、それは女性まで囲い込もうというような意図で、企画開発されることはありえるんでしょうか？

ゲームの購入の調査をするんですけど、ゲーム自体の購入者は男の子が多いんです。でも、舞台とかイベントとかになると、来るのは圧倒的に女子ですね。舞台だと八〇〇〇円前後くらいですか。イベントでもそれなりにかかりますよね。そのお金があれば、ゲームも買えるわけですが、ゲーム一本分買える値段を払っても、一日だけ、一瞬だけのものにお金を払ってくれるのは女性が多くて、男の子はそのお金があればゲームを買うというちがいがあるんです。

それに女の子の方が行動的でもあって、地方の『ＢＡＳＡＲＡ』ゆかりの土地を回ったり、伊達政宗のお墓にお参りしたりとか、そういうのは圧倒的に女性の方が多いですね。アイドルの追っかけは男子にもいますけど、積極的な旅好きとなると女子なんでしょう。

そういう分析をしつつ、ゲームの基本は男性で考えています。女性を排除しては絶対にダメだと思っていますが、女性のためオンリーには作らないです。女性も楽しんでもらえたらいいなと思いながら作るわけであって、そこのさじ加減が重要なんです。決して女性を排除するわけじゃなくて、どこまで女性に興味を持ってもらえる作品に仕上げるかということです。『ＢＡＳＡＲＡ』は比較的に女の子も入りやすいものになったけれど、『デビル』は圧倒的に男性の購買者が多かったというのは、女性には入りにくい内容だったということです。ですから、女性を囲い込むにしても、エンタメの質が大きく左右すると思います。

一方で、『デビル』にも『バイオ』にも少数派ですけど女性のファンもいます。

――小林さんは監修の立場で映像には携わられていますし、舞台も監修をされていますけど、今後はそちらに移っていかれるわけではなく、あくまでもゲームプロデューサーとして活躍していこうということですか？

いまは映像も担当しています。ゲームとは別に映像事業室というのをカプコンでは立ち上げて、会社として映像系の展開も図っていくという方向に進んでいるんです。ですから、ゲームはいままでどおりで、ゲームとは関係なしにいろんな映像企画もこれから担当していくかもしれないですね。

コンテンツプロデューサーとしての視点

――先ほどクリエイターの部分と予算管理をしなきゃいけないプロデューサーとの線引きについてうかがいましたが、そこで自分のなかで戒めているような部分ってありますか？

基本的には、ディレクターが本当に面白がって作っていって、好きっていう作品にならないと成功しないので、なるべくディレクターを立てるようにはしています。ぼくから見てＯＫの範囲だったら、好きにやってくださいというのはあります。しかし、先ほど説明したレーティングの問題なんかに引っかかるのは絶対に止めなければならないので、クリエーター陣とそこの距離感は保つようにしています。

ぼくはディレクターではないので、毎日現場に張り付いてみんなとゲームを作っているわけにはいかないので、あらかじめ大きいコンセプトを握ってこういう方向でやろうと決めておいて、たまに譲れない細かいことが発生したら「本当に悪いけど」とストップをかけますが、大きくずれていなければ基本はＯＫです。それは映画もそうだと思うんですが、監督がこうだと決めたら、プロデューサーもそれで進めましょうということですよね。

――そういうスタッフがたくさんいる組を、小林さんは複数運営されているわけですけど、そういうときにプロデューサーとして重要なことと考えていらっしゃることはありますか？

広く見なくちゃいけないなとは、常に意識しています。予算も限られている、時間も限られている、そういうなかで優先順位をはっきりさせて進めないといけないわけです。

それと、ぼくもいまは部長という立場で下に部下がいっぱいいますから、「だれに売るの？」とか「だれに伝えたいの？」ということを、まず最初に聞いています。面白いアイデアがあっても、それが作品に合っているかどうかを考えずにフワッと進んでしまうことがあるんですね。作っているものはある意味では作品でもあるけれど、しかし商品なので、お客さんに買ってもらわないと成り立たないわけです。クリエーターの自己満足に終わるのではなく、だれになにを伝えるかを考えぬくことが必要になりますよね。

――それだけ多くのスタッフを抱えていると、それぞれ個別に悩みを抱えていたり、社員同士の好ききらいとか、恋愛だとかの問題があるんじゃないですか？

ありますね（笑）。恋愛の問題もありますけど、それよりも好ききらいというか相性のことはスタッフィングのときに配慮します。あいつとあいつを組ませると大ゲンカになるとかありますから。

――プロデューサーには費用対効果が高いスタッフ編成が求められると思うのですが、相性とか組み合わせで面白くなったり、ダメになったりするんですね。

そういう面もありますが、運だったりもするんですね。どういうことかというと、ある企画を始めるタイミングに空いているスタッフでないとチームに入れられませんから、スケジュールがガチガチで空かないようなスタッフとは仕事したくても組めないんです。だから、そのときのタイミングというのは大きいですけど、これはどうしようもないですよね。

——一方で、小林さんには人材育成も求められていると思うのですが、若くてまだ経験も浅いスタッフの育てかたをどのように考えてらっしゃいますか？

若い人たちにチャレンジさせたいなと思って起用することが多いんです。そうすると、周囲からは「大丈夫？」って聞かれるので、「大丈夫！」って押し通すことが多いんです（笑）。みんな不安なんでしょうね。「そいつまだディレクターやったことないよ」って心配されるんだけど、だれでも最初は初めてなんですよね。だから、「それでも彼にやらせるから、周りで支えてよ」って答えているんです。

——それは、最悪その人が期待を裏切っちゃったとしても、小林さんの心のなかでは手助けできるという自信があるからですか？

ぼくに自信があるというよりも、見込みがあるから起用するわけです。ベテランではないゆえの心配事とか、なにかしでかす危険性とかありますけど、それでもそうやって若い人を育てていかないと、優秀な人材はなかなか育ちません。やらせてみてうまくいったらそれでよしで、ダメだったら「悪い」と謝って替えるしかないかと思います。育ててからの起用というのは、時間がかかるだけですし、なかなかうまくいかないんですね。

『ＢＡＳＡＲＡ』のときは、ディレクターもそうですけど、メイン・プログラマーも若手を起用し、周りにベテランを配置して彼らをサポートする態勢をとりました。ぼくだって、当時部長だった三上さんから「おまえがプロデューサーをやれ」って言われて、エエーッ⁉ となった（笑）。「やります」って返事をしたんですけど、当時まだ二六歳くらいで、カプコンの最年少プロデューサーになっちゃったわけです。大抜擢だったのでよくやらせてもらったなとは思うけど、いまなら絶対に任せられないでしょうね。当時はみんなが若かったのでさほど目立たなかったけれど、いまはそんなこと無理ですね（笑）。

――でも、若い人を抜擢していかないと新しいものが生まれないですよね。

そうですね。もう自分がおっさんになって、若い子に付いていくのが必死ですからね。自分が古いなってのは感じているので、若い子が当たり前に入っていって、当たり前に触れている世界のなかから、新しいアイデアが出るかなという期待はありますね。

ぼくはニコ生（ニコニコ生放送）とかに付いていけなかったので、だいぶ勉強してわかるようになってきました。YouTubeもそうですけど、ぼくらにとってテレビに当たるものが、もうウェブですから、世界がちがうなと思います。そういうコンテンツ消費の仕方が大きく変化していて、スマホでアニメを観るなんて信じられないですよ。ぼくはやはりテレビで観たいと思いますけど、若い人はスマホで充分という文化ですね。

――コンテンツの寿命が短いですから、若い人と共通言語がなくなっていきますよね。だから、若い人間に付き合っておかなければならないというのはよくわかります。一方で、小林さんはずいぶん積極的にメディアに出ている印象があります。それはマーケティングのほかになにか目的があるんですか?

出たがりというのはあります（笑）。出なくてもいいこともあるでしょうけれど、自分の休みをつぶしてまでそういう場に行くのは楽しいからなんです。出たがりなので出ることはいやじゃないし、いろんなことに触れられるし、お客さんと話をするのも楽しいけれど、基本的に大勢の人の前でしゃべって写真を撮られてということ自体が楽しいんでしょうね。

その根底には、やっぱり自分の言葉で作品の想いをしゃべりたいというのがある。ディレクターにしゃべってもらうこともあります。映画でいう監督インタビューみたいなものですよね。ところがディレクターだと現場にいなくちゃいけないことが多いし、しかもカプコンの場合は本社が大阪なのでそんなに東京に来れない。そういう社内の事情があるので、役割を預ってぼくが代弁者としてしゃべっている場合もあります。ぼくが一人でゲームを作っているわけじゃないですから、ディレクターはじめスタッフみんなの想いを伝えなくちゃいけないですので、そういう伝言係になっている感じはしますね。

ぼくもいろいろ仕掛けているから、どうしても人前に出る機会が増えますよね。『ＢＡＳＡＲＡ』のイベントのほかに、最近ではファンクラブのミーティングというのを春と秋に開いています。それはクローズドなんですけど、そういうお客さんに会う機会を作っているし、舞台があればあいさつでしゃべるし、会場にいたら話しかけられます。熱心なファンのかたにそういうところで会いますけど、人生を変えられたぐらいの熱烈な想いを持って遊んでくれている熱烈なファンもいるわけですから、そういうかたがたは大事にしないといけないですよね。

カプコンの特色

――カプコンの場合、東京と大阪で業務の分担はどういうふうになっているんですか？

作っている部隊は大阪なので、東京は営業とか宣伝とかになります。舞台とかアニメとか映像系の会社はほとんどが東京にありますから、そういうやりとりとかも東京になります。

――それでは、小林さんが所属されているカプコンについておうかがいします。いま、カプコンで求めている人材とはどういうものでしょうか？

いまカプコンはすごい採用数で、年間一〇〇人を採用しています。ぼくらのときも、たまたま一〇〇人以上採っていましたけど、会長が社内で人材を育てていこうと方針で、今年で三年連続で一〇〇人採用しました。

――外部のソリューションに依存しない体質にしたいということですか？

外に仕事を頼むことがゼロではないですけど、単純に投資を社員に向けたいというのが会長の考えなんだと思います。新人をたくさん採ってクリエーターに育てあげ、そこでノウハウを蓄積していけば人材が社内に残るじゃないですか。もちろん辞めていく人もいるでしょうけれど、そこはあまり考えていません。会社とは別のぼく個人の考えなんですが、やはりゲーム会社やゲーム業界で働きたいと思うのならば、ゲームが好きだという人に来てほしいんです。そういう人が減ってきているような気がしています。安定した大企業だから就職先として選んでいるという、どこかヘンな感覚で入ってきているんです。以前は、「ゲームを作りたい！」っていう気概を持って入ってきたけど、そこも変わってきているから、ゲーム好きに来てほしいなと思うんです。おしゃれさとか、会社の安定さを求めている人は、結局長続きしませんね。

――海外市場についてですが、「バイオハザード」に代表されるように、カプコンという存在はグローバル的にもとても大きく、世界中にファンがいます。作られている立場からすると、海外市場と日本市場の差異をどのように意識されていますか？

「バイオハザード」だとかは海外でも強いのですが、「BASARA」とか「逆転裁判」とかは内容的にどうしても国内中心になっちゃいます。「モンスターハンター」は国内ではすでにビッグタイトルですけど、海外でも最近がんばっていて、この前（一五年二月）出した『4G』も広げようとしていますが、そういう位置づけはそれぞれのタイトルによって決まっていきますね。

——ローカライズ〔ある国を対象に作られた製品を、他国でも使用できるように対応させる〕の一番大きな問題は、やはり言語ですか？

ローカライズで言葉は重要ですからね。『バイオ6』のフランス版やドイツ版などは、フランスやドイツなどで現地の人に吹き替えをしてもらっています。映画では当たり前のことですけど、ゲームでは意外とそういうのができていないんですね。それをやり始めているところです。

——それでは、カプコンとほかの会社のちがいはどこにあるとお考えですか？

常にチャレンジしているところだと思います。『ドラゴンズドグマ』はすごいチャレンジの賜物だったと思いますし、これからはオンラインも展開しますけど、そうやってドンドン次のチャレンジをしている会社である点だと思います。

これからのゲーム産業への提言

――コンシューマ（家庭や個人向けに作られたゲーム）市場にかげりが見えてきているなかで、小林さんは今後どういう展開を考えているところでしょうか？

オンラインに力を入れようとしているのですが、すでにパッケージで販売した商品を積極的にＤＬＣ（ダウンロードコンテンツ）化しようとしています。そこにデジタルのものを追加していくとか、いろんなやりかたがあると思っています。作品によってはヴァージョンアップしますし、「ストリートファイター」はまさにそういうことをやっています。あとは追加で遊べるコンテンツを有料配信して、継続して遊んでもらえるものにするという場合もあります。

――ＤＬＣによって、街場のゲーム屋さんが畳まざるをえないんじゃないかと報道されていましたよね。

それはゲーム自体がいま売れていないところに根本原因があるわけで、ＤＬＣが原因ではないと思います。ぼくは小売のかたと組んで作ったりもしているので、小売は大事にしたいです。

――ゲーム機を製造されているプラットフォームとなるソニーとか任天堂という会社と、カプコンは上手にお付き合いされている印象が強いのですが、そのバランスの秘訣ってありますか？

そうですね、いろんなところと組ませてもらっています。でも、秘訣はないですよ。そのとき、そのときに判断していくなかで、全体的にうまく回っているだけです。

——そのなかでお互いに条件があったりとか、これはそっちでやってよというような交渉はあるんですよね。

そうなんですが、作品によっては合う合わないもありまして、そこはタイトル自体の性格だったりもしますし、相手側のタイミングだったりもします。たとえば新ハードが出るタイミングとかあるじゃないですか、そういうのはゲーム機製造側の決めることですからね。

——その一方で、カプコンがＵＳＪ（ユニバーサル・スタジオ・ジャパン）でイベントを展開されたりして驚いたんですけど、そういう遊園地や地方自治体とのコラボレーションはこれからもドンドン進めていかれるのですか？

コラボレーションは今後もしていきます。まだまだ作品を知らない人が多いので、広がりを作っていきたいというのはありますね。それと「ＢＡＳＡＲＡ」の例ですが、全国の戦国武将を採り上げているので、「Ｂ

ＡＳＡＲＡ」を通して地域活性化というか、新しい観光名所を作りあげているような効果もあって、日本の各地各地で盛り上がっていますから、これは大変うれしく感じています。

――そして全国展開という点では、カプコンはアミューズメント（ゲームセンター）などを全国に展開されていて、そこに設置されているアーケードのゲーム機も製造されていますが、ゲームセンターというのは企業内部ではどういう位置づけになるんですか？

会社としては一時的に地域一番店のゲームセンターを目指そうとしていたときもありますが、いまは新規出店は抑え気味です。アーケードにはアーケードのよさがあるので、ゲームセンターは今後も継続していってもらいたいなあと、思っています。地方地方で、そこでできることもあるんですよ。「モンスターハンター」もいろんな地方で無料イベントをやっていて、家族で来てもらって一日楽しんでもらう場になってもらっています。ファミリー層に手軽な娯楽を提供し、安心して楽しんでいただく場になればいいんじゃないかとぼくは思うんですね。

――セガなどと並んで、ナショナルカンパニーと呼ばれるような位置にカプコンもいるわけですが、そういう大きな企業が果たすべき義務もまた背負っていると思います。その点を小林さんご自身はどうお考えですか？

地域活性化への協力というのは、企業のＣＳＲ（社会的責任）活動としても大きいと思います。地域のかたに楽しむきっかけを提供したり、観光地として活性化させていったり、また地域のイベントに協力するということは重要な企業活動だと思います。

さっきも話しましたが、会社としてはいつまでもチャレンジ精神を維持していきたいですね。業界のなかでも驚きを作り出していってほしいし、それが業界を活性化させるわけですから、業界にとっても大きなメリットだと考えています。

――そのゲーム業界全体は曲がり角を迎えているように見えます。

そうですね、家庭用が厳しいですから。でも、お客さんがいなくなったわけではない。離れていった人たちをどうやって呼び戻すかとか、新しいお客さんをどうやって増やしていくかとか考え続けていれば突破口が見つかるでしょうから、続けていくこと自体が重要ですね。それに、音楽ＣＤが売れなくなってもがんばってＣＤを売っている人たちもいますし、音楽だったらライブで収益を上げて売り上が落ちた部分を下支えしようとしているじゃないですか。ゲーム業界もそういう形かなと思いますね。

――いまのゲームのクリエーターやエンドユーザーに対する不満のようなものがあったらお願いしたいのですが。

クリエーターに対しては、なんのために作っているのだろうとか、信念や想いがあってそれを形にしようとしているのかなと疑問に感じることがたまにあるんです。先ほども述べましたが、アイデアを漠然と集めてフワーッと作っていたりするので、「これを作りたいんだ」という思い入れが感じられないと幻滅を覚えます。会社員ですから、もちろん仕事としてゲームを作っているわけなんですが、ものを作るというのはそれだけじゃないはずなんです。そういう作り手の熱意がうすくなっている気がしているので、「だれになにを提供したいのか」という点を見つめ直してほしい。

エンドユーザーには、不満を言ったら怒られちゃいますけど（笑）、自分がいいと思うものはいいと言ってほしいんです。評論家にも非があるのかもしれませんが、「みんなが面白いと言っているから面白いと思う」という感じになっているので、そういう評価に流されず、ほかのだれかがつまらないと言っても「ぼくは好きです」と主張してほしいんです。そういう右にならえ的な傾向があるので、怖がらずに自分の意見を自分の名前で発言してもらいたいですね。

――カプコンの採用エントリー者のなかには、スマホアプリをやりたいという人も増えていますか？

増えています。モバイル自体が増えていますからね。ぼくももちろんモバイルのゲームをやったことはあって、それはそれで面白いと感じています。やっていたら楽しいですよね。それを否定するわけではないんです。でも、自分のなかでは、ゲームにキャラクターの個性とかストーリーがほしいので、モバイルはぼくが一番やりたいこととはちがうマーケットだなと思っています。自分がやりたいのはやはり家庭用だと実感してしまうんですね。

それで、家庭用ゲームを作りたいという人が減っているというのは、ぼくもあちこちで聞いています。家庭用といっても小さなタイトルから大きなものまでいろんなゲームがあるんですが、家庭用ゲームが好きだったらその魅力を貫いてほしい。

いま、家庭用はしぼんでいる業界だから行くのをやめようとか、いま、稼いでいるのはモバイルだからモバイルに行こうとかじゃなくて、家庭用ゲームそのものの面白さを追求してほしいんです。つまり、家庭用というのはゲームのための機械じゃないですか。その専用機でゲームを楽しんでいる顧客に向けてゲームを作ることをイメージして、ゲーム業界に参戦してほしいと思います。

——最後に、ゲーム業界に参画したいと思う人材へ伝えたいことはありますか？

家庭用ゲームが好きな人は、家庭用ゲーム制作を目指してほしいですね。

第三節　電子出版

古川公平（ふるかわ・こうへい）講談社取締役

【二〇一五年九月インタビュー】

――出版業界では、紙の媒体の売り上げが落ち込んでいる半面、電子出版などがここ数年急激に伸張しているというデータが出ています。こういう新しいメディアの登場は、書店さんをはじめ流通の構造が破壊される危険があったりするとも言われますが、講談社は二〇一〇年初めにデジタル事業委員会を野間省伸《よしのぶ》社長（当時は副社長）自ら立ち上げられ、デジタルに大きく踏み込み始めたように見えます。そのデジタル事業の中心にいる古川さんに、講談社としてはいま現在電子出版についてどのように考えていらっしゃるのかということと、そして今後のヴィジョンを概論としてお聞かせください。

ご指摘のように、デジタル事業委員会を立ち上げたときが、講談社がデジタルに大きく踏み込んでいく第一歩だったと思います。社長が「デジタルに力を入れていく」と宣言したので、どのような形にしていくのか、社内で営業からも編集からも横断的に人材を引っ張ってきて研究を始めたんです。わたしもそのときは『モーニング』の編集長でした。

　ところが、日本で電子書籍が始まった当初は、アマゾンやグーグルなどの外資のプラットフォームはまだ入っていない状況でした。せいぜい、外資のプラットフォームとどういうお付き合いをしていくか、内々で交渉が始まった段階だったんです。一方、世界的に見ればずいぶん特殊な電子出版が日本では始まっていた。ガラケーでマンガコンテンツが読まれていたわけです。そのコンテンツも、女性向けのBL（ボーイズラブ）とかTL（ティーンズラブ）で、中高生が親に隠れて読んだりする内容のものとかが市場の大半を牽引していて、一般のコミックスが電子化されたものは点数はそれなりにあったのですが、相対的に売り上げが少なかったのです。そんなガラパゴス状態ではあったんですが、世界的に見れば電子書籍の売り上げは日本が一番だったんですよ。そういう日本独特の電子書籍市場が形成されていました。

古川公平さん。
1957年生まれ、慶応義塾大学法学部政治学科卒。80年講談社入社。『週刊少年マガジン』編集部、『ヤングマガジン』編集部、『モーニング』編集部を経て、2002年『アフタヌーン』編集長、04年『モーニング』編集長。その後、第七編集局局長を経て、11年講談社取締役就任。

　ところが、そのうちアマゾンやグーグルが日本にも上陸し、iPhoneやiPadも出てきた。ガラケーでマンガを読むだけならばそれほど電子化に踏み込む必要もなかったけれど、こうしてデジタル化が本格的に進み始めると、「これは変わるかな」という印象を社長も強く抱くようになってきました。デジタルデバイスが紙媒体に替わって一般的になっていくかもしれない状況となり、それならばわたしたちもちゃんと対応しなければいけないというのが、デジタル事業委員会を立ち上げた大きな理由です。

そこでいろんな研究をしたんですが、初期の一番のテーマは、作家さんとデジタル契約を交わせるかどうかでした。マンガ家さんたちは作品を紙に描いて発表しているわけで、デジタルの権利を出版社に預けてちゃんと売ってくれるのかという不信感もあっただろうし、書店さんで売ってもらっているわけだから電子版には関心がないという作家さんもいた。講談社が事業委員会を立ち上げたからといって、作家さんがすぐに作品を預けてくれるわけでもないし、また出版社としても預かるためにはどういう契約書がいいのかということからのスタートでした。

たとえば紙の場合、多くは一〇%の印税契約というのが長く浸透しているわけですが、では電子なら何%の印税になるのか？　ということです。そもそも紙の媒体は再販（再販売価格維持制度）商品で、メーカー（出版社）が決めた販売価格を小売（書店）に守ってもらう契約になっているのですが、電子書籍は非再販商品。ならば、電子書籍はいくらで販売すればいいのか、アメリカでは紙のほぼ八割くらいの価格で売っていて、著者への支払いはだいたい価格の二五〜三〇%くらいだとか、そういうサンプリングからのスタートでした。

電子書籍の難しさ

——紙の場合と電子の場合で印税率が変わるということですが、電子出版の場合はどのように計算され

たのですか？　通常の商品でしたら、マーケットサイズや製造ロットから逆算して、人件費や流通手数料を引いていって、このくらいのバランスがちょうどいいだろうなあと策定するものだと思うんですね。

この点はすごく難しいところで、まだ微妙な状況にあります。紙の場合、定価に印刷部数を掛けてその一〇％を印税とするのが一般的ですが、この「一〇」という数字の根拠はなにか？　というところから説明が必要になります。たとえばある書籍を売り出すときに、製作原価や人件費、取次〔出版社と書店の間に立つ販売会社〕に払う流通費用、書店への営業費などを差し引いたうえで、「出版社と作家さんの取り分を考えてはじき出した数字が一〇％なんだ」と理屈をつけることはできるんですが、作家さんから見れば、それは出版社側の都合じゃないかとも言えるわけです。ただし、紙の場合は、「定価×印刷部数」の一〇％であって、実際の販売部数ではない。つまり、在庫リスクを出版社側が背負っているわけで、返品されて売れなくなったものは破棄する可能性もあるなかでの一〇％ですから、長年続いている慣例としてはみんながほぼ納得という状態です。

では、電子書籍だとどうなるのか。アメリカの例を研究してみると、再販商品ではないので価格が変動します。そして、実売部数に対して印税がかかっている。その実売部数から手数料が差し引かれるという形なんです。だいたい紙媒体の八〇％くらいが電子の価格となっていて、プラットフォームであるアマゾンとかKobo、ソニーのReader Storeなどとの交渉で卸値を決める。卸値は、いろいろな関係で出版社とプラットフォーム側の双方が納得して決まるので、各出版社それぞれでちがっています。また、電子の取次もありまして、そこに支払うおカネ、さらには電子の書店に払うおカネもあります。

そういう複雑な構造のなかで、紙の一〇％印税と同じくらいの意味になる割合を計算した結果、契約の関係上数字は明かせませんが、いま作家さんに提示しているパーセントにすれば作家さんへの支払いが紙よりも下がらない割合になるんです。そんな試算をしてみて、アメリカもそのあたりにうまく到達できていたのかと、わかってくる。

ところが、一回紙で書籍を作れば電子の方は安く上がるはずだから、製作原価の浮いた分を作家に還元したらどうかと普通の人は思われるんですね。しかし、そう簡単ではない。プラットフォームの移行期になにが起こっていたかというと、ガラケーで読む電子書籍については電子書店が乱立していて、しかもフォーマットやビュウーがそれぞれ異なっていたため、書店ごとに規格を作り直さなければいけなかったんですね。それで設備整備や手間がものすごくかかって、実はこの十数年間に国内では何十億もその投資が必要だったんですよ。その投資分を回収しなければいけないのに、電子の場合は次の年にまた新しいフォーマットに変わるかもしれない。ビューワーが変わったらそれにも対応し直さないといけない。データ管理には人が必要ですから、運営コストもかなりかかります。紙の在庫は倉庫で保管すればすみますが、電子データは生きているわけですから、プロテクションの問題も含めて恒常的に費用が必要になるわけです。つまり電子の製作コストというのは紙と比して決して安いわけではないんです。

しかも、一番手間がかかるのが作家さんへの送金手数料などです。これはわたしたちも収支計画を立ててみて初めて気づいたんです。当たり前ですが、電子書店で売れた分は作家さんに永遠に払い続けないといけない。一年間に数冊しか売れなくても、作家さんにその分を支払わなければいけないんです。そうしないと、会社に余計な税金が発生してしまう。そのため、一〇〇円、二〇〇円という少額でもちゃんと支払おうとすると、銀行の振込手数料が逆ざやになってしまう場合もあるんです。

年間の販売数が〇冊の人から数千冊、数万冊という作家さんに至るまで払い続けるシステムを一から作り直さないといけなくなったんです〔電子書籍は紙の本とちがって品切れになることがないため、データさえあれば延々と売り続けることができる〕。それで、経理用のシステムを全部替えました。ただし、毎月の支払いでは手数料負担や手間が大きすぎるので、半年に一度の支払いにしてもらって、支払いのたびに振込案内も送っています。このように、販売数の大小にかかわらずきっちり払い続けようとすると、費用が膨大にしかも永遠にかかり続けるというのが電子の特徴なんです。

そこで契約書を作ることから始まって、印税のパーセンテージを決めていって、システムを再構築し、ようやく「講談社はこれからこういうようにやっていきます」と作家さんに説明していったわけです。ヴィジョンをしっかりと掲げて、各編集部がその説明にうかがうということですね。そのときのヴィジョンは、いまも変わっていません。

日本は独特で、出版社というのはメーカーでありながらエージェント機能も持っているんです。欧米の場合は、独立したエージェントがあって、作家さんはそこに依頼し、そのエージェントが出版社と契約するという形ですが、日本では出版社が作家さんから出版権を預り、二次利用権を預り、また海外版権を預かる。まさにエージェントでもあるわけです。作家さんから預った作品で最大限に利益を上げ、それを作家さんに還元するというのが基本的なエージェントの機能ですよね。わたしたちもエージェントであるのならば、そこをきちんとやろうということなんですよ。

従来は紙だけでしたから、作家さんから預ったものを印刷物にして販売すればよかった。そこにデジタルが登場して、作品をデジタルで読みたいという読者がいっぱい出てきた。作品の映像化とかゲーム化とかの要望もある。マンガを海外展開すれば売れるぞ、とわかってくる。ですから、わたしたちは作品を預り、その権利も預かっているわけなので、それを紙にします、デジタルにします、グッズにもします、海外にも売ります、ゲーム化や映像化もしますということに力を入れていく出版社でなければ、エージェント機能を果たしていないことになるのではないか。講談社はいまその方向に向かっているわけです。

――講談社としては「これから出版に限らず、原作をマルチにプロデュースしていきます。だから、作家さんには安心してください」ということなんですね。

そういうことです。当時は、「ワンコンテンツ・マルチユース」という言葉が取りざたされていましたけど、「ユース」だけではダメだ、その先に行くには「ワンコンテンツ・マルチビジネス」にしていかなければならないとわたしたちは考えたんです。

海賊版対策

――現在では、出版権が電子にも設定できるよう著作権法も整備されています。いままでのお話にあった、出版社として作家さんを全部面倒見たいんだという気持ちがあったからこそ、そういうことになっていったんですね。

電子にも出版権の設定が必要だと認識した最大の要因は海賊版対策だったんですよ。某大手出版社から刊行された有名作家さんの作品の海賊版が香港のアップストア（App Store）で売られていて、その出版社が「これは海賊版だからアップストアで販売するのは困る」と抗議したんですね。ところが、「出版社がなんの権利を持って抗議しているんだ。著作権者である作家が直接言ってきたら販売リストから落とす」というのが回答だったんです。それで出版社同士で、「えっ、おれたちなんの権利を持っているの？」ってことになったんですね。そのときはまだ、作家さんの電子に関する権利を出版社が預るという例がなかったので、出版社からの抗議が認められなかったんです。

出版社が著作権の一部を持っていたら抗議できるのに、紙の書籍に設定された出版権だけでは電子の海賊版に抗議もできないし、販売差し止めもしてもらえない。一方で、多忙な作家さんが自ら抗議して販売差し止めを求めるのは、どう考えても現実的ではないんです。じゃあ、出版社にどういう権利があれば作家さんを守れるのかという議論になり、紆余曲折の末、昨年（二〇一四年）ようやく著作権法が改正されて、電子にも出版権を設定できる現在の形になったわけです。

――映像の世界もそうですけど、資本サイズが大きくないと世界中を追いかけることは不可能ですね。

そうなんです。経済産業省のマンガ・アニメ海賊版対策協議会には講談社からも委員を出していて、今年（二〇一五年）は集英社専務取締役だった鳥嶋和彦さん（現白泉社代表取締役）が委員長をされていましたが、経産省の試算では海賊版によるマンガの損失が北米だけで約一兆八〇〇〇億円なんです。全世界ならば約三兆円です。それだけ海賊版の被害にあっているという試算が出ている。これはマンガだけですから、アニメも入れたらどうなるんだということで、その被害を食い止めるためにわたしたちも一生懸命に対策をとっているんですが、いたちごっこが続いているんですね。ところが、以前は権利がなくて抗議すらできなかった。

出版社のクリエイティビティと新たなビジネス展開

——最近、出版社と袂を分かって自分一人でやっていくという作家さんもいますけど、作家さん一人の力ですべてができるとは思えません。そもそも、いまの出版権には出版社のクリエイティビティがまったく計上されていないと思うんですね。その点、出版社側としてはどうお考えなのでしょうか？特許の例では、企業特許の場合は企業に帰属すべきであるという特許法改正案も今年（二〇一五年）国会を通りました。出版社の場合、作家さんをゼロから発掘して育てていかれるうえで、その編集のかたの体力とか、営業のかたが書店に本を並べる努力があるわけですから、そうした企業努力に対する著作権のありようというのは、あんまりフェアじゃない気もします。

そうおっしゃっていただくのはすごくありがたいんですが、そもそも編集者ってなんなのか、出版社はどこまで関わるのかとなると難しい問題ですね。たとえばの話、新人のかたが原稿を書き、編集者がそれを読んで意見を言う、ここはこうしたらいいんじゃないかとかアイデアも言います。作家はそれに納得して書き改めたという場合において、編集者の役割はあくまでも補助的なもので、著作権というなかには認められていません。マンガの場合はそういう部分での編集者の力による要素も多いんですけど、それでもわたしたちがその権利を主張するということはいままでになかったわけです。

それともう一つ、出版社として作品に貢献する大きな役務に、編集過程において「校閲を通す」という作業があるんです。講談社の場合は校閲部に何十人ものスタッフがいて、講談社なら講談社の基準、新潮社なら新潮社の基準と各社の基準があるのですが、作品を世に出す前に「一字一句これは事実か、表現はふさわしいか」とチェックしているわけです。出版社において校閲部というのはものすごい財産であり、機能であり、この校閲を通さないと基本的には社会に出すことはない。講談社の場合は、ゲラの段階で初校、再校……とこの校閲を通していて、この機能が他社よりもしっかりしているから講談社と組みたいという作家さんもいるわけです。では、この校閲部というプロの集団が行っている知財的観点の作業は費用や法律の問題としてはどういう位置づけになるのか。

そういう機能がたくさん集積されていての出版社なんですけど、わたしたちは著作者と同じような権利を主張しようと考えているわけではないんです。あくまでも作家さんという存在があって自分たちの商売が成り立つということには全然疑いを持っていませんし、それでいいと考えています。そういうなかでの信頼関係が作家さんとの間に成り立っていればいいというのがわたしたちの考えだったんです。ですから、いままでは契約書もなくて、口約束で「今度、うちに書いてよ」で通用していたんです（笑）。ただしそれが電子が登場することによって、紙の契約も大きく見直されてきたことは事実です。

出版社ってパトロンでもあるんです。才能のある作家さんの不遇な時代も支えていくわけですし、売れるか売れないかわからない本を出すリスクはまさにパトロンそのものですよね。しかし、それで才能のある人を見つけ出し、その人を一流に育て上げていってわたしたちのビジネスが成り立つというモデルでいくと、編集者と作家さんとの信頼が一番大事なんですね。ですから、これまでは契約書なしでもよかったわけです。ところが電子の時代になって、作家さんを守るためには、契約をきちんと整備する必要が出てきた。そのために出版社の権利を作家さんも認めてくださいというのが、いまの多くの出版社の姿勢だと思います。だいたい契約期間は三年間とか五年間で、そこから自動延長です。もしも信頼関係が崩れたらいつでもおっしゃってください、そこで話し合いましょうということで、作家さんを永遠に縛ろうというものじゃないですしね。

――そうすると、出版社のスタッフにはコンテンツのプロデューススキルが求められていくことになるわけですが、たとえば映像化の許諾の際など、「今月は決算なので今月中に契約書をお願いできませんか」と頼んでも、「どうして決算だと月末までに契約書がいるんですか?」と編集のかたに言われたりなんてことがよくあります。つまり作者を支えていくべき編集者が世間を知らない。これは大手出版社に限ったことでもないんですが、大手メディアの若手スタッフに対して、こういう経営的、社会的な常識の教育の練度が下がっていて、結果としてクリエイターのかたへのマネジメント力や、グリップする力がどこも落ちてきているような印象もあります。講談社では、編集者が見識を深めるためにどのような取り組みをされていますか?

出版社というのはもともと紙だけでやってきたわけなんです。印刷は印刷会社が、流通は取次が、小売は書店が、そして売り上げの回収も取次がやってくれる。出版社はなんのインフラも持っていないんです。紙の場合ではそういうシステムを何十年もかけて作りあげてきていて、だから、小さい出版社でもこのシステムに乗れれば、少ない設備投資でビジネスが成り立っていたんです。

それがうまく回っていたときは、出版社も利益が出ていたので、紙の編集だけを考えていればよかったわけです。そのほかのことには手を出さず、紙でいいものを作ってそれを売りなさいと言われてわたしたちは育ってきました。ほかのことをすれば、「余計なことをするんじゃなくて、本業をしっかりやりなさい」と怒られちゃうんですね。それで作家さんだけを見ていて、その作家さんを守るということが出版社の仕事でした。よその人とビジネスをするというのは二の次で、そこで作家さんが「いや」と言えば、オファー先に「作家さんがいやだと言っているから、断ります」と言うのがいままでの姿勢だったと思います。

しかも、ライバルはほかの出版社だったんです。出版社同士でしのぎを削り、いいものを出して同業他社を出し抜こうと努力していたわけです。

ところが、ゲームが出てきたり、スマホなどの電子デバイスというものが出てくると、いままで考えてもいなかった産業がライバルとして登場してきたわけですね。そうすると、作家さんを守るだけではビジネスが成り立たない、それだけではいけないということになって、わたしたちもライツビジネスやデジタルビジネスをしなければいけないという考えに変わっていった。もうけがなくても、作家さんを守れているからよしとする時代から、「この本を売るためには映像化しないといけないですよ。それに合わせてデジタル化もしていって、この作品をもっといろんな人に知ってもらえれば、本もまた売れますよ。その窓口として、わたしたちにその権利を預けてください。そうすればわたしたちも一生懸命動きますよ」と作家さんを口説いていく方向に、ここ数年で大きく転換しました。

去年（二〇一四年）講談社刊の原作がアニメ化、テレビドラマ化、映画化された数は五八本だったんです。今年はすでに（十月段階）五一本です。しかも来年は三十数本すでに決まっています。映像化されることにより、爆発的なヒットになる可能性は増えますし、全部を総合的に判断して売らなければいけないのがいまの出版社のありかたなんですね。権利の問題、マーケティングの問題、ビジネスの問題というのは、そういうように変わってきているから、電子だけの問題じゃないんです。

講談社の課題

――紙の売り上げが低迷しているなかでＩＰ（知的財産）ビジネスを大きくしていくということだと思いますが、それにしてもものすごい映像化の本数ですね。その展開をさらに拡大させていくということですか？

そこにもっと力を入れていきます。講談社は二〇一五年四月に大規模な組織改編を行い、従来別々だったデジタル分野と国際分野を一つの局にまとめ、ライツ事業とメディア事業も一緒の局にしたんです。どういうことかというと、ライツというのはライセンスを扱う権利を作家さんから預って映像化、商品化するところで、メディア（広告部門）と親和性があるからなんです。また、デジタルはネットによって国境を軽々と越えますから、国際ビジネスと相互補完関係にある。もっとも、編成はこれからも変わっていくもので、この体制がベストではなくて、あくまでもベターなものだと捉えていますから、今後もその都度変えていくかもしれません。

デジタルというのは国境を越えてしまうものですから、講談社としても国内の販売だけじゃなくて、これからは海外でも自分たちでビジネスを展開していきます。ＫＡＭ（Kodansha Advanced Media）という北米で電子の配信をする会社をサンフランシスコに作ったんですけど、これは自分たち自身の手で北米圏の販売をするという意思の表明です。

その点においても、作家さんから権利を預っていないと、さまざまなビジネス展開ができないんですね。出版権はもちろんですけど、デジタル化権、映像化権、商品化権も含んだライツを作家さんから預っていないと、ＳＮＳでの宣伝もできないし、紙にもフィードバックがこない。最適なものの複合として紙も売っていくという形でないと、本も売れないわけです。それがいまの現実です。

それに対応して、本を作ることから始まって商品化、映像化、宣伝までできるようになるのがいまの編集者のありかただろうということで、外部から講師を招いてセミナーを開いています。今月は編集者にＳＮＳでどうやって拡散させるかを講義してもらいました。この種の大きなセミナーだと年に二、三回開いていて、いま出版社がどういう状態に置かれているのかということを覚えてもらっているところです。そうしないと編集者の意識が一番変わらないんですよ。

今度デジタル事業委員会は第五期になるんです。そこで、「四期まではデジタルに対応するための委員会だった。この五期からはデジタルがあるのは当たり前の世界においての出版社のビジネス戦略に変わる」と、わたしは新しい委員に話しています。もうここまでデジタル機器が普及したなかで、出版がこれまでと同じような紙媒体メインの世界にもどるというのは考えにくいですよね。時代がこうやって進んでいくなかで、自分たちもどのように変化していくのかというのが講談社の課題です。

――リーディングカンパニーである講談社が旗を振らないと、業界全体が変わりませんしね。映画『寄生獣』(二〇一四年)では、ビデオグラムの発売元が講談社ですよね。映画にも出資されていたんだと思いますが、いまのお話はそういうことの現われなんですね。

講談社は自社の原作が映画化される場合、基本的に出資しています。製作委員会に入ってその幹事会社になる場合もありますし、委員会の一員である場合もありますし、それは組みかたによって変わります。出資することで委員会のなかでなんらかの権利を押さえるということで、『寄生獣』のときはビデオグラムの発売権を他社と共同で持たせていただきました。

ビジネスの根本にある人間関係

――原作から小売りまでという、コンテンツのトータルプロデュースを目指されているわけですね。わたしが映像化のコンサルティングをしているなかでは、「出版社を飛び越して、直接原作者の先生に当たっていいですか？」という相談を受けることもあるんですが、「まず出版社が代理する法理関係になっているはずだ」と答えています。事実、これは間違いではないのですよね。

作家さんと監督さんが友人である場合がよくあるでしょ。「彼に任せたんだから、いいですよ」って作家さんが言っていても、クオリティの問題などでトラブルになったとき、友人関係だとかえって危ないんです。友だち同士だからといって、製作がしっかりしていないところにハンドルを預けていいのかということなんです。

作家さんの作品が原作ですから、その世界観が壊れるのがわたしたちは一番恐いんですよ。だけれども、たとえば映画と原作のマンガとは別物であるということでないと、映像化はできないですよね。映画『進撃の巨人』（二〇一五年）だと、原作（諫山創）はまだ『別冊少年マガジン』に連載中ですから、映画独自の展開や結末が必要で、そこは事前に作家さんに脚本を見てもらってきちんと納得したうえで進めることになりますよね。表現方法が別物であることを作家さんに理解してもらうよう説得するのもわたしたちの仕事ですけれど、作家が納得しないものはお断りするというのがわたしたちの守らなければならないところです。

——元来、映像製作者もずいぶん横暴でした（笑）。

ライツ管理の部署は編集畑の人間と営業畑の人間が混在しているのがいいんです。営業出身の人は作家さんに遠慮しがちだけどビジネスにはしようとするし、編集出身者は作家さんを守ろうとするあまりビジネスにするのを躊躇するという傾向があるんですね。両方が備わっていないと、もしもトラブルになったとき、作家さんにとりなしもできないですよね。

わたしがかつて担当してきた作家さんたちはいまではみんなもう有名なベテランになりましたから、そういう作家のところに若い担当者が行っても、大先生相手になにも言えない。わたしだったら電話一本で「いいじゃないか。頼むよ」で終わるわけですよ（笑）。そういうのも結局は人間関係ですね。

――つまり、出版社としても実際に映像を製作する側の事情を勘案しつつ、そして『進撃の巨人』のように原作と内容はずいぶんちがうけれども面白い映画が作れてヒットにつながっていく、これはすべて信頼関係なんだと。

先ほど説明したように、デジタルとかで環境が変わってきていて、出版社としてはそれに対応していかなければならないのですけれど、アナログ的な一対一の人間付き合いの信頼関係でものを作っていることは未来永劫変わらないとわたしたちは信じています。その信頼関係がなくなれば、コンピューターが作ればいいという時代に入っちゃうんじゃないですかね。

新しいキャラクタービジネスに向けて

――メディア戦略においては、講談社と小学館というのは昭和四〇年代からキャラクターなどで競合されていました。小学館の「ドラえもん」や「名探偵コナン」は、毎年必ず中核になる編成を東宝でもされています。その点で、話題作の映画事業で攻勢をかけている講談社は、小学館に追いつき追い越そうとしているように見えます。

小学館の戦略は、玩具やゲームなど、著作権を生じさせてない商品に対し、マンガ連載を提供することで著作権化して商品の世界観を保全し、さらに自ら子会社（小学館集英社プロダクション）でアニメ化することでマーチャンダイジング用の二次著作権も確保する、というものです。講談社もこれと同様の戦略を今後目指されるのでしょうか？

その意識はあります。ただ、両社の成り立ちはちがうんですよ。講談社〔所在地から音羽と呼ばれる〕と小学館・集英社〔同じく一ツ橋と呼ばれる〕では、会社の雰囲気とか編集者の資質もまったくちがっていて、小学館・集英社というのはどちらかというと、子ども向きの領域から始まった出版社なんですね。ですからキャラクタービジネスとか、幼児・児童にどういう展開をしていけば一番いいのかというのをすごく熟知されていて、その展開がとてもうまいんです。

一方で講談社はどちらかというと大人のエンターテイメントから始まっている会社なので、最初に『週刊少年マガジン』を始めたときも、集められた大半の編集者は文芸やジャーナリズム畑の人たちだったんですよ。そういう人たちを集めて創刊したので、子ども向けの視点ももちろんあるんですけど、どうしても作品の傾向が大人ものになるんですね。

そのちがいからなにが起こるかというと、子ども向けを作る小学館・集英社はなかなか終わらない作品を作るんですよ。キャラクターを売りに長期の連載にして、なかなか終わらないんです。『ONE PIECE』（集英社、尾田栄一郎）も『名探偵コナン』（小学館、青山剛昌）もすごく長期連載じゃないですか（笑）。講談社は大人向けの視点で最後を見て話を作っていきますから、終わる作品を作るんです。だから、キャラクターが育ちにくい。それが根本的な一ツ橋と音羽のちがいで、講談社の作品はなかなかロング・テイルしないんです。これはいいか悪いかということではなく、そういう社風のちがいがあり、そのなかで編集者も育つので、仕方がないととらえています。

いま連載中の人気マンガの担当者に「あと何年続く？」って聞いたんですね。彼は作家とずっと一緒にやっていますから、すでに終わりが見えているんです。『寄生獣』もそうだけど、終わりに向けて布石を打ちながら作品を展開しているので、「あと三年ですかね」って答えたんですね。わたしもいまは経営の立場なので、「五年くらいに延ばせない？」って言ったら、「昔は商売のために引き延ばせなんて言う人じゃなかったでしょ」って怒られましたよ（笑）。

――小学館的なキャラクタービジネスはこれから挑戦されていくということですか？

ロング・テイルの商品を作っていくということはやらなきゃいけない。挑戦はしているんですよ。八〇年代に『コミックボンボン』という雑誌をスタートしたけどいまは休刊になっちゃったので、ＵＵＭ〔YouTuber向けのマネジメントプロダクション〕と共同で「ボンボンＴＶ」というチャンネルをYouTubeで流すところから始めたわけです。

――「ボンボンTV」の評判はいかがですか？

いま、三万人くらい登録してくれたのかな（二〇一六年三月時点では約五万人）。YouTubeからはこんなにすごいのはないって言われていますけど、それがいいことなのか悪いことなのか、まだわからないんですよ。来年（二〇一六年）には本格的に稼働するよう準備をしているところです。ただ、「ボンボン」という名前に喜んでくれて「いいよ、いいよ、それ行こうよ」って言ってたのが、三十代、四十代のプロデューサー連中で、「ボンボン」世代だったんですね（笑）。

つまり、このままでは講談社からは『妖怪ウォッチ』は出にくいけれど、そういうものがほしいという思いもある。今後映像化を考えたときにキャラクタービジネスは重要な部分ですけど、何回もチャレンジしてみてダメだった歴史もあって、ノウハウが継承されていない問題もある。『ポケットモンスター』も小学館よりも先に『ボンボン』に話が来たのに、断っちゃったんですからね。そこで、これからの時代は紙じゃないだろということで、今回は最初から映像でチャレンジしてみて、新しいキャラクタービジネスをそこから生み出そうということです。学年誌にしてもそうだけど、広げかたはやはり小学館の方が上手ですよね。そこはわたしたちには太刀打ちできないので、チャレンジを続けるしかないですね。

コンテンツホルダーの強み

――最後に、出版業界を目指す人材、従事するスタッフに対して伝えたい言葉をうかがいたいのですが。

これは部下にもよく言っていることなんですが、先ほども述べましたように、紙の出版物を作っていくうえでものすごくいい時代がありました。講談社だけでなく、たくさんの出版社で出版という文化を作ってきたと思います。これが変わっているわけじゃないんです。出版は斜陽産業になってきたといってみんな浮き足立ち、「エッ、紙がなくなるの！」と極端にブレたりして、売り上げが下がっているというのが実情だと思います。外からは出版業界って大丈夫なのかと思われたりもしたわけです。

そこで落ち着いて考えてみれば、映像化、ゲーム化、商品化というときに、コンテンツホルダーとしての出版社の位置づけというのはそんなに低下しているわけでもないし、いまもドラマ化、映像化というときにその六割は出版社から生まれたものの二次使用です。つまり、わたしたちはゼロからコンテンツを生み出しているんだという自信を、もう一回持つべきだということですよ。ビジネス風土がちがうＩＴ会社相手に交渉や契約などで苦労しているのも事実ですが、その相手先から見たら出版社は宝の山を抱えているんです。確かに紙の売り上げは下がってきたかもしれない。しかし、このコンテンツを生み出す力を信じればいいんです。

二〇一五年の年頭所感で、社長は「出版の再発明」と言っています。どういうことかといえば、コンテンツを最初にお客さまに届ける形はこれまでは紙だったけど、これからはデジタルから始めるのか、あるいは商品からなのか、多様なやりようがあるわけです。しかもそれを総合的に展開できるのが出版社だということになれば、次の一〇〇年を想定したときに、いまは開拓時代のものすごく面白い時代だというこ となんです。作家さんと作品をゼロから生み出していくというスタイルは未来永劫変わらないし、そこには信頼関係もある。これからの課題は、それをどのように届けていくかなんです。その視点から、編集者とはなにか、出版社とはなにかということをもう一度地に足をつけて考えればいいんですよ。

ものを作るという自信をまだまだ出版社は持っているし、出版から生み出されるものの質が落ちているわけでもありません。それだけに、ものを作りたい人には充分にチャレンジできる世界ですから、ぜひ出版の世界に来てもらいたいと思います。そのことを考えれば、出版はまだまだ生き残れると考えています。現在のテレビ会社に入っても番組の制作をなかなかできるわけじゃないですよね。作り出すチャンスという点で、出版社はかなりの自信を持っています。コンテンツホルダーと言われる由来はそこにあるわけですし、ホルダーになりたいからこの商売をしているわけなんです。

第四節　パッケージ／ゲーム

鵜之澤 伸（うのざわ・しん）　アニメコンソーシアムジャパン代表取締役

【二〇一五年八月インタビュー】

――これまでの職歴を教えていただいてもよろしいでしょうか？

一九八一年にバンダイに入ったのがはじめです。当時は上場前の年商六〇〇億円くらいの会社で、「三年くらいで仕事を覚えるために入ってみよう」というのが動機でした。学生時代に遊んでばかりで一流企業に入れるレベルでもなかったし、大きな会社に入ることがいやだなと思っていたんです。子どもが大好きで、大学時代に三年くらい地元のおもちゃ屋でアルバイトをしてみて、「子どもに夢を売る仕事もいいな」と感じていた。将来的に自分でも事業をしたいなと考えてもいたので、「まずは三年ぐらいおもちゃの勉強してみよう」とバンダイを受けたんですよね。当時、バンダイはポピー〔キャラクター系商品を主に取り扱っていたバンダイの子会社〕とか六社くらいのグループ企業を子会社で持っていて採用は親会社一括でやっていたので、どこの部署に配属されるかわからなかったのですが、結果的に模型部というプラモデルを扱う部署に配属になりました。当時、バンダイに模型部があることを知らなくて、模型といえばタミヤ模型か今井科学だと思ってましたね。実は振り返ってみたらガンプラを発売したちょうど半年後に入社していました。

――ガンプラ発売の半年後？

はい。当時バンダイがメインスポンサーではなく、クローバーというおもちゃ会社がスポンサーだったんです。放送終了後に『機動戦士ガンダム』の人気がまだあったから、バンダイはプラモデルの権利を買いにいったという経緯があるんです。ガンダムのプラモデルが出て、あの有名なブームが始まり出したときに模型部の配属になったんです。

鵜之澤伸さん。
1957年、東京都出身。アニメコンソーシアムジャパン代表取締役社長兼バンダイナムコホールディングス執行役員。元バンダイナムコゲームス副社長、CESA（一般社団法人コンピュータエンターテインメント協会）第４代会長。

現在、サンライズの社長に就任している宮河恭夫と同期で、二年半くらい模型部の仕事をしました。営業職で、簡単に売り込みに行けるほどブームだったんですが、生産が追いついていなかった。いくら作っても数が足りなかったので、流通や小売店のかたがたに「すみません、今月はこれしか作れませんでした」とお詫びに行くのが営業の仕事のようなものでした。

ただ、テレビ放映が終了してもアニメの人気が継続している事態だったので、作品のマーケティングとか『機動戦士ガンダム』の次回作をどうするか？　というような話をしたり、富野由悠季監督（当時、富野喜幸）と宮河と一緒に「次の『ガンダム』を生み出すにはどうしたらよいか？」という会議に新入社員ながら参加させてもらったりしていたんです。

――模型を売るための仕事として？

そうです。模型の工場がある静岡で設計や開発をやったりするんですが、営業部門が宣伝をやったり、結果的にアニメ制作会社との打ち合わせをするようになるんですよね。わたしは新しいものが好きで、同期にも宮河がいたので一緒に当時の部長にサンライズ（当時、日本サンライズ）との会議に参加させてもらっていました。それで『戦闘メカ　ザブングル』（一九八二年）『聖戦士ダンバイン』（八三年）『重戦機エルガイム』（八四年）というような作品群が生まれていきました。富野監督は凄いですよ。名作を立て続けに毎年生み出していったんですから。これがわたしのアニメーションビジネスとの関わりの始まりです。その後、二年半後にやはり同期の渡辺繁（元バンダイビジュアル社長。製作プロデューサー）と共に〝おもちゃとしての商品化の一つ〟という解釈で「ビデオカセット」（ビデオテープレコーダとも。最初はその規格にVHS式とベータ式とがあった）の権利の獲得に回るんですね。彼はもともと怪獣とアニメが大好きで、だれもまだアニメをパッケージにして販売するビジネスの可能性を見いだせていなかった時期に『ルパン三世』（一九七一・七七年）や『未来少年コナン』（七八年）なんかのビデオグラム権を取得してパッケージビジネスを始めたんです。半年後くらいに彼だけでは忙しくなってぼくが呼ばれ、一緒にアニメーションの仕事を始めました。渡辺繁はあのガイナックス（のちに『新世紀エヴァンゲリオン』などを制作する）制作の

『王立宇宙軍　オネアミスの翼』（一九八七年）に専念することになって、その他のビデオ事業をぼくが受け持たせてもらい、その後一三年ほどアニメーションに関わることになりました。渡辺はバンダイビジュアルを辞めた後、四年ぐらい前からプロデュースの準備的な活動をしてますね。

――単純に商品側にいてマーケティングの方法としてアニメがあったということだけではなくて、アニメの企画の中身にまで商品の企画を持ち込むということをされていたわけですよね。

そうです。アニメーション自体もサンライズや富野監督などとどうやって商品と連動した作品にするかということで話を進めました。バンダイとサンライズはいわゆる単純なスポンサーとクリエイティブという関係ではないんです。当時のサンライズはまだバンダイのグループ会社ではなくまったく関係のない会社であって〔一九九四年、バンダイの傘下に入る〕、富野監督はガンプラのような商品が出たりすることを喜んでくれていたはずで、むしろ我々に「どんな商品であるべきか」を提示してくれるクライアントでもあった。いつも「どんな作品を作るか？」「次はどうするか？」という打ち合わせをさせてもらっていましたね。

なにかが降りていた

――数々の後継作品が出てくるなかで、あの一連の富野アニメシリーズの事業総体のポートフォリオ〔資産の組み合わせ〕を作るような、総合的なプロデューサーはどなたがされていたのですか？　それと、たとえばわたしの経験で言えば、特撮コンテンツの事業計画などはオンエア時点でマーチャンダイジング（MD）の印税などを売り上げに見込むなどの計画を立てていましたが、アニメーションの場合、サンライズにもそういう放映権料収入以外にもマーチャンダイジング的な収入の考えかたは最初からあったのでしょうか？　また収益を予定していたとして、サンライズは作品原価の全額負担をしていたんでしょうか？

やってなかったでしょうね。当時のサンライズには専務の山浦（栄二）さんがいて、広告代理店は創通（当時、創通エージェンシー）のかたがいて、基本的には製作コストは広告代理店とテレビ局からの放映権料分のみだったはずです。そういう意味では最初から入金が見える分だけで作っていた。バンダイ的にはメインスポンサーとしての提供額と、作品に出してもらう商品や、どのくらいの個数を製造するかということを決めるだけでしたけど。

あのころは新番組が出るたびにメーカー側は数十億円の売り上げを出したり、制作会社はロイヤリティが一億円入ったりすることもあったりだったと思うんですけど、それを予算化して最初から入金計画に入れておくというのは、ビジネスの黎明期でもあったので難しかったんでしょうね。

――模型そのものは単価が高い商品ではないわけですから、相当売れていたわけですよね。

正確ではないのですが、あのときは一つの作品が一〇億円売れるか、売れないかがヒットの壁だったような気がします。

――鵜之澤さんのアニメに関わるきっかけが富野監督だったとして、バンダイという会社としてはどのような姿勢で富野監督と向き合われていたのでしょうか？

わたし自身営業だったので、商品が売れていく様《さま》はものすごく感じていましたよね。当時のバンダイは似たようなタイトルとして『宇宙戦艦ヤマト』（一九七四年）のプラモデルを取り扱っていたんですよ。戦争がテーマで組織があって、軍艦があって、敵対構造も似ていて勧善懲悪ではない。そこにドラマができていく点が似ていて、当時の営業部の部長はそれを分析していました。この経験がその後のバンダイの商品の要素になっていったのは否めないかもしれない。

――敵側が模型化されるって、それまでの普通の作品にはなかった。

当時はありませんでしたね。それまでのバンダイのプラモデルを見ると子ども番組の作品が単純に〈超合金〉ではなく、〈プラモデル〉で発売するというだけで、敵の商品が出るという流れはなかったんですよね。しかし『ヤマト』あたりから、敵側のプラモデルも作られるようになったので、『ガンダム』では話を進めやすかった。

開発自体は東京というより静岡の工場の人たちが言い出して、権利を取りにいったりするところから始まるんです。確かに『宇宙戦艦ヤマト』や『機動戦士ガンダム』のビジュアルをパッと観たら、当時の大学生ぐらいのユーザーたちは興奮しただろうなと思っています。

先日、六本木で開催された「機動戦士ガンダム展　THE ART OF GUNDAM」（二〇一五年七月）で富野監督が直筆で書いた企画書を実際に観て震えました。あの企画書にはなにか異常ともいえるパワーが詰まっていました。安彦良和さんや大河原邦夫さんもですが、確信的な力を持っていたというか、かなり狙っているんです。本来なら、子ども向けの玩具としては先鋭的すぎて売れるわけがない、と言われてもおかしくない企画書でした。富野監督に聞いたことがあるんです。「絶対あのとき、自分たちでわかってやっていたでしょう?」「狙って『イケてる』と思っていたでしょう?」と（笑）。なにかが彼らに降りてきているんですよね。それまでやりたくてもできなかったことを全部突っ込んでみたというか。その後の『ガンダム』を知っているせいでもあるけど、その当時の企画書を観て、改めてそう思いました。

「キャラクターのバンダイ」の誕生

――きっと『宇宙戦艦ヤマト』でも同様のことがあったんでしょうね。『ガンダム』ではサンライズの内田会長にもいまのお話と同じことをうかがいました（二〇八ページ）。戦後の社会環境などのいろんな要素が積み重なっていったなかで、富野監督や安彦氏のようなクリエイター陣が偶然的に集まる作品機会を得、『ガンダム』に時代的なエネルギーが充電されていった。もしかしてそれは『ガンダム』

ではなかったかもしれなかったけど、たまたま『ガンダム』にすべてが集約されていった、と。計画生産的ではなかった最大の理由はオンエア当時はあまり人気が出ていなかったということが証拠だと話されていました。

そうですよね。当初は人気が出なくて、おもちゃも売れなくて、打ち切りになる作品でしたからね。

――ただ当時、東映アニメーション（当時、東映動画）的な勧善懲悪の作品に慣れていた子どもたちにとってはかなり衝撃的な作品でした。

当時はビデオカセットすら普及していない時代なので、わたしも最初は『機動戦士ガンダム』のテレビシリーズをトータルでは観ていなくて、劇場版三部作（一九八一〜八二年）の第一作が公開になったあたりで「面白そう」と思ったくらいでした。『宇宙戦艦ヤマト』（七四年）のテレビシリーズの再放送や、『うる星やつら』（七八年）も当時観ていて面白かったですし、アニメもマンガと同じように「子どもだけのものではない」という意識は、すでに徐々に社会に生まれていましたよね。しかも当時は「アニメーション」という言葉もなくて、「テレビまんが」と呼んでいました。バンダイでも「キャラクター系作品」のことも「マスコミもの」なんて呼んでいました。「うまくいっているのはいまだけ」なんて、キャラクター系商品に対しては懐疑的な意見もまだまだ多い時代でした。

――いまでこそ「キャラクターのバンダイ」と言われるまでの巨大企業に成長されています。

バンダイは上場するために子会社六社を統合・吸収して、急に「キャラクターのバンダイ」なんて言い出して、当時は「変わり身、早いなあ」と思いましたね（笑）。ただ、いまもこの業界で生き残れているのは、当時、会社全体で確立した「キャラクター・マーチャンダイジング」の構図を維持し続けてきたからだとは思います。

――「テレビ局×玩具企業×制作会社」のゴールデントライアングルですね。そのシステムのなかで鵜之澤さんご自身は何十年も業界に携わられて、いろいろなタイプの職態を経験されていると思うのですが、そのなかでもご自身はどんな立場のかただと自認されていますか？

営業職や開発職でいうと開発寄りなんだけど、かと言ってべつに自分で作品を考えたりするのでもなくて、いわゆる〝メーカー側の〟という言いかたをしたりするように、パブリッシャーの立場、ビジネスの立場のプロデューサーであるとは思っています。自分でものを考えるのではなくて、人と人をつないだり、簡単に言えば「お金を用意」して作品に対して監督とスタッフを吟味して配置する。そうして作った事業でもうけて、また次の作品を作る――ということをずっとやってきたんだと思うんですよね。

ＯＶＡ初期の苦闘

――しかし、「マーチャンダイジングやおもちゃを売るためのアニメーション」とはちがうタイプの、ビデオグラムのセールスだけでペイするようなものも、鵜之澤さんはバンダイビジュアルで量産されていました。現在、深夜アニメーションではその流れを継いでいるような作品もあふれるほどオンエアされていますが、ほとんどの作品は回収のポートフォリオが成立していません。この点に関してメーカーでマーチャンダイジングを支援していく立場としてのご意見はありますか？

「懸賞論文」という社員全員が論文を書く大会で、ぼくは新入社員一年目に「オリジナル・ビデオ理論」というタイトルの論文を書いたことがあるんです。バンダイに入って会社がアニメーションでビジネスをしていることを知り、スポンサーと番組の関係性と構造を知りました。それで当時から「これって、もうビデオグラムだけで回収できる時代じゃないか？」という考えも持っていたんです。論文の内容は、「地上波でアニメを放映することを目的とせず、ビデオカセット専用に作ったうえで、模型を売っているおもちゃ屋や模型専門店で上映する。そのビデオカセットを『ダビングしていいよ』とフリーの状態にして作品の認知度を拡散させることで、無料でプロモーションを行うことが可能になる。おもちゃ屋や模型専門店のような限定的なお店に作品を並べると、そのビデオカセットをダビングして視聴したユーザーが第二話を求めてやって来る。それがお店でプラモデルが売れるようになる要因だ」

という内容でした。いま考えると、現在取り組んでいる事業とあまり変わりないんですけど（笑）。当時のこの理論で同期の渡辺繁と共に『ダロス』（一九八三年）という作品を作りました。彼も入社当初はポピーに配属されていたのですが、アニメ業界のファンから見える「アニメーションはおもちゃ会社の方針に左右にされている」という意見と同じものを持っていたそうです。たとえば「作品におもちゃを売るために作為的にメカやロボットを出している」というようなことです。「それだけでは売れるわけがない」と思い、それまでの放映構造とはちがったアニメの事業を始めたかったそうです。

ですからエモーションというレーベルを作って、「高校生や大人世代を対象にした作品作りをするんだ」という思いと、いままでとはちがうアニメ専用の「ビデオカセット」を売るためのアニメーション制作というものを始めたのです。幼稚園児や小学生の子どもたちは、ビデオカセットは買わないので（笑）。

――ＤＶＤが売れないなかで各社が試行錯誤して耐えている現在と考えると、ビデオグラムだけの収益計画でよく作っていられるなと思いますよね。

いまは放送されているアニメ自体もすごい本数ですよね。ただ、その時代にアニメそのもので損したことはあまりないですね。

アニメをずっとやっていると旧譜など過去のライブラリを再放送したり、グッズを再販売したりで稼ぎが出て、償却を終わらせると利益率も高いので、それで次の作品が作れるという体感はありました。新作そのものはいまも昔も変わらず初年度通年で七割ほどの利益回収でして、なかなか初年度での黒字化はできないんです。ですが新譜はいずれ旧譜になるので、本当に旧作を回しながら次の新作を製作するというパターンの傾向が多かったんです。

ＯＶＡ（オリジナル・ビデオ・アニメーション）を始めた当初も三〇～六〇分の作品を一万二八〇〇円で売ったりして、それが二万本売れたのが、一万五〇〇〇本になり、一万本割るようになったときに「ああ、作れなくなっちゃうんだ」と悟ったんです。だから『機動警察パトレイバー』（一九八八年）のときには「一気に全部まとめて作ればいいいんじゃないの？」と思ったんです。テレビアニメは当時、一〇〇〇万円くらいで制作していました。ただＯＶＡを三〇分ほど作ると二〇〇〇万円くらいかかるんです。同じアニメーションなのになんでそんなにかかるんだ（笑）とよく話を聞くと、設定を作成する初期の準備費用に時間と手間がかかるということと、制作期間ごとにラインを複数抑える必要があるためだということでした。「一話＝一〇〇〇万円にしたいなら何本必要なの？」と当時のプロデューサーに話を聞くと「一三本」という回答。ただ一三本だと多いかなとも感じたので「一〇〇〇万円×六話で制作しよう」ということになったんです。

企画自体はとてもよかったし、クリエイターたちからも「テレビアニメにしたい」ということで預かったのですが、古巣の模型部に行ったら「こんなのだめだ」と一蹴されてしまいました。模型部からアニメーションの部署に異動になったタイミングでもあったので、「お前、いまさらなにしに来たんだ？」というような反応をされちゃいまして（笑）。その後、ビデオアニメ化の話で進行し、まとめて制作してミニシリーズのような形式でリリースして、当時ビデオカセットが一本九八〇〇円だったのを半額に近い四八〇〇円で販売する、という謳い文句でセールスを仕掛けたんです。

――『機動警察パトレイバー』は東北新社とも組まれていましたね。

東北新社はその前にＯＶＡのテレビ放映権を読売テレビに売ってくれてたんですよ。一話一〇〇〇万円の制作費というのはいまからすれば安いんだけれど、それでもそのときは相当な金額で当時の部長からもリスクの点に関して言及されていたんです。それで東北新社と折半出資の話をつけてきたのですが、それでも部長が首をたてに振ってくれない様子でしたので、当時のワーナー・パイオニアにレーザーディスクの権利の相談に行き、最低保証額（ＭＧ）と音楽制作の依頼をしました。

――バンダイビジュアルではレーザーディスクを出していなかったんですか？

出していたんですが、レーザーディスクはワーナー・パイオニアにライセンスして切り分けました。レーザーディスクについては当時、ワーナー・パイオニアの方が売る力がありました。もちろんＶＨＳ、ベータのビデオカセットはバンダイビジュアルで出しました。結果的にはワーナー・パイオニアや東北新社が参入してくれて、機材もさまざまに使わせてもらって、いろいろな知識も学べた結果、会社の経験値という意味でも『機動警察パトレイバー』はかなりよい事業成果だったと考えています。

――『パトレイバー』は最近（二〇一四年～）になって実写化で話題になっています。最初の作品を情熱を持って作ると、これだけ長く愛される作品になるのだと思いました。

わたしはまったく関わってなくて、このタイミングでの実写化かと思っていました（笑）。わたしが携わったのは劇場版第二作の『機動警察パトレイバー2 the Movie』（一九九三年）までです。『機動警察パトレイバー』をやっていた当時を振り返ると、映画化まで到達した際に「アニメーションとしては一通りのことをやってしまったな」というように感じていましたね。

ゲーム機からパソコン、ネットへ

――そのタイミングでゲームをプラットフォームにする会社を立ち上げられるわけですね。

いま言ったように、当時は『機動警察パトレイバー』をはじめ、一通りのことをやってしまっていて、仕事もなんとなくルーティンワークのように感じていたんですね。そのなかでコンピューターが少しずつ進化してきて、いわゆるインタラクティブ・ムービーのようなものを作りたくなったんですね。最初はMacintosh（アップルのパソコン、Ｍａｃ）でフロッピーディスクを三、四枚入れる『マンホール』（the Manhole）というゲームがあって、「音とアニメーション」が組み合わさったエンドレスなインタラクティブ・アニメーションが採用された、いわゆるＧＩＦアニメーション〔ファイル中に保存した複数の画像を順に表示し、動画として表現する方式〕のゲームなんです。それを当時『機動警察パトレイバー』の脚本家の伊藤和典が新しいものが好きでぼくに教えてくれたんです。彼に見せてもらったときに「あ、次はこれだ。PC上で動くアニメーションだ（笑）」となったわけです。そこからPCを使ったアニメーションをやろうと思ったんです。

当時はCD‐ROMが出始めたころで、最初は九二年に海外のゲームの日本語化権を買って一度、価格一万四八〇〇円くらいで売り出してみたんです。するとこれがえらく売れまして。本数は一万五〇〇〇〜二万本くらい売れた結果、予想以上にもうかったんです。いわゆるマルチメディアという技術で、音と映像がPC上で再現可能になってそれを面白いと思い、バンダイビジュアルで新規事業として始めました。

その当時バンダイの社長は山科誠さんだったのですが、その新規事業に対して「面白いね」と興味を示してくれました。ただし、PCなのでアニメーションを見るためにはCD‐ROMを導入したり、再生ソフトをインストールしたりと大変でしたね（笑）。事業を始めて二、三年後に古い知り合いがバンダイに山科さんを訪ねてきて、ある会社がアップルとプロジェクトを進めていたんだけどご破算になったという話を聞くんですね。いわゆるマルチメディアプレーヤーだったんです。

その後、サンフランシスコに作品の買い付けに行くタイミングで社長と一緒にアップルの担当者のかたとお話しする機会が持てました。それがピピンアットマーク〔一九九六年リリース。当時のバンダイ・デジタル・エンタテインメントがアップルコンピュータと共同開発したMacintosh OSのマルチメディア機〕っていうコンシューマのプラットフォームが生まれるきっかけになったんですね。当時の事業提携はいまのアップルの規模を考えると考えられないです。当時は（スティーブ・）ジョブズ〔一九五五〜二〇一一年、アップル創業者の一人。Macintosh、iPhone、iPadなどを世に送り出した〕のいない時代で、かなり厳しい経営状態ではあったと思うのですが（笑）。

――当時、バンダイとアップルの開発提携に関する噂は業界内にあって、「鵜之澤さんが専任らしい」、（歌手の山口百恵が引退コンサートの最後にマイクをステージに置いたことから）「アニメのプロデューサーとしてのマイクを置いてしまったんだ、ゲームに行っちゃんだ」という話を映像関係者でしていましたよ。

アハハハ。本当はＣＤ‐ＲＯＭプレイヤーってゲーム機ではなくて、当時は図鑑などのビジュアルの読みものが多かったんですよね。それを家庭のテレビにつないで見られるもの、というコンセプトだったんですよ。ゲームもできるかもしれないけれど、それがメインではなかったんです。ＰＣの普及によって一気に出てきた、新しいメディアプレイヤーでした。ただ当時、プレイステーションが先行して発売されたり、同じスペックのことをMacintosh上ではできなかったりと、さまざまな障害にぶち当たりました。

ＰＣ初心者向けやローコストＰＣのようなつもりで作りたかったんですが、拡張端子をつけることに関して、アップル側がやはりMacintosh側とコンフリクト（衝突）を起こすと最後まで抵抗していました。だったらモデムポートとプリンタポートだけ残してくれと話したんです。その後にインターネットの前触れみたいな情勢が見えてくるんですね。ブラウザというものが世のなかに知れ渡るようになり、初めてブラウザを操作して画が映ったときは「これがワシントンにもつながっているのだ」と感動しましたよ。そこで「ピピンアットマークにはモデムポートがついている……これだ！」と思って、インターネットのマシンというコンセプトに切り替えるんです。

ただ当時は九三～九四年ごろでしたので一般の人はインターネットをまだ知らないんですよ。企画の説明のためにインターネットの説明を当時の幹部のみなさんに説明することになったんですね。「電子メールとはなんなのか？」といったような説明からで、それはそれは大変でした。

――プラットフォームの立ち上がりに立ち会ったわけですか。そのような経験談は本当にまれで面白いですね。市場が組成される前、ルール自体がまだないところが面白い。

しかし、結果的にはネットのビジネスでは大損をしました。それで映像の仕事に戻るんです（笑）。ところが同じころ、同期の渡辺繁は「デジタルエンジン構想」に関わっていて、「鵜之澤が一〇〇億円使うのなら、俺も一〇〇億円だ」とか言ってたそうで、「競争じゃないよ！」ってこっちは思ったんだけど（笑）。それどころか、その構想は渡辺と元サンライズの植田益朗（現在、アニプレックス代表取締役社長）が相談して始まっていて、押井守や大友克洋の監督作品がプロジェクトの中核だったんですが、それらの作品がとにかくいつまでたっても終わらない（笑）。

そうしたらそれを「鵜之澤が片付けろ」と言われて（笑）。無理だよなあなんて思いながら、一、二年ぐらいかけて向き合っていきました。はじめは大友監督の『スチームボーイ』（二〇〇四年）の完成も無理だと思ったし、押井監督の『ガルム戦記（G.R.M. THE RECORD OF GARM WAR）』（『ガルム・ウォーズ』として公開予定）は企画自体を一度は畳んだんですが、『スチームボーイ』は最終的にはサンライズが引き受けてくれて、時間や予算をオーバーしてなんとか完成しました。

――それこそGONZO（二〇〇〇年設立）などが勃興した時期で、デジタルのコンポジットやCGでオブジェクトを作るっていうことが流行っていましたが、『青の6号』（一九九八年）が当初、六本のシリーズで告知されていたのが急に三本で完結しちゃったり、作品制作上で「そんなことが起きるんだ!?」ということが結構頻繁に起こったりしていましたよね。それで、「実写でCGを使うのはホンモノに見えるかどうかがゴールになるけど、アニメでCGを使うとゴールが見えなくなって、どんどんお金がかかるんだよ」と言われていました。

かかりましたよね、実際。ＣＧはいくらでも画の手直しができますからね。膨大な設備投資のために数億円単位のお金が必要ですし、データを処理・保管するサーバーも必要だし、そのメンテナンスや保全のコストも必要です。当時の専用のマシンもそれなりの値段でしたし、当時はＧＢ（ギガバイト）やＴＢ（テラバイト）などの容量の単位の呼びかたも浸透していなかったと思います。

マネジメントでのこだわり

――さて事業のマネジメントについてなんですが、出資して、作品を商品としてセールスする立場であるということは当然、事業総体の管理をする立場でもあるわけです。その際、ビジネスとクリエイティビティのバランスみたいなものを持っていないといけないし、ある意味で二枚舌的にクリエイターとも付き合っていかないといけないケースもあるのかと思います。鵜之澤さんの場合、そのバランスを保つ技法や心構えなどはありますか？

ぼくの場合はシンプルに「予算を決めてこれじゃなきゃやらない」という考えです。非常にシンプル。自分で回収できる範囲でしか作品を作ることはないですね。予算を超えるようであればそのプロジェクトはやらないと決めて、その条件でやれるパートナーやスタッフとしか組まなかったんです。予算を超えさせたいのであれば、「続編が制作されたときにお金をかけて、劇場版などを作ってやればいいんじゃないの？」と、その点だけはかなりこだわって仕事をしてきました。

——それが普通のビジネスマン的なモラルですよね。

そう。先ほども言ったとおり、ぼくは自分をビジネス側のプロデューサーだと思っているので。

実はアニメーションの仕事を始めて半年ほど経った時期にスタジオぴえろの布川《ぬのかわ》ゆうじ社長〔スタジオぴえろの創業者、アニメーション演出家〕に言われたことがあります。アニメーションの仕事はクリエイティブ側の仕事だと思っていて、作品の打ち合わせの際にスーツではなくTシャツかポロシャツのようなラフな姿で行ったんですよね。そうしたら布川社長に、「鵜之澤さんさ、キミちがうんだよ。キミはスーツ側（ビジネス側）の人間なんだからそんなかっこうで来てもらっては困る。この会議において君の言うことはスポンサーだと思うからみんな聞くんだ。クリエイターとしてキミの存在があるわけじゃないんだから」と、はっきりと言われたんです。「確かにそうだなあ」と考えて、あのとき以来、ビジネス側のプロデューサーとしての立ち位置をかなり気にして、立場をわきまえるようになりました。

――資本の責任者として、ふさわしいかっこうをするべきであると？

そうですね。「立場がちがうので、ビジネス側の人間はクリエイティブの人間と同じ意識ではいけない」とはっきり言われたわけです。当時、わたしもまだ若かったので、かなり生意気なことを言っていたために気を遣ってそのようなことをおっしゃってくださったのかもしれません。

――それまでの富野監督とのお仕事の際にはそのようなことはあったのですか？

富野監督のときにはまだ営業職でしたので、スポンサー側の立場として監督に意見を言えていましたね。だけれど、「自分がこれを作りたいから」というような発言は一切しなかったです。完全にビジネス側できらわれ役であることをわかったうえで仕事をしていました。その代わりに「次の作品を作れるようにする」ことをずっと続けていたんです。

ハリウッドのプロデューサーであるアヴィ・アラッド（アメリカの実業家・映画プロデューサー、マーベルスタジオの設立者兼CEO）といくつか仕事をしたとき、彼が〝Good enough〟という上手い言葉の使いかたをしていました。クリエイティブとバジェット（予算）があるなかで、お金をかければよい作品はできるけれども、自分のなかでスケールをどう持って、どこで止められるかが仕事だ、という意味です。共感しつつ、それは自分も同じ考えかたでやってきたと思いましたね。

――作品を観たらアヴィの作品は確かにそんな感じですよね。キーマンやポイントのシーンはウェルメイドにして、後は安く無駄なく作るという。

本当にそうですね。この言葉と思想はさすがだと思いました。昔から決めた額以上はお金を使わないで、ずっと仕事をやってきたんだと思う。

――そういうモラルを持たれたビジネス・プロデューサーとして、鵜之澤さんにはこれからも作りたい作品はあるんでしょうか？

予算内でやるという考えがまずそこにあって、採算が取れないのだったら「なら、やらない」の一つ返事だけです。瞬間的に企画を〝いくらか？〟と値踏みをしてますね（笑）。それはゲームのときもそうでした。説明を聞いて「この企画いいですねー。すごいですねー」と言いつつ最後のページの見積金額を見て、「やる」か「やらない」かを決めます。即決即断（笑）。

刹那的なアニメ事情と可能性の追求

――深夜帯のアニメをはじめとして、アプリやマンガもものすごく量産されているなかでメディアの数も増え、一つの作品にかける資本体力も上がっているなか、「オワコン」（終わったコンテンツ）という言葉が生まれるくらい「デッドコンテンツ化」へのスピードが速くなっています。現在の会社では、マーケティングの基幹としてコンテンツを据え、そのデリバティヴ（派生）として商品展開をされようとしているのだと思うのですが、この「コンテンツの賞味期限に対する速度感」に対して、なにかご意見や考えはありますか？

一つの要因は「メディアの進化」ですよね。インターネットの登場によって情報拡散のスピードが異常に速い。九〇年代までだったら、映像は劇場公開や放送まで一、二年ほど時間をかけて展開をするのが定石だったけれども、いまや放送直後になにもかもが拡散するじゃないですか。その拡散速度の意味は大きい。

次に、アニメなどのコンテンツを商品としてパッケージ化するビジネスが以前よりも売れなくなってきたので、少ないリスクで「一クール一三本しか作らない」などの小ロット生産の流れが出てきています。さらに、「これまでの一シリーズ分の制作費で二シリーズ作ろう」となっていて、結局はシリーズ数は倍増しているという、刹那的な状況です。ぼくは現場からしばらく離れた立場にいたので、そんな印象で眺めていました。言いかたが悪いかもしれませんが、ビデオグラムという商品全体が売れなくなってきているなかでも、「アニメーションはまだ可能性がある」ということで、ビデオメーカーや外資系企業なんかが直接出資して自分たちでアニメビジネスを始めてしまい、プレイヤーも増えた。多すぎるというわりには作品本数を減らそうともしていない。本数が多ければ、ユーザーもじっくり味わう必要もなくなるわけで、賞味期限ももちろん短くなる。

——現在のアニメーション業界の状況と、在籍されていたゲームなどのビジネス環境とでもかなりちがいはあるとは思うのですが、「デッドコンテンツ化」へのスピードに、この一〇年くらいで急速に導入されてきた「四半期決算」は関係ありますか？

通期の業績は気になると思います。上場していれば昨対（昨年対比）で発表されますから。ただ四半期で反映される数字は映像メーカーにしろ、ゲームメーカーにしろそんなに気にしてはいないでしょう。

——「アニメーション事業はもうからない」と言われている一方で、いまの鵜之澤さんのお話ですと、条件さえ合えば、まだまだビジネスとして発展させることができるという印象です。そんな業界のなかで「いまやなかなか後進スタッフが育っていかないのではないか」という話もあります。ラインの人材育成に関してはどのようなお考えをお持ちでしょうか？

業界全体が低賃金であることがよく言われますが、クリエイティブスタッフは、あえてその道を選んでいる節もあるんです。趣味にとどまるのとはちがうわけで、職業にするのであれば、その点をわかったうえで仕事をしています。たとえば、日本の優れたアニメーターが高額の収入を目当てにみんながハリウッドといったような場所に行くかというと、そうではないじゃないですか。結果、組織の言うとおりの仕事をやりたくない、「自分はこれがやりたいから」「こういうものを作りたいから」と言って作品に取り組んでいる。その点もなんだか「日本のクリエイティブ」の特徴なんじゃないかなと思うんです。

小説家もマンガ家もそうだし、ミュージシャンも、「本当に大金を稼ぎたかったら英語で歌って世界で活躍しろよ」ということです。日本語の歌では世界にメッセージなんて伝わりません。「これでいいんだ」という土壌が日本にはあるということですよね。ガラパゴス化みたいですけど。

マイナス面であるかもしれませんが、国内だけで盛り上がれる程度の規模もある。日本人には才能もあるし、下地としてのマンガやアニメなどの日本文化って特殊なものですしね。同じアジア圏でも絶対にほかの国には負けない文化だと思います。

――最近はリメイクやリブートが多くて0→1《ゼロイチ》タイプ〔“無”の状態からなにかを創出する能力〕の作品やクリエイターが減少しつつある傾向もありますが、そのあたりに関してはどのようにお考えですか？

現在、アニメーションを作る際は必ず製作委員会方式をとっていますよね。それだけ、アニメーションのビジネスが多岐にわたっているということでしょう。一クールでも何十本の作品が放映されるアニメーションのなかで確実に利益を確保する作品を提供したいと考えたとき、まったく新しい作品をゼロから作り出すのはリスクが高いと判断される機会も多いのでしょう。しかし、そのなかでもチャレンジすれば大成功している作品があるのも事実です。

商品とはコマーシャル・アート

――アニメとゲームのプロデューススタイルのちがいがあるとしたら、どういったところなんでしょうか？

いまのスマホのアプリゲームも含めて、アニメと比べるとビジネスモデルに大きな差があります。市場が大きいから、才能やお金も当然ゲーム側に寄りますよね。ですが一方で、ゲーム側の人間から見るとアニメの制作体制ってすごく魅力的に感じるという話も聞いたことがあります。

――ゲームと比較して制作費が安い分、機動力があって随意性が高いということなんでしょうか？　映像ではゼロイチタイプの面白い企画があってもピックアップできるプロデューサーが減っているんじゃないかという気もします。たとえば鵜之澤さんのようなコンテンツの中身に入り込んで育ってきたタイプであれば、目利きというか、価値を取捨選択できるのかなという気もするのですけれど、委員会方式の場合だとただのコンテンツ好きな普通のサラリーマンがコンテンツの部門を担当しているという感覚があります。

市場が大きく安定してしまった分、抱えてしまっているジレンマなのかもしれません。加えてゲームの場合、開発費用の高騰が続き、続編の販売が多くなってしまっています。本当はプラットフォームがプレイステーション３がプレイステーション４とかに変わったときにチャンスがあるから、新しい作品にチャレンジするべきなのですが。

——ファイナンスに関しては、銀行やファンドの方もそうですけれども、自社の役員に対しても「クリエイティブの魅力」を伝える言語がなかったりしますよね。

逆に言うと、ないことがよかったんですよ。結局「一〇本に一本しか当たらない」とか、「変わった作品しか当たらない」っていう考えかた自体理屈とか分析じゃないですから。毒とか華があったり、新規性があるかどうかで人の興味を惹くわけじゃないですか。ただ、どんな作品がヒットするのか読めない時代になってきているという現実もあるとは思います。仮にヒットしたとしても、後から理由なんていくらでも付けられますから。

——八〇～九〇年代の景気が後退したせいだから言えるのですかね？

景気の後退と少子化も含めて、「大きく作品がヒットするチャンスが減った」のと「さまざまな会社が参入していることで作品と本数が増えてヒットする確率が低くなっている」ということがあります。ユーザーが作品を録画して、口コミを聞いて観もしないで視聴を止めてしまうというような流れは、明らかに贅沢病ですよ。

――ＶＨＳからＤＶＤに切り替わって小売の単価が下がった当時、「ビデオグラムの売上総額が落ちるのではないか？」という危機感のようなものが業界にはありました。

当時、プレイステーション２を担当していたんですよ。プレイステーション２のソフト売り上げで日本で初のミリオンセラーってゲームではなく映画の『マトリックス』（二〇〇一年、米）ですからね。それで『.hack』（二〇〇二年）のような作品を思いついたんです。「ゲームにアニメの映像がついていればいいんじゃないか」と。当時、制作側にオリジナルで作品を作るには五億円ないと作れないと言われました。それなら五億円で作る作品を四つに分けて販売すればいいという考えに帰結したんです。四本それぞれに一〇〇〇～二〇〇〇万円で作ったアニメを一本ずつ付け足して一巻あたりの価格を安くして、アニメとゲームのＤＶＤ二枚組五八〇〇円で、『機動警察パトレイバー』のビデオカセットの話の際にしたような販売方式を採ったんですね。そうしたら海外でも売れて、総合的にはかなり成績のいい作品となりました。

――鵜之澤さんは、あくまでセールスとビジネスが主眼で、「商品としてのコンテンツ」という考えかたなんですね。でもそうしないとみんな食いっぱぐれてしまうので当たり前のことなんですけれど、とにかくこのコンテンツの業界ではお金の話をすると悪魔のように言われます。

言われますよねー。でもよくクリエイターには「商品は〝芸術〟ではなくて、コマーシャルアートなんです」と言っていますよ。

無料で見てもらって関連商品を販売する

――現在、代表をされているアニメコンソーシアムジャパンのお話なのですが、どのようなビジネス形態で、具体的にどのようなプロジェクトをされているのでしょうか？

インタビューを受けていて改めて振り返ると、やっていること自体は最初から変わっていないなと気づきましたね。ゲームもここ数年でいわゆる「フリーミアム」〔基本パッケージやサービスは無料で利用できるが、機能などを追加する場合には課金によりサービスを受けるビジネスモデル〕という考えかたのもとに、ゲームが無料でプレイできる世界を体現しました。そして無料になって売り上げが減るかというとそうではなくて、新しいマーケットが何千億円もできました。インターネットが普及したころから、ネット上で受けられるサービスというのは基本無料です。ホームページを見たり、検索エンジンを利用する際にお金を払う人はいないいんですよね。

ただ、宣伝をすることはできても、それをゲームで展開するのは実際には難しいなとは思ったんです。五八〇〇円でゲームを買ってもらったり、アーケードゲームで一回一〇〇円で遊んでもらうというのが従来の考えかたなので。躊躇していたらゲーム業界ではないIT企業各社に「フリーミアム」の事業体を始められて、ぼくたちはそれらの会社を宣伝材料に使っちゃったんですよね。「バンダイナムコの名作が無料でプレイできる！」というプロモーションで体験版の作品をＩＴ企業各社に供給しました。

その体験や『フリー～〈無料〉からお金を生みだす新戦略』（二〇〇九年、日本放送出版協会、アンダーソン著）という本を読んで感じたのは、「バンダイって昔からフリーミアムやっているじゃないか」ということだったんです。メインスポンサーとして仮面ライダーを無料のＴＶ放送で観てもらい、変身ベルトを売るモデル――「無料で見てもらって関連商品を販売する」ということをずっと作品を通じてやっているじゃないかと。そうして商品を買ってもらえるということが「アニメーションのビジネス」であり「キャラクターのビジネス」なんです。

なんとなくキャラクターものって、不思議と商品がほしくなるようにできているんですよね。キャラクターになりきるためにコスプレをしたくなったり、グッズがほしくなったり、所有欲や愛着を持てるようになったりしているんです。

一方で海外では、キャラクターものはＴＶ化権も売れない、ＤＶＤ化権も売れないとビジネスのハードルが非常に高かった。それでも海外でも一部では日本のアニメは認知度があって、海外のだれもが知っているタイトルが存在したりして、「これはなんとかできるんじゃないかな」と思ったんです。

アニメを無料で配信してだれでも見られるというような仕様を作りたい――と、二〇〇九年ぐらいに思ったんです。実現するまで少し時間はかかってしまったんですが。コンテンツのビジネスモデルが、従来のパッケージメインから変わろうとしているいま、このままだとアニメが作れなくなってしまうのではないかという危機感もあります。

プレイステーション２の時代に『ドラゴンボール』（集英社、鳥山明）のゲーム開発を海外含めてやらせてもらったことがあったんです（二〇〇三年）。販売枚数が日本で五〇万本、アメリカで一〇〇万本、ヨーロッパ圏で二〇〇万本、累計販売数三五〇万本と世界中で『ドラゴンボール』のゲームが売れたんですよ。その後、『NARUTO―ナルト―』（同、岸本斉史）のゲームも日本では約一〇万本だけど海外も含めると二〇〇万本の売り上げ成績を残していたりしていました。売り上げの裏付けとしてあったのが、日本国内で放映されていたアニメーションが海外でもテレビ放映されていたり、公式ではない動画を海外のユーザーが観て認知していたからということでした。つまり、日本の販売ルートのみだと制作費が回収できないゲームであっても、海外の販売もしっかり視野に入れると作れるようになると、ぼくはビジネスマンとして経験したんです。

「アニメーションが栄えればバンダイナムコも栄えるのではないか」という前提のもとに、フリー配信をできないかと動き始めたんです。海賊版は正規でない以上、商品化も許諾されませんし、昔からの商慣習を引きずって放映権が売れるまで配信権の許可がでないなどの障壁があり、この肥沃な領域に公式事業者が手を付けないのはビジネスのチャンスを逃しているんです。

ネットだったら観念がちがいます。たとえばアップストアって、『パックマン』の英語のゲームでも国ごとに利用規制をかけることなんてしていない。「どの国で遊ばれてもいいじゃないか」という解釈なんです。

一方、アニメーションやライセンスの世界はテレビ局に売りに行くことから始まっているので、国や地域ごとに契約がバラバラなんですよ。残念ながら一番買い値が高い人に売って終わり、という商体系になっています。

これらの管理を自らの手で行うことで、正規の配信ビジネスとして成立させることが可能になるかもしれないと考え、このアニメコンソーシアムジャパンの事業を始めたわけです。

――この会社はそのバンダイナムコからの社命で任されたということでしょうか？

ちがいます。自分が言い出したことです。いままで自分の意志で「この事業をやりたい」ということは少なかったんですが、いままでの経験を活かしてなにかできるんじゃないかと初めて思い至り、始めました。

――出資されている各社はその戦略に賛同されているということでしょうか？

いずれの企業も日本のアニメを世界に正しい形で広げたいという思いは一緒です。結果、どの企業もビジネスチャンスが広がると感じてくれていると思っています。

――企業の流れとして、バンダイナムコのＤＮＡは受け継いでいる？

そうです。

――競合している企業はあるのでしょうか？

競合でアニメの配信となると、クランチロールっていうアニメーションの会社の会員が七〇万人ほどいて最大手なのですが、まだまだその程度の規模なんですよね。大きく言えばアニメのみでなくドラマや映画も配信しているネットフリックス〔一九九七年創業のアメリカのオンラインＤＶＤレンタルおよび映像ストリーミング配信事業会社〕も競合企業と言えるかもしれません。

――ネットフリックスに関しては、テレビ局にとってはかなり脅威のようです。

しかし、当社としての実際の競合は海賊版を配信しているサイトなのかもしれません。海賊版をビジネス化しているのは対策をしなければいけませんが、実はわたしは海賊版には全面的に否定的な意見は持っていません。なぜならアニメーションの海賊版をアップロードしたりしている人たちは、ほとんどが作品のファンだからです。正規化して、海賊版サイトに負けないサービスをやりたいなと思いますよね。

従来のビジネスモデルから抜け出せない日本

――少し角度のちがう話です。コンテンツの知的財産権としての話なんですが、出版社が原作代理人として原権利をグリップすることにより、映像化やマーチャンダイジングなどの監修を基軸にして権利を集中管理していく傾向が強くなっています。ＮＨＫと講談社の間で行われた訴訟で原作寄りの判決が出たなかで〔『ゼロ、ハチ、ゼロ、ナナ。』（講談社、二〇〇九年）のドラマ化を巡る事件。ドラマの脚本を原作者である辻村深月氏が納得せず、クランクインの直前で講談社より白紙化の申し入れがあり、撮影中止となった。ＮＨＫが損害賠償を求めて訴訟を起こしたが、東京地裁は「脚本の承認がされていない以上、許諾契約が成立したとは言えない」として訴えを棄却した〕、出版物よりもかなり資本の巨大な二次創作である映像化に際し、権利元との付き合いかたや折り合いはどのようになされますか？

わたしの場合、原作ものをやるときはまず最初に「アニメにする意味があるのか？」ということを考えます。原作者や出版社のかたに「原作どおりに作れ」と言われれば、そう作ります。ただ二次創作ですから、作る側にもエンドユーザーにも「同じものなんか観たくない」という欲求がもちろんあるわけじゃないですか。そういうときは監督の選出やスタッフィングから考えます。面白い原作があってそれを脚色して面白い映像の脚本を作るわけですよね。面白いものを創ろうとしている思いは同じですから。

――面白いものを創ろうとするクリエイティビティのぶつかり合いのような作品は面白くなりますよね。『機動警察パトレイバー』は押井守さんやゆうきまさみさん、伊藤和典さんや出渕裕さんもいてタレント（才能）のぶつかり合いでしたが、鵜之澤さんは調整みたいなことはされていたんですか？

調整をしていると言えばしていましたねえ。押井監督は外部からきたフリーランスの監督で元々の企画にあの人は入っていなくて、アニメを作るのであればと思ってわたしが連れてきたんです。ただ、本来作成していた設定案を無視して、スタッフを騙してアニメオリジナルの演出や設定をするのはやめてもらいたかったなあ（笑）。そういう意味ではマンガはマンガ、アニメはアニメといったような住み分けのできた珍しい作品にもなりましたが、そんな作品内でのクリエイターの対抗図式は面白い作品には必要なんでしょうね。

――バンダイナムコグループはかつて、大型の特別損失を出した期もありましたが、最近とても安定されています。ただ、最近になってアニメコンソーシアムジャパンの立ち上げがあったり、サンライズとバンダイナムコピクチャーズとで制作機能の住み分けを行ったりと、端から見ていてグループ内の急な改編の印象があります。

サンライズとバンダイナムコピクチャーズのことで言うと、サンライズ社長の宮河恭夫が社員のために明確に住み分けをしたいと考えたのが始まりです。住み分けの理由は明確で、前者は『機動戦士ガンダム』や『ラブライブ！』（二〇一三年）などのオリジナル系タイトルを取り扱い、後者は『アイカツ！』（一二年）や『バトルスピリッツ』（〇八年）などバンダイがメインスポンサーの子ども向け作品を取り扱うラインといったような作品ごとの分類を行ったんです。作品ごとに社員やプロデューサーのモチベーションや評価の軸がちがうものなんですよね。「作品性や作家性というものを先鋭化して作品を作ってパッケージを売る」という方針と、「おもちゃや関連商品の売るためのマーケティングとして作品を作る」という方針が、それぞれのクリエイターやスタッフのバロメーターになると考えたんですよ。そうやってサンライズから分かれてできたのが、バンダイナムコピクチャーズなんです。

――普通はアニメ会社のようなＩＰの会社がラインを切り出してＩＰの整理を行うと、「売却か!?」と思うものですが（笑）。

さすがにサンライズは売らないでしょう（笑）。社員同士の人事交流もある前提で、明確に作品系統を分けるのが目的だと宮河も言っていました。

――現況のコンテンツ産業界、さまざまな問題があるなかで、鵜之澤さんが考えるコンテンツ産業のありようとはなんでしょうか？　改善策や持論も踏まえつつお聞かせください。

アニメコンソーシアムジャパンの立ち上げのときに感じたのは、世界進出をしてみたら、国内各社とも従来のビジネスモデルのままで、組織だとかがインターネットやグローバルに合ったビジネス体系になっていないいんです。アメリカやヨーロッパで担当がちがっていたり、全世界的な放映権を統括して持ち合わせている部門なんてなかったりするんです。国や地域ごとにＭＧを決めて、分けて支払ってくれと言われたりして。インターネットで現在こんなふうにメディアとプラットフォーム、そして国境の垣根がなくなっている時代に、商習慣だったり体制だったりの過去のソリューションが障壁になり現実についてこれてない。

これはコンテンツ業界全体の問題だと思います。言語がちがうということでライセンスを分けたり、バラバラに売ったりということは意味がなくて、いまはアップストアのようにアクセスしたら「全部あります」といったように言語は自分で選ぶというビジネスモデルでないと、世界で戦えないと思います。

——それこそアヴィ・アラッドのビジネスモデルのような構造ですよね。

本当ですよね。やはりハリウッドはそれがはっきりしていて、最初からグローバルであることが当たり前でセールスコントロールしていますよね。だれかにライセンス委託をしないで自分たちでコントロールをできればベストなんじゃないかと。

——鵜之澤さんもコントロールできるはずだと？

そう思ってやっています。でも取引先の各社が従来のビジネスモデルから抜けるのは少し時間がかかるかもしれない。

——アニメコンソーシアムジャパンでは具体的にコンテンツそのものに対する投資も行っていくんでしょうか？

やっていきます。

コンテンツ産業はいきなり社長になれる可能性もある

――コンテンツに参入しようという人材や事業者へ言いたいことはありますか？　最近は若い人材ほどコンテンツ産業を倦厭《けんえん》していますが。

それはまずいな。しんどいからということですかね？　少なくともどこまでがコンテンツ業界か線引きをするのが難しいですが、アニメーションやゲームとかでいうと、スマートフォンをベースとして、世界同時に同じものが提供できる環境が整っているという現状が間違いなくあります。マルチメディア機器として開発していたピピンアットマークなんてものを開発していたときよりも、はるかにスペックの高い製品をみんなが持っているんですから。常にネットワークにつながっていますし。

――何百万円もかけて借りていた映画のフィルムキャメラと同じくらいの性能が、このスマートフォンで得られていると思うと恐ろしいです。

恐ろしいですよね。なおかつそのすごい点とは、世界分けへだてなく均等に普及しているという事実ですよね。

ハリウッドとは少しちがいますが、日本にチャンスがあると思うのが、中国に限らずアジアの国々が日本のクリエイティブをリスペクトしていたり、同じ気持ちが通じるからコンテンツによって民族交流ができたりするわけです。やり甲斐もあるし、この業界特有の国際環境だとも思うので、ぜひチャレンジしてもらいたいです。アニメだったりマンガだったりと、いわゆるクールジャパン政策で推し進められているコンテンツは、日本が独立して持ちえている文化であったり、産業であったりするんです。IT系の企業から入ってベンチャー企業っぽくやってもいいわけだし、いろんな入り口から事業を始めることもできるので、トライしたらチャンスがたくさんあると思いますよ。

――参入しやすい業界のはずなんですけどもね。鵜之澤さんが八〇～九〇年代でコンテンツを量産されていたころの会社だったら、だれにでもチャンスがあるという気風もあったのなんでしょう。

ぼくらがいたころにはアニメをやっていた先輩なんていなくて、みんな現場でひた走りに走っていた。『機動戦士ガンダム』の会議に行きたいっていう人は上にはいなくて、アニメもゲームも新しい事業だということで関わりたい気持ちが大きかった。

いまに連なるアニメという産業は『宇宙戦艦ヤマト』や『機動戦士ガンダム』から始まったんだと言っても、言い過ぎではありません。ちょうどわたしたちが入ってきた一九八〇年代にそれらの作品が生まれたり、大きく伸びていったんです。だからぼくらも若くから責任のある仕事ができた。後進の人たちは市場ができあがってから入ってきたので、チャンスが少なくなっているのかもしれない。

本来、コンテンツ産業はいきなり社長になれる可能性もあるわけだし、ぼくたちのように自分たちが最初の世代になるために、どんどんチャレンジをしてもらいたい。サラリーマンとして組織に入っても、コンテンツを成立させるためにはすぐに自分で会社を立ち上げるチャンスがある——常にそんな気持ちの産業なんです。

第二章　コンテンツディストリビューション

第一節　映画配給

豊島雅郎（てしま・まさお）　アスミック・エース取締役

【二〇〇八年二月インタビュー】

――社長に就任されてから〔豊島氏は二〇〇六～一二年、アスミック・エースエンタテインメントの社長を務める。現在、アスミック・エースと社名を改め、豊島氏は代表を降りたものの、同社で活躍中〕、豊島さんのビジネスの内容がまったく変わったんじゃないですか？

二〇〇六年の六月に社長に就任しましたが、わたしも執行の部分と社長業の部分とがあって、社長業のほうに時間を取られていることがどうしても多いですね。もちろん執行者を代表するわけなので大きな意味での執行はしているんですけれども、就任してからしばらくは、クリエーターとの接触というのは減ってしまいました。クリエーターとの接点やつながりが大事な業界なので、べつに社長業の手を抜くわけじゃないんですが、意識的に、うちのスタッフを巻き込んだうえでクリエーターのかたがたとの接触をまた増やしていかなくちゃいけないと考えています。

——それでは、アスミック・エースの現在の経営方針を教えていただけますか？

これまでうちは映画会社という形をメインでやっていました。これからは映像会社、映像コンテンツ企画会社、そういう形にもっともっと変えていきたいとわたし自身が考えています。もちろん映画製作や映画配給をやめるわけじゃないんですが、グーグルがドコモの携帯で見られる時代になってきて、これからマルチプラットフォーム〔複数のメディアに対応したコンテンツ提供ができること〕というか、いろんなメディアの可能性を追求していきたいという方向です。

これまではリッチコンテンツ〔映像や音声を利用した表現豊かなコンテンツ〕を作り、そこでお金をユーザーからいただくビジネスモデルだったことがわれわれは多かったわけです。映画の配給ならば、最終消費者に劇場に足を運んでお金を落としていただき、それを劇場とシェアするという形ですよね。それから、パッケージものでＤＶＤを作って、セルやレンタルにする。いまセルはかなり厳しいんですけれど、そこでお金をいただけるマーケットがあります。あとはテレビというマーケット。テレビでも、最近はＶＯＤ〔Video on Demand 映像コンテンツの配信サービス〕とかがありますが、主流なの

豊島雅郎さん。
1963年生まれ。86年、新卒一期生としてアスミック（現アスミック・エース）入社。ビデオグラムのマーケティング業務を長年にわたり担当した。家庭用ゲームソフト事業、音楽事業なども兼務した後、2005年より取締役・常務執行役員、06年６月、代表取締役社長就任。現在はアスミック・エース取締役。主な製作作品に『ピンポン』（2002年）『木更津キャッツアイ　日本シリーズ』（03年）『真夜中の弥次さん喜多さん』（05年）『間宮兄弟』（06年）『ヘルタースケルター』（12年）ほか多数。

は地上波、ＢＳ、ＣＳで、このへんのお客様に買っていただくという、そういうことを生業《なりわい》としてきました。

ところが、お客様が無料で映像を見ることがこれから増えてくるんじゃないのかという予測のもとに、地上波と同じで、企業さんからお金をいただいて映像をお送りするという、お客様には無料のビジネスモデルに踏み込んでいこうとしています。われわれはどこからも収入源がないと映像を作れませんので、ＢtoＣ〔企業（business）と一般の消費者（consumer）との取り引きを指す。企業間同士の取り引きはＢtoＢ、消費者同士の取り引きだとＣtoＣと呼ぶ〕で、ＣからＢにお金をいただくんじゃなく、お金はＢからいただくという部分をもっと意識していきたいということです。

ですから、広告代理店さん的な動きに、これからは自分自身としてもより一層力を入れていきたいところです。もちろん、既存の広告代理店さんとの連携を深めていくわけですが、極論をいえば、うち自身も代理店的な業務をもっと強化し、自分たちでそういう業務をやっていくということもあるでしょう。

最近、『さくらん』（〇七年）という映画を手がけましたが、この事業では映画自身に多くの企業さんの協賛をいただきました。映画の製作時点で映画というのをメディア化し、それに共感していただいた企業さんには映画にも入ってもらい、最初に「協賛は〇〇会社」と出すようにしました。テレビですとどうしてもマスに向けて発信されますが、映画というのはお客様の顔が見えるわけです。この映画だったらどういうお客様が観るというのは、だいたい見えるので、ある企業がこの映画を応援していますというブランディングには役立つと思ったからです。今後もそういう試みを、もっともっと売りにしていこうとしています。

既存の、劇場、ＤＶＤパッケージ、テレビというウインドウ以外のところで、もっともっとお金をいただくということをやっていかないと、段々と目減りしていくでしょうね。ビジネスモデルが変わってきている、ユーザーの嗜好性が変わってきたというのをヒシヒシと感じているなかで、生半可なことではお客様が映画にお金を落としてくれないことをヴィヴィッドに受け止めています。そこでちがうビジネスモデルを模索していかないと、われわれの会社はジリ貧になっちゃうという危機感で、今後の方向性を考えているところです。

製作、買い付け、配給、レンタル、ゲームの一気通貫

――それでは、簡単に会社の歴史を教えていただけますか？

アスミックという会社とエース・ピクチャーズという会社が、一九九八年四月に合併してアスミック・エースエンタテインメント（現アスミック・エース）となったわけですが、アスミックのほうは、成り立ちとしては単館系の映画を中心に映画のビジネスをしていました。当時は未公開のビデオを売っていて、よくわからない映画でも売れていたという時代だったので、問屋さんと一緒に飲み食いしていればもうかっていた安易な状況だったんです。それが世のなかと並行するように、バブルの時代が終わったころに、それも終わってしまいました。

じつはレンタル屋さんって、不動産業とか金融業とかが結構参入していたんです。なぜかというと、レンタルというビジネスが、仕入れた商品を全部経費として落とせるので、税金対策になるんです。荒っぽ

くいえば、普通の商材ですと在庫にも税金がかかったりしますけど、レンタルは消耗品扱いなので、もうかっている会社がかなり参入していたんですね。それでバブルの時代までは、レンタルビデオ屋さんがボコボコできていたんです。それにバブルがはじけるあたりで、ビデオデッキも各家庭におおむね普及されてしまいました。八〇年代にビデオが出てきたときは、映画館に行かずに家で映画を観られるのはありがたいことと受け止められていたのに、一通りハードが普及してしまってからは、未公開のビデオだけでは売れなくなって、自分たちで付加価値をつけないとレンタル屋さんに買っていただけないという時代になってきました。それで自分たちで映画の配給というのも始めて、『トレインスポッティング』（九六年、英）とか『ユージュアル・サスペクツ』（九六年、米）を手がけ、九六年から本格的に映画の配給に乗り出しました。これがアスミックという会社の歴史の起点になります。

他方、エース・ピクチャーズという会社は、映画の配給と邦画の製作をやっていて、現在当社の相談役を務めていただいている原正人さん〔現・同社取締役相談役。五八年、ヘラルド映画に入社して宣伝部長、常務を務めた後、八一年にヘラルド・エース設立。九五年、角川書店と提携してエース・ピクチャーズとなる。九八年、アスミックと合併、代表取締役を経て、二〇〇〇年に会長就任。〇五年七月、同社取締役相談役となる〕が社長として指揮していた会社でした。またエース・ピクチャーズは、洋画の買い付けでも非英語圏映画の輸入配給も特徴にしていたんです。ただビデオグラムは社外にライセンスアウト〔商品を実売せずにライセンス＝特定の事業権そのものを販売すること〕するだけでセールスはまったくやっていなかったし、テレビの放映権販売も外出しで日本ヘラルド〔当時。現在は角川映画に吸収合併されている〕に委託してやっていました。

一方、アスミックは、昔からなぜか英語映画でないとレンタル向きではないといわれるレンタル業界でそのレンタルを中心に事業をやっていましたから、買い付けと配給も英語圏映画が中心でした。

そんなわけで互いにちがうドメインの会社が合併したので、これで製作から買い付け、それも英語圏から非英語圏の買い付けまで、全部自分たちでできる会社になったわけです。

それに、エース・ピクチャーズは映画の製作もやっているけれど、アスミックのほうはゲーム事業をやっていて、売り上げ的にも映画の事業が六でゲームが四ぐらいと、当時としては結構がんばってゲームを続けている状況でした。そういうスタイルの二社がくっついたのですから、そのときの合併は企業文化としても、一気通貫ができるという意味で、会社の大きな特徴にもなったと思っています。

二〇〇六年までは住友商事と角川書店で五〇%ずつの株式を保有していましたが、現在では住友商事が角川書店分保有分の二七・六%を買い取り、合計で七五・三%の株式を所有する住友商事の子会社〔〇七年、グループ内の映像関連業務が角川書店から角川映画に移管されたことにともない、角川書店保有の二〇%の株式は角川映画に移された〕となりました。

――この一〇年は、洋画が大きく支えてきてくれていたわけですか？

ゲームをのぞいた映画まわりの事業に関しては、比率としては七五対二五とか、八対二という感じで、洋画のほうがメインです。ただし、九八年に合併したとき、角川映画の『不夜城』（九八年）という作品のビデオを、角川グループなのでうちで扱わせていただいたことがあったんですが、作品資本の一部を負担する代わりにビデオの販売を担当させていただくと、このケースでは邦画のほうが利益率がよかったですね。洋画の場合は買い付けという形で、MGを払っているんですけれど、利益率としては邦画のほうが昔からよかったし、いまもそれは変わらないんです。手残りの収益としては七対三という感じです。邦画のほうが自分たちで原価を組成する分、価格の変動を抑えやすく、収益のポートフォリオのバランスがとりやすいんですよ。

——洋画はやはり、宣伝費の高騰が大きく響いていたわけですか？

そうですね。ただし洋画については、劇場公開して付加価値の付いた映画ならばレンタルもいい売り上げですし、二〇〇一年以降はＤＶＤという新しいプラットフォームができてセルの部分が伸びてきたので、その恩恵で二一世紀に入ってからは二〇世紀とはちがう新たな収益源が業界自体にできてきたと言えます。実際に、二〇〇〇年代の前半はＤＶＤでいい思いをしたなあと、パッケージビジネスについては感じていました。もちろん、セルが伸びたらレンタルが下がるということはありました。しかしレンタルの落ち込みに比べてセルの伸びがもっと高かったので、ビデオグラムのパッケージ販売が映画ビジネスを支えてきたということになります。

『ピンポン』でのチャレンジ

——邦画の戦略については、今後どのように考えられていますか？

いろんな雑誌でも取り上げられていますとおり、邦画がバブル状態であるというのは、確かにそうだと思います。これは自分たちで種を蒔いちゃったところがあって、〇二年に『ピンポン』という映画をやったとき、メジャー（大手映画会社）の会社さんから見ればアスミック・エースごときでそんなことができるんだったらと、邦画にどんどん力を入れてきた。そのくらい『ピンポン』は本当に稼ぎました。

――『ピンポン』がなかったら、現在、邦画に従事している人間はどうやって食っていったらわからないくらい邦画業界に貢献した作品であり、洋・邦のシェアが逆転する契機となった作品でした。邦画業界人はみんなアスミック・エースに足を向けて寝られないくらい感謝している作品ですよね（笑）。独立系配給会社が洋画系興行に対して、あのサイズの邦画を配給する、ということはそれまでありえなかったからですね。

じつは、ちょうど『ピンポン』を作っていたときに、確か二〇〇一年の九月だったと思うんですが、東宝配給の『ウォーターボーイズ』が興収で約九億円を売り上げたんですね。東宝の直営館の日比谷シャンテで封切り、シネマコンプレックスというインフラを使って、徐々に徐々にスクリーン数を増やしていく配給戦略で、あれは最初、七〇とか八〇スクリーン（一スクリーン＝一面。一サイト＝一館。同一館において複数面で上映されるケースもあることから、このようなカウントをする）で始めたのが、最終的には延べで一五〇スクリーンとかまで増えたんじゃないでしょうか。

われわれは『ピンポン』に自信があったというのもあって、だったらこのやりかたをもっと派手にすれば、『ピンポン』もいけるんじゃないかと、最初から単館からの拡大を狙い、最初は三〇スクリーン、翌週には六〇スクリーン、翌々週には九〇スクリーンにしようと、決めてやっていました。そうしたら、〇二年の七月二〇日公開だったと思うんですけれど、三〇スクリーンともに全部バカ当たりしたんですね。すると二週目からの劇場さんも、これはいけるということで大きい劇場を用意してくださるし、七月二〇日ですからメジャーさんの夏休み映画が目白押しのときなのに、どこの劇場もさすがに目の色を変えていただき、われわれも「入る映画というのはこんなにお客さんを動員できるんだなあ」と本当にびっくりしました。

――シネコンの拡大というのは予想できたかもしれないんですけれど、都内とか特に地方のメイン館〔全国で三〇館以上の劇場を編成しようとした場合、九大都市の映画館を上映基幹館として位置づける。これをメイン館という。一五三㌻参照〕の初日を合わせる作業というのは、劇場営業〔作品を営業して劇場編成する配給の部門〕的には大変だったんじゃないんですか？

やはり劇場さんに納得していただかないといけないし、初日合わせというのは普通では劇場さんはなかなかしていただけないですね。地方では洋画系〔洋画系とは作品の入り・不入りで番組編成が変化する、フリー・ブッキングを主とする映画館群。邦画系のブロック・ブッキング、つまり年間番組の初日と楽日を固定して番組編成するチェーンに対してこう呼ばれる〕がメインなので、「拡大配給したい」というと「自館の動員が減ってしまう」と劇場はいやがりますよ。そこで、単館ですと夏休みでもP＆A（広告宣伝費）は三、四〇〇〇万が関の山ですけれど、「これはマーケティング的にわれわれは打って出るから、最初から一億以上の宣伝費をかけます。だから座席をなんとか確保してください」と話して納得していただいたわけです。

――いまでこそ、ブック数から逆算してネガコスト〔作品原版そのものの制作費〕と宣伝費を算出することは、どの配給会社も普通にやっていますけれど、当時は〝邦画〟という特殊商品であったがゆえに、そのブック数や配給ラインが見えないわけで、あのネガコストで仕入を立てるということは、相当チャレンジャブルなことだと思うんですが。

自信を持てる作品がかなり前にできあがっていたから、その作品力に賭けることができたんだと思います。『ピンポン』は『ウォーターボーイズ』が公開される前の○一年の夏には製作に入っていて、その年の一二月の末には初号ができあがっていました。これを観ていけるぞとなったんです。三月にはスニークプレビュー（覆面試写会）もやりました。ハリウッドでは当たり前だと思いますけど、日本の映画業界ではそれほどやっていないことなので、それでわれわれもある程度の評価は受けられるんじゃないかとトライしてみたんです。「今年の夏の話題作」と、これだけ言ってＴＳＵＴＡＹＡオンラインでお客様を集め、新宿の安田生命ホールという三〇〇人くらいのキャパシティのところで試写会をやったんですね。ハリウッドのメジャー作品かなと思っていたところにいきなり邦画が始まっちゃったので、みなさん最初のうちはドヨーンとしていましたけど（笑）、そのときのアンケートがすごくよかったので、さらに自信を深めました。

それも映画が早く完成していて、〝撮って出し〟〔完成してすぐに上映すること。かつて邦画メジャーのシリーズ作品などは、作品の事前認知もあったためにこのような配給形態が多かった〕ではなくて公開まで四カ月半ありましたから、準備期間をかなり持てたんです。また劇場さんにも乗っていただき、『ピンポン』は面白い映画になるかもしれない、今度の夏休み興行はちょっと面白くなるかもしれないと、事前に思っていただいたのも、すごく大きかったですね。

――もう八年も前になりますが、オリジナルの邦画を二本立てで製作するというチャレンジャブルなことを始め、数々の伝説を持った原正人さんが会社の製作部門のＯＪＴ〔On-the-Job Training 現場での業務研修〕を行ってきたような印象があります。社内のなかでそのような〝原流〟というのは存在しているのでしょうか？

わたし自身は合併して一緒にお仕事をするまで、『戦場のメリークリスマス』（一九八三年）とか『乱』（八五年）とか、難しい映画ばっかりやっている人だなと思っていたんです（笑）。でも、まだ合併前の九五年に、篠田（正浩）監督の『写楽』（九五年）という作品で、写楽なので蔦屋重三郎さん〔写楽や歌麿を送り出した江戸時代の浮世絵の版元。ＴＳＵＴＡＹＡはこの人物の名にあやかったという〕が関わりますから、出資者集めの過程で原さんが椎名（保）さん〔現在、同社会長で角川映画代表取締役専務〕に、アスミックへの出資要請とあわせて「ＴＳＵＴＡＹＡさんをぜひ紹介してほしい」と依頼したんですね。その後、実際にＴＳＵＴＡＹＡの増田（宗昭）社長〔現在、ＴＳＵＴＡＹＡを運営するカルチュア・コンビニエンス・クラブ株式会社取締役会長〕にも出資していただき、そのころからの付き合いで三年後に合併することになりました。それが原さんとの出会いということになります。

原さんが自社製作した邦画を二本立て興行した事業は、まず九八年の東宝配給の『リング』『らせん』があり、次に九九年、やはり東宝に配給をお願いした『リング２』『死国』、続いて二〇〇〇年、同じく東宝配給の『リング０ バースデイ』『ＩＳＯＬＡ 多重人格少女』と、東映配給の『死者の学園祭』『仮面学園』があって、いずれの事業もたいへん話題になりました。このように原さんは、配給や宣伝のスタイルを意識した製作事業をずっと行っていましたね。もともと原さんが陣頭指揮を取ってきたエース・ピクチャーズという会社は、その昔ヘラルド・エースという名前だったんですが、角川書店グループに入ったときにエース・ピクチャーズという名前に変わったわけです。原さんは日本の映画のプロデューサーの草分けで、『瀬戸内少年野球団』（八四年）もプロデュースされてます。

いま当社では国際合作を〝ハイブリッド〟と称して推進していますが、原さんがプロデュースした『戦場のメリークリスマス』はそのハイブリッドの草分けですし、先ほどの『不夜城』もアジアのクリエーターでスタッフを固めています。そうした原さんの事業ＤＮＡは社内にかなり生きていますし、それが現在でも『シルク』（〇七年、日本・カナダ・フランス・イタリア・イギリスの合作映画）のような映画の製作へとつながっているわけです。

一〇〇本ノックを受ける邦画企画

――アスミック・エースには、配給力に独自の強さを持っているというイメージがあります。つまり、映画の中身と宣伝が乖離していないということで、宣伝が先行していてそこで生まれたアイデアがあり、それを製作サイドがコーディネーションしているように見えるのですが、そのあたりはいかがでしょうか？

とにかくうちの社員は映画好きが多いので、それにはいい面と悪い面があるのですが、みんな脚本とか読むのは当然好きですし、「こんなの観たくない」とか、企画を提出したプロデューサーたちはけちょんけちょんにいわれるんです。つまり立案の段階からその企画は、猛烈な一〇〇本ノックを受けるわけです。もちろんプロデューサー同士でも脚本を読み合って問題点や改良点を指摘し合うので、何重ものフィルターにもかかって企画はメンテナンスされていき、結果として稟議が通っていくシステムなんです。配給・宣伝の人間はみんな、自分たちの観たい映画を選定しているという意識なので、相当強く製作の人間に言うわけですが、逆に「これは面白い」と感じたものは、愛情を持って同じ目線で配給、宣伝していくわけです。ですから、配給・宣伝サイドの決裁は大きいですね。

——そうすると、配給というドメインの下に製作がぶらさがっているわけですか？

横並びですけど、企画を前に進めるためには、特に配給・宣伝部隊が「これだったら宣伝しがいがある」っていう企画でないとやらないということはあります。そこで配給・宣伝が贅沢になりすぎちゃって、一〇〇本ノックを受けている人間が疲れて企画が出てこなくなってしまったら、うちの会社は邦画のリリースができなくなっちゃうなと思ってもいて、それが映画好きの悪い面ですね（笑）。ただ、配給に関して言うと、劇場営業担当が想定館さんに早めに公開時期のスケジュールを空けてもらうなどの営業をします。そのときに準備稿と想定キャストを入れた企画書を劇場さんにお渡しして企画を理解してもらい、また企画に対して意見を頂戴したりするわけです。そういう市場のニーズという意味では、配給は市場と密着しているわけですから、配給・宣伝の意見が重たいのは当然なんです。

——買い付けもそれに近いスタイルなんですか？

そうですね。ただし買い付けの場合には、画ができあがる前に買うことが多いわけです。もちろんお金をかけて買い付けるものは、脚本を全部読んだり、この監督ならばという条件を考えるわけですが、それでもやっぱり二〇本ノックくらいですか（笑）。邦画はどうしても一〇〇本ノックですね。

——各配給会社さんが持たれている悩みに、製作は「オレが観たいものを作るんだ」と暴走して作っちゃうし、宣伝は宣伝で「こんなオレの好きじゃないもん、売れないもんを勝手に作ったり買ってこられても困る。売れない」と、好ききらいを前面に押し出して事業責任から逃げようとするケースがあります。そこの意識のちがいというか立ち位置を統合していく、組織運営上のコツのようなものがあったら、教えていただきたいのですが。

当社の場合は席も隣り合わせでやっています。その代わり、近くにいるがゆえにかなり険悪になったりもしますし（笑）、パッケージが主な収益源になるので、パッケージ部隊からもこの企画じゃＤＶＤが全然売れませんよと言ってきます。それをぼくは社長として、マアマアと緩衝材を果たしているだけですね。それは、製作と宣伝、営業というのはみんな車輪というか、どれが一個抜けてもうまく走れない、そういう運営をしているのでなんとかやれているところなのかなあと思います。

——一本の作品に全部門がたずさわると、末端の宣伝の人にもこの作品でいくら稼がなければならないんだという義務は、意識されているんですか？

もちろん、予算化はしています。ただ、どうしても現場の人間は数字のことというよりも、一生懸命パブリシティを取ってくるとか、大きいテレビの枠を取るとかに行きがちだとは思います。それで、少なくとも宣伝プロデューサーとか、そういうレベルの人間には予算管理もやらせていますし、意識を持ってもらうようにしています。

――売りと仕入のバランスはちゃんと意識されているわけですね。

そうですね。上の人間には、宣伝であっても、そうやっていただいているつもりです。逆に、マネージメントに近い人間が宣伝プロデューサーもやりながらなので、お金の話の打ち合わせも多く、夜は宣伝を一生懸命やり、昼はそういう地味な会議もある。それが当たり前といえば当たり前なんですけれど、女性が多いので、大変な仕事をやってもらっていると思っています。

――ほかの会社では、好ききらいをしないで仕入れたものはちゃんと食べなさいという文化を根付かせるのに、相当苦労しているみたいですね。

卵が先かニワトリが先なのかわからないのですけれど、社員に女性が多いので、女性のお客様向けの作品が多くなっているという気はしています。昔からアクション映画もやっていますけれど、正直なところアクション映画は劇場でお客さんを集めるのがなかなか難しいし、女性はドラマ系をやりたがりますよね。

提携各社との連携とシナジー

——先ほどお話にあったように、洋画は先行して仕入れなければならないので、本来は目利きの部分がとても重要になります。御社はドリームワークス作品やヨーロッパ・コープ〔二〇〇一年にリュック・ベッソンらが中心となって創設した、非ハリウッド的位置のフランスを本籍とした映画会社〕作品を包括的に保有されているわけで、それらブランドを品質とは関係なく売らなければいけないという、ある意味で目利きとは相反する義務を負いつつ、そのうえで自分たちのブランドをいかにパフォーマンスするのかという、複数ブランドを抱える者のブランディングのジレンマのようなものを感じるのですが、そこはどのように意識してさばかれているんですか？

最近はドリームワークスについては、アニメーションだけに特化するようしています。グループ会社に角川映画があるので、ドリームワークスのアニメは角川エンタテインメントとわれわれの共同で配給し、実写は角川エンタテインメントと角川映画が配給するというスキーム（枠組）に変えました。ただし、いつまでそのスキームが続くのかはわかりません。ドリームワークスのアニメーション作品というのは、アメリカの（ジェフリー・）カッツェンバーグさん〔ドリームワークス・アニメーションＳＫＧ最高経営責任者。パラマウント映画時代に『スタートレック』の新シリーズをヒットさせ、同社の立て直しに貢献。八四年、ウォルト・ディズニー・カンパニーの低迷していたアニメ部門を含む映画事業部の責任者に就任。『ライオン・キング』（九四年）などといったヒット作を生み、ピクサー社との提携、ミラマックスの買収も実現させるなど作品以外での事業功績がある。九四年、スティーヴン・スピルバーグらと共にドリームワークスＳＫＧを設立〕がやっていて、安定的な成績が見込める大型作品なので、興行会社さんに対する影響力を持ちます。

年に二、三本くらいの本数ではあるんですが、思いっきりクールな言いかたをすると、実はそれを扱っている理由は、われわれは預かりなので収益率が非常に低いという面を持ちつつ、一方で興行会社さんとの関係性の維持ということで継続している面があります。大きな作品を持っている配給会社と付き合いたいというのは興行会社さんの立場ですから、そういうカードの一つとして、われわれもドリームワークスという看板を使わせていただいているわけです。ドリームワークスとは配給のお手伝いだけで、DVD、テレビはやっていないんですね（一部、角川エンタテインメントがDVDを扱っている）。

ヨーロッパ・コープに関しては、ヨーロッパでナンバーワンの製作会社だと思っています。リュック・ベンソンがプロデュースするアクション作品というのは、かなり商売になっていて、『TAXi』（九八年）とか『トランスポーター』（〇二年）とかはテレビでも視聴率が取れますし、彼らは安定した収益の映画を供給してくださる〝パートナー〟です。それで、彼らには大きな作品をもちろん望んでいるんですけれど、同時にドリームワークスとはちがう観点での期待もあります。先ほど申しあげたハイブリッドに力を入れたいので、ハイブリッドのパートナーとしてヨーロッパ・コープもその一社と考えているわけです。今後はもしかして『TAXi5　東京ドリフト』なんてのを、企画したりして……（笑）。

ラインナップの抜けている部分を洋画の買い付けで埋め、残りを邦画の製作で補うわけです。もちろん他社さんからの持ち込みの邦画というのもあります。さらに、テレビ局との共同製作で、いま『ヘブンズ・ドア』（〇九年）という映画をフジテレビとジャニーズ系の会社との共同プロデュースで進めていますが、そういうコラボレーションもやっていきたいですね。

――なるほど、コラボレーション・パートナーとして考えたいということなんですね。いま角川の名前が出ましたけれど、御社の株主には住友商事や角川映画〔現在は法人としての角川映画はなくなり、株式会社KADOKAWAに事業統合されている〕が入っており、同様の興行子会社であるユナイテッド・シネマ（現在はローソングループ）などとのシナジー（相乗効果）が期待されたり、事業によってはメリット・デメリットがあったりすると思いますが、完全に事業がかぶる角川映画との立ち位置はどのようにセグメントされているんですか？

当社は昔、角川書店が親会社だったのですが、「角川グループのなかで映像関係は全部角川映画に集約しよう」ということになったので、角川書店から角川映画に当社の株式を移し、形としてはグループ内での映画関係代表の角川映画に連なったというのが経緯です。ただ当社は住友商事が七五・六％の株を持つ筆頭株主なので、現在では他社さんよりは親しい間柄だという距離ですね。当然、当社が単に角川書店の原作を映画化するよりも、角川映画が映画化したほうが高いシナジーが顕れるでしょうから。

それに角川歴彦さん（KADOKAWA取締役会長）というかたは、二〇〇七年でお辞めにはなりましたけれど、東京国際映画祭のゼネラルプロデューサーをされていたり、ものすごいアイデアマンでプロデューサーでありと、映画業界で中枢のポジションにいらっしゃるかたです。そういうかたが率いる会社に出資していただいているというのは、われわれとして心地悪いわけはないですよね。

今後は角川グループの末席に座らせていただいている優位性がレバレッジとなって、いまのわれわれの体力よりももっと大きな共同事業が可能になるかもしれません。

【角川書店とアスミック・エース】

1981年、日本ヘラルド映画で洋画宣伝や邦画製作を行っていた原正人が「ヘラルド・エース」を設立、1998年に角川書店の資本を受け入れ、「エースピクチャーズ」となった。一方の「アスミック」は映像ソフト事業、洋画の買い付け・配給事業の会社として、1985年に住友商事・講談社・アスクの３社の資本により設立された。1998年、両社は合併し、「アスミック・エース エンタテインメント」が誕生する。以降、角川がある程度の資本を占める角川グループの映画会社として（比率は段階的に低減）、リュック・ベッソンのヨーロッパ・コープ作品の配給や、角川がドリームワークスに出資したことにより得た同社作品の日本配給権の行使者として機能していた。大映と日本ヘラルドの流れを汲む角川映画が法人格を有していた頃（2011年に角川書店に吸収されて消滅）は、角川保有分の株式は角川映画名義であり、グループ内で製作・配給機能を持つ両社はゆるい連携の下に並立していたが、2010年に住友商事が角川保有分の株式を完全に買い取り、12年、同社のメディア戦略の中心的位置づけであり、ケーブルテレビジョン最大手でもある「ジュピターテレコム」（J:COM）の傘下に移行させ「アスミック・エース」と社名変更した。「ジュピターテレコム」のビデオオンデマンド事業に「アスミック・エース」の製作・配給機能を垂直統合することによって優位性を確立、さらにはコンテンツ原価をグループ内各社へと分散することにより、同社の製作・配給機能は安定性を得たといえる状態にある。

――ユナイテッド・シネマとは、具体的な事業提携とかがあったりするんですか？

それこそシナジーということをわれわれは意識していますし、当社作品をお渡しできるときにはユナイテッド・シネマからは非常に目をかけていただいています。一方でシネコン型ビジネスとは、スケールの大きな作品事業を取り込むことによって、いかに旬な映画を大量にかけて大量のお客様を取り込むか？　ということが命題となるので、その場合は東宝やワーナーの作品を優先するべきなんですよね。彼らはナショナル・チェーンなので、どうしても全国一斉に数百館の規模での公開にしなければならないし、大量のP&Aが最初から必要となります。つまり、ある程度資本スケールのある作品事業でないと逆にシネコンには迷惑をかけてしまうわけです。当社ではいまのところレギュラーでガッツリやるほどの事業体力がまだ育っておらず、期待にそえていないかもしれません。

製作力の強化から生まれる複眼効果

――これまでお話をうかがってきて、アスミック・エースという会社とは、製作や買い付けの仕入れだけじゃなくて、配給、興行までトータルなビジネスプランを立てないと、観客まで映画が届かない、ということをよく知っている会社だと理解できました。
　それでは次に、経営戦略的なことをうかがいたいのですが、マーケットが変質するだけでなく、二〇〇〇年以降の金融業界のありかたや、J-SOXの問題〔相次ぐ会計不祥事やコンプライアンスの欠如などを防止するため、米国のサーベンス・オクスリー法＝SOX法に倣って整備された日本の法規制のこと。上場企業およびその連結子会社に、会計監査制度の充実と企業の内部統制強化を求めている。会計基準のさらなる厳格化を促進する〕、償却などコンテンツの会計基準が合わなくなっていることなど、コンテンツ企業の経営を取り巻くいろいろな環境も変わってきています。その流れのなかで、そのことを意識して製作できるプロデューサー、買い付けてこられるプロデューサー、宣伝できるプロデューサーはもっともっと必要な時代となっていると思いますが、同時に、現在そういう人材は非常に少ないはずです。当然、豊島さんも、いろいろと処方箋を考えられていると思うんですが、そういう人材を発掘・育成するなかで、気をつけられていることがあったらぜひおうかがいしたいのですが。

うちの採用は毎年少なくて、二人から四人、今年（二〇〇七年）は多くて四人が四月に入ってきたんですけど、二十代の若手のスタッフのスキルの共有というかナレッジマネージメント（知識の共有）に、もっと力を入れていかないといけないと思っているところです。いままではわたしを含めて、そこそこ経験のある現役の人間がいろんな仕事をやっちゃっていて、組織の上下で同じ方向を向けていなかったという面があるんです。これからは若手にも知識や目的を共有してもらい、総合力を高めたいですね。

これまでは個々の力で推し進め、それを無理やり経営が束ねてきたわけですけれど、これからの時代は〝組織力〟を高めないといけません。いつまでも上の人間が事業の中核に座り込んで詰まったままだと、下の人間も息苦しくなっちゃいますから。社長に就いて一年半経ちましたけど、そういうことを意識しているところです。

当社は今期に大きな四つの戦略を標榜しました。

①作品・事業の付加価値付け
②アライアンス（共同事業）の強化
③映画コンテンツ事業の強化
④非映画コンテンツ事業の拡大

の四つです。①は従来の商品においてさらにその商品価値を上げることとはなにか？　を追求すること。②はテレビ局やレコード会社、出版社などのより大きな事業展開や収益を生むようなメディアパートナーとの連携を強化すること。③は配給・製作を含む従来の映画事業の路線をさらに強化すること。④はテレビ番組やネットコンテンツ、ＰＶ（プロモーション・ビデオ）までを含めて総合的なプロダクション・流通機能を開発、整備していこう、というものです。

これらはすべて〝組織力〟が基点となります。今後は上も下も、社員全員で同じ目標を意識していかないと企業としては生き残れない。しかもこの四戦略はすべてリンクしていますから、各社員が自分の業務だけでなく、全員で同じ事業に臨んでいくという〝組織力〟が企業運営の鍵になると考えています。

――それに関連してもう一つ質問させていただきますが、最近はファンド〔基金。投資信託などによる資本運用〕や、作品事業そのものをＳＰＣ〔Special Purpose Company＝特別目的会社〕で証券化することなどのファイナンスで原価を散らそうとしたり、あるいは会計の厳格化にともない在庫を来期へ飛ばしたりと、さまざまな金融・会計テクニックを駆使して原価負担の軽減と黒字化にコンテンツ会社は努めています。これは特に映像関係の業界へ非常な逆風が吹いていることの表れです。これほど資金難・回収難の海のうえで、豊島さんとしてはどの方向へ経営の舵取りをしようとなされているのでしょうか？

まず大きな意味では、製作にもっと力を入れていくということです。しかも映画にかぎらず、アニメーションや、冒頭で申しあげた非映画の映像コンテンツにも幅広く進出しようと考えています。アニメにしても、テレビサイズ作品、Ｆｌａｓｈアニメ作品、短編というようにスタイルによってさまざまなメディア利用の可能性があります。そういう映像まわりの企画製作力をもっともっと高めたいと思っています。月並みではありますが、ワンソース・マルチユース〔デジタル化したあるコンテンツを多様なメディアに配信し、メディアがクロスするような環境を作ること〕という〝複眼〟効果をあげていきたいと考えていますね。

配給に関しては、大雑把にいえば、映画に関しては洋画と邦画が半々くらいのイメージでやっていきたいと思っています。先ほどのシネコンというシステムは、入るものをより多くやるという装置で、いま映画のインフラがそうなってしまっている以上、それはしょうがないと思っているところがわたしはあります。ただし、それだけだと映画館の装置としての魅力がなくなってしまうような気がして、映画館だけでしか味わえない文化のようなものを忘れたらまずいんじゃないかなと思いますね。特に都市型の劇場は。ですから、都市型の劇場さんにがんばってほしいし、われわれも都市部の劇場さんでなにができるか、もっと考えなくてはいけないです。

——それでは最後に、豊島さんのお言葉で、業界に参入しようとしている実業家や人材たちへメッセージをいただけますか。

テレビの視聴率競争と同じように、ただの装置で、興行を中心にしたものとして映画を終わらせてはいけないなと思っています。映画でしか味わえない感動とか興奮を、他のメディアでは表現できない形で映画で伝えることができないものかなと考えていて、それは可能だと思っていますし、方法もあると思っています。新たなエンターテイメントや、文化的なエンターテイメントの仕掛けをなにかやってやろうという気概の人材であれば、間違いなく面白い業界だと思います。テレビ局や大手出版社のように給料は高くないですが、マーケットさえ組成できれば、もちろんペイも増えるようになるでしょう。それにまだまだ未完成の産業ですので、面白いことができる余地が沢山ありますから、これから先も一波乱も二波乱もあるのではないでしょうか。

第二節　映画配給と興行について

本稿は、経済産業省商務情報政策局文化情報関連産業課編『コンテンツプロデュース機能の基盤強化に関する調査研究』（二〇〇三年版）を参考にしつつ、一部修整して引用した。

映画の事業領域

①製作：商品製造業務。つまり「工場」。
②配給：商品発売業務。宣伝・営業業務を含む、商品の発売・卸売という流通管理機能。つまり「問屋」。
目的は小売店に商品を流通させること。
③興行：一般消費者とインターフェイスを持つ。つまり「小売店・販売店」。

1．商品流通としての「配給」——映画商品の発売・卸売業務

(1) 商品の発売・卸売業務としての「配給」

邦画作品の配給・興行は、一九七〇年代ごろまで、旧邦画大手五社（松竹・東宝・東映・大映・日活）による自社系列興行（映画館）へ作品を配給する、「ブロック・ブッキング」編成（年間上映作品の上映期間が固定化されている配給方法）が主流だった。一方、洋画配給会社は自社系列興行館を持たなかったため、配給部門が全国の映画館へ作品の営業を行って上映館群を編成するという「フリー・ブッキング」編成を行っ

ており、これは現在、ＴＯＨＯシネマズ日劇スクリーン二系（旧日劇二系）・東映邦画系（ＴＯＥＩ１）という邦画系二系統以外のすべてのチェーンと編成系統で行われている編成方式である。この邦画系二系統も実質はメイン館のみの呼称であり、興行ごとにそれぞれ上映館を組成しているので、初日と楽日の基本的な固定以外には「フリー・ブッキング」とちがいはないと言える。

七〇年代までの邦画系配給・興行は、邦画本社より全国自社系列各館へ自動的にプリントが渡されていたため、洋画系のように劇場を編成するべき〝劇場営業〟機能はほぼなく、〝宣伝〟が主機能だったと言える。現在の「フリー・ブッキング」編成をメインスタイルとする配給は、商品（映画）の企画・開発から流通マーケティング（興行規模の選択）戦略、劇場編成営業まで多技にわたっており、映画事業の中心へとシフトした。これは配給業務が映画流通の中心に位置し、業界と市場のすべてが見渡せるディヴィジョン（部門）となったためである。また現在、配給が商品仕入（製作・買付）の指揮をとるプロデューサーの機能も同時に保有するようになっている。

（２）映画の商品企画発案と企画パッキング——事業起点

・マーケット想定：観客層（若い女性層、カップル、高齢層、キッズ、ティーンなど）
・スタッフィング：マーケット人気と管理随意性、作家・作品の傾向による
・キャスティング：マーケット人気による
・ネガ（原版）予算策定：above（変動経費）／below（固定経費）の予算立案
・映画全体の事業予算策定：①作品規模（ネガコスト）確定後、配給規模などの戦略確定

②企業年度予算から事業予算を策定、配給・作品規模を確定(※)

(3) 企画立案から公開までのチャート

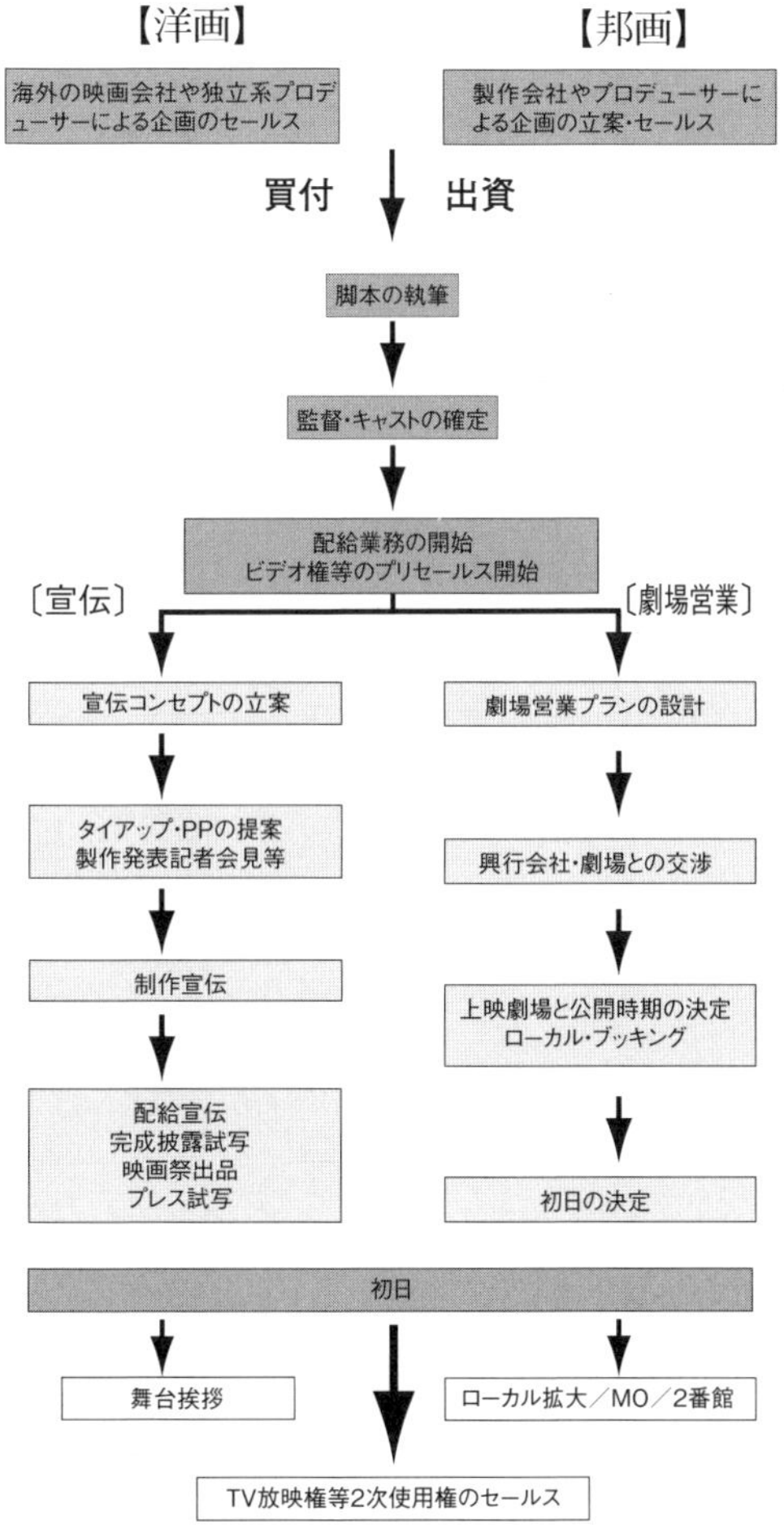

企画立案から公開までのチャート図（図表1）

※　映画会社の場合、映画事業が基幹業務であるゆえに「どれくらいの規模の作品でどれくらいの収益が会社にとって必要か?」という観点から企画が開発・事業化され、予算が策定されていく。邦画の場合、企画と同時に配給戦略・宣伝戦略をスタートさせる。

2. 配給業務とは

映画の興行での総売上げのことを興行収入（興収）と呼ぶが、そこから配給会社が受け取る取り分のことを配給収入（配収。映画料とも）という。[※1] これら属性のちがう売上げや収益のやりとりには、諸処の決めごとや契約がともなっている。

（1）配給業務　「劇場営業（劇場編成業務）」と「配給宣伝」の二部門により構成される

（2）配給契約　映画製作会社 or 製作委員会（製作元）×配給会社（業務受託者）間で締結

（3）契約に則った配給の決めごと

・P&A（Print + Advertising）：プリント費[※2]（現在はＤＣＰ）＋宣伝費。配収から天引するか、全額前払いとするかコア分のみ前払いとする

・配収（映画料）を、

①委託元（製作委員会など）へ全額戻した後に手数料の支払を受けるか

②手数料取得後に映画料分のみ戻すか[※3]

③価格をフラット[※4]（定額）にし、手数料を前渡金として取得するか

・配給手数料：配給側が契約上確定した料率を配収から取得（約一五～五〇％）

→手数料率は宣伝費を配給委託する製作会社が拠出するか配給会社の立替かでリスク度が上下する

→P&Aを配給会社が立替えるケースの方が当然高い手数料。映画料も大きな数字になり難い
→単館&ミニ・チェーン配給の小規模作品の場合、配収が宣伝費に満たないケースも多いため、高手数料に

※1　配収からP&Aを天引したものを「手残り配収」と呼び、配収そのものを映画料とも称する。
※2　三五ミリフィルムに替わって、DLP［Digital Light Processing］で上映するデジタル映像をHDDに入れて各館に配給する方式になった。そのHDDカセットがデジタルシネマパッケージ［Digital Cinema Package］である。
※3　ケースによりP&Aと手数料の各トップオフ（必要経費を興収から差し引き、残りを配給会社と興行会社とで分配する際、経費の天引き分を意味する）順を変える場合もある。
※4　地方上映・名画座・映画祭・上映団体に歩率ではなく定額売切するケース。

3. フリー・ブッキング興行（洋画系）の構造

【チェーン――その種類と組織性】

九大都市(※1)を中心にロードショー（新作封切）作品を上映する場合、その流通は拡大系（全国公開系）と単館系に分けられる。拡大興行とは、チェーンを構成するメイン館（チェーン・マスター）とそれに連なる館群（直営館・契約館・提携館）で拡大的に公開する(※2)ことである。上映作品は各興行会社の興行部が配給会社より営業を受けた作品により番組編成を行い、メイン館の番組が確定することで、それに連なる各劇場の番組も確定することになり、シネコンもそれにならってチェーンが編成される。

チェーンのみでの興行を行っていた時代は、各興行会社興行部により、各館での作品売上差がないように調整されていた。現在、洋画を輸入したり、邦画を自主製作したりする独立系配給会社は、各館売上げの実数に直面しながら上映館を独自に編成していくことになる。

二〇一六年度現在、フリー・ブッキングのチェーンは、

A. 東宝洋画系（TY系）

B. 松竹・東急系（ST系）

の二系統に分かれ、

A. 東宝系には、

①TOHOシネマズ日劇スクリーン1／旧日劇1系（約三〇〇館以上）

大作上映館。同系チェーンでは最大マスター。現在、日本最多座席数を誇る。(※3)

②TOHOシネマズ日劇スクリーン3／旧日劇3系（約三〇〇館以上）

基本ファミリー向け。スクリーン1の拡大ロードショーを行ったり、スクリーン1・2やTOHOシネマズスカラ座よりムーブオーバー（ある映画館で上映していた映画の興行が終わったとき、上映終了の翌日に別の映画館でその興行を引き継いで上映すること）を行う。

③スカラ座系／旧スカラ座1系（約三〇〇館）

同系チェーンでは二番目に大きいチェーンマスター。洋画大作を中心に興行するが、大型邦画を興行するケースもある。

④みゆき座系／旧スカラ座２（約三〇〇館）
女性向け洋画中心のチェーンマスター。スカラ座２時代はミニチェーンマスター。二〇〇九年二月三日からＴＯＨＯシネマズみゆき座に館名変更され、ＴＯＨＯシネマズ名のシネコン同様にインターネットチケット販売「vit」、ポイントカード「シネマイレージカード」が導入された。
⑤シャンテ１・２・３（単館）
ミニチェーン。元々は洋画単館だったが、最近は邦画単館作品も上映。マスターということでもなく、配給会社が編成するミニチェーンのメイン館あつかいとなることもある。まれに東宝洋画系作品のチェーンマスターになることもある。

Ｂ．松竹・東急系には、
①丸の内ピカデリー１系（約三〇〇館）
洋画大作チェーンマスター。同系統の最大チェーン。邦画興行のケースもある。
②丸の内ピカデリー２系（約三〇〇館）
松竹系邦画興行のチェーンマスター。
③丸の内ピカデリー３系／旧プラゼール系（約三〇〇館）
邦洋問わず、大作から中規模作品のチェーンマスターとなっている。
④東京劇場系
八〇館程度のミニチェーンマスターや同系統のムーブオーバー、拡大興行館として位置づけられてい

＜松竹・東急系＞						
松竹系（ピカ１、２、３）			東急系（ルーブル、渋東）			
A	B	B	A			
ピカデリー１系	ピカデリー２系	ピカデリー３系	ルーブル系	TOEI　1	TOEI　2	地区
丸の内ピカデリー１	丸の内ピカデリー２	丸の内ピカデリー３	丸の内ルーブル	TOEI　1	TOEI　2	銀座
渋谷ピカデリー	渋谷シネパレス	渋谷シネパレス	渋谷 TOEI ②	渋谷 TOEI ②	渋谷東急	渋谷
			渋谷ジョイシネマ			
新宿ピカデリー	新宿ピカデリー	新宿ピカデリー	新宿ミラノ	新宿バルト９	新宿ミラノ	新宿
新宿ジョイシネマ	新宿ジョイシネマ	新宿ジョイシネマ				
池袋シネマサンシャイン	池袋シネマサンシャイン	池袋シネマサンシャイン	池袋東急	池袋シネマサンシャイン	池袋シネマサンシャイン	池袋
上野東急			上野東急		上野東急	上野
吉祥寺トーア		吉祥寺トーア	吉祥寺バウス		吉祥寺バウス	吉祥寺
相鉄ムービル					相鉄ムービル	横浜
109 シネマズ MM 横浜	109 シネマズ MM 横浜	109 シネマズ MM 横浜	109 シネマズ MM 横浜	109 シネマズ MM 横浜	（109 シネマズ MM 横浜）	
川崎チネチッタ	川崎チネチッタ	川崎チネチッタ	川崎チネチッタ	川崎チネチッタ	川崎チネチッタ	川崎
TOHO シネマズ川崎	TOHO シネマズ川崎	TOHO シネマズ川崎	TOHO シネマズ川崎	TOHO シネマズ川崎	（TOHO シネマズ川崎）	
109 シネマズ川崎	109 シネマズ川崎	109 シネマズ川崎	109 シネマズ川崎	109 シネマズ川崎	109 シネマズ川崎	
TOHO シネマズ梅田			TOHO シネマズ梅田			大阪
梅田ブルク７	梅田ブルク７	梅田ブルク７	梅田ブルク７	梅田ブルク７	梅田ブルク７	
TOHO シネマズなんば			TOHO シネマズなんば			
なんばパークスシネマ	なんばパークスシネマ	なんばパークスシネマ	なんばパークスシネマ		なんばパークスシネマ	
アポロシネマ８	アポロシネマ８		アポロシネマ８	アポロシネマ８		
TOHO シネマズ二条			TOHO シネマズ二条	TOHO シネマズ二条		京都
MOVIX 京都	MOVIX 京都	MOVIX 京都	（MOVIX 京都）	MOVIX 京都	MOVIX 京都	
	Os シネマズミント神戸	Os シネマズミント神戸	Os シネマズミント神戸		Os シネマズミント神戸	兵庫
神戸国際松竹	神戸国際松竹	神戸国際松竹	神戸国際松竹	109 シネマズ HAT 神戸	109 シネマズ HAT 神戸	
MOVIX 六甲	MOVIX 六甲	MOVIX 六甲	MOVIX 六甲			
ピカデリー	（ピカデリー）	（ピカデリー）	（ピカデリー）	ピカデリー	ピカデリー	名古屋
（ミッドランドシネマ）	ミッドランドシネマ	ミッドランドシネマ	ミッドランドシネマ			
109 シネマズ名古屋		109 シネマズ名古屋		109 シネマズ名古屋	109 シネマズ名古屋	
中州大洋映劇	中州大洋映劇	中州大洋映劇	中州大洋映劇	中州大洋映劇	中州大洋映劇	福岡
UC キャナルシティ	UC キャナルシティ	UC キャナルシティ	UC キャナルシティ	UC キャナルシティ	UC キャナルシティ	
UC 福岡	UC 福岡	UC 福岡	UC 福岡	UC 福岡	UC 福岡	
スカイシネプレックス札幌劇場		スカイシネプレックス札幌劇場				札幌
札幌シネマフロンティア	札幌シネマフロンティア	札幌シネマフロンティア	札幌シネマフロンティア	札幌シネマフロンティア	（札幌シネマフロンティア）	
UC 札幌	UC 札幌	（UC 札幌）	UC 札幌	UC 札幌	UC 札幌	

映画興行チェーン構成図（2008年8月時点）（図表２）

	＜東宝洋画系＞						
	A	A	A	A	B	B	B
地区	日劇１系	日劇２系	日劇３系	スカラ座系	有楽座	みゆき座系	スバル座
銀座	日劇１	日劇２系	日劇３	日比谷スカラ座	有楽座	みゆき座	スバル座
渋谷	渋東シネタワー	渋東シネタワー	渋東シネタワー	渋東シネタワー	渋谷シネフロント		
新宿	新宿プラザ	新宿コマ東宝	新宿トーア	新宿トーア	新宿トーア	新宿武蔵野館	新宿トーア
	新宿ピカデリー	新宿ピカデリー	新宿ピカデリー	新宿ピカデリー	新宿ピカデリー		
池袋	池袋シネマサンシャイン	池袋HUMAX	池袋シネマサンシャイン	池袋HUMAX	池袋HUMAX		
吉祥寺	吉祥寺トーア	吉祥寺トーア	吉祥寺プラザ	吉祥寺トーア			
横浜	相鉄ムービル	相鉄ムービル	（相鉄ムービル）	相鉄ムービル			
	109シネマズMM横浜		109シネマズMM横浜	109シネマズMM横浜			
川崎	川崎チネチッタ	川崎チネチッタ	川崎チネチッタ	川崎チネチッタ	（川崎チネチッタ）	川崎チネチッタ	
	TOHOシネマズ川崎	TOHOシネマズ川崎	TOHOシネマズ川崎	TOHOシネマズ川崎	TOHOシネマズ川崎	TOHOシネマズ川崎	
	109シネマズ川崎	109シネマズ川崎	109シネマズ川崎	109シネマズ川崎	（109シネマズ川崎）	109シネマズ川崎	
大阪	TOHOシネマズ梅田	TOHOシネマズ梅田	TOHOシネマズ梅田	TOHOシネマズ梅田	TOHOシネマズ梅田		
	梅田ブルク７		梅田ブルク７			（梅田ブルク７）	（梅田ブルク７）
	TOHOシネマズなんば	TOHOシネマズなんば	TOHOシネマズなんば	TOHOシネマズなんば	TOHOシネマズなんば	（敷島シネポップ）	（敷島シネポップ）
	なんばパークスシネマ		なんばパークスシネマ				
	アポロシネマ８	アポロシネマ８	アポロシネマ８				
京都	TOHOシネマズ二条	TOHOシネマズ二条	TOHOシネマズ二条	TOHOシネマズ二条	TOHOシネマズ二条		
	MOVIX京都		MOVIX京都	（MOVIX京都）		（MOVIX京都）	
神戸	Osシネマズミント神戸	Osシネマズミント神戸	Osシネマズミント神戸	Osシネマズミント神戸			
	シネモザイク	シネモザイク	シネモザイク	シネモザイク			
	神戸国際松竹		MOVIX六甲	MOVIX六甲	OSシネマズミント神戸		
名古屋	（ピカデリー）	ピカデリー	（ピカデリー）	（ピカデリー）	ピカデリー		
	ミッドランドシネマ	（ミッドランドシネマ）	ミッドランドシネマ	ミッドランドシネマ	（ミッドランドシネマ）		
	109シネマズ名古屋	109シネマズ名古屋	109シネマズ名古屋	109シネマズ名古屋	（109シネマズ名古屋）		
福岡	天神東宝	天神東宝	天神東宝	天神東宝	天神東宝		
	UCキャナルシティ	UCキャナルシティ	UCキャナルシティ	UCキャナルシティ	UCキャナルシティ	（UCキャナルシティ）	
	UC福岡	UC福岡	UC福岡	UC福岡	UC福岡	（UC福岡）	
札幌	札幌東宝プラザ	（札幌東宝プラザ）	（札幌東宝プラザ）	札幌東宝プラザ			
	札幌シネマフロンティア	札幌シネマフロンティア	札幌シネマフロンティア	札幌シネマフロンティア	札幌シネマフロンティア	（札幌シネマフロンティア）	
	UC札幌	UC札幌	UC札幌	UC札幌	UC札幌	（UC札幌）	

注

新宿ピカデリーは、東宝のＡ、松竹東急Ａを中心に。

新宿バルト９：東宝のＡ・Ｂ、松竹東急Ａ、東映を中心に。

川崎地区は、ケースバイケースのために三劇場表記。

福岡は、基本的にメイン天神東宝が東宝系、中州大洋映劇が松竹系で、ＵＣキャナルシティ、ＵＣ福岡との３館どり。

札幌は、札幌東宝プラザが東宝系、スガイシネプレックス札幌劇場が松竹系で、札幌シネマフロンティアとＵＣ札幌との３館取りが多い。

（　）の劇場は、Ａ級作品のみの場合が多い。

たが、近年はアート系ライブビューイングのＯＤＳ（Other Digital Staff）作品中心の事実上の単館となっている。

といったそれぞれのチェーンがある。

ただしこれは現在、作品ごとの興行において編成されたチェーンを便宜的に「〇〇系公開」と宣伝上、呼称するために使用されているだけで、実質的に連なるチェーンが固定されているわけではない。二〇〇〇年代初頭までは別掲（図表２）の九大都市を通貫した基幹館が設定されていたが、シネコンシステムによる上映スクリーン数の増加により事実上、系統の呼称のみとなっている。(※4)

※１　「ロードショー九大都市」とは、東京・横浜・川崎・大阪・京都・神戸・名古屋・福岡・札幌のこと。

※２　「拡大公開」という言葉は、ヒットによりその作品が同系列のほかのチェーンへ乗入公開することによる。たとえば「ハリー・ポッター」シリーズ（二〇〇一年～）のメインはルーブルだったが、初動の三週だけピカデリー２チェーンに拡大した。

※３　二〇一八年の有楽町の再開発複合ビル内にシネマコンプレックス「ＴＯＨＯシネマズ日比谷（仮称）」を開所と同時に日劇とシャンテは同シネコンに移動予定。

※４　二〇〇七年『新世紀エヴァンゲリヲン』は全九二スクリーン中、東急一四サイト、ユナイテッド・シネマ（ＵＣＩ）一八サイトの一〇九＋ＵＣＩ変則チェーンを生んだことがある。

4. 邦画興行の構造

【拡大系・メジャー系本番線】

東宝・松竹・東映などは自社で制作＋配給＋興行機能をあわせ持ち、基本的に自社作品の製造・流通までをすべて自社資本＋支援資本によって行う（八〇年代までは各社の自己単体資本で製作していた）。一方、独立系の作品事業計画者（製作委員会や独立系製作会社・独立プロデューサーもしくは独立系配給会社）が、東宝・東映の邦画系ブロックブック・チェーンや三〇スクリーン以上の規模で洋画系チェーンへフリー・ブックしたい場合など（図表3）は、その事業計画者（多くはプロデューサー）が、企画書・脚本・キャスト案・収支目論見などを営業ツールとして、配給＋興行機能を持つ上記三社を中心に、出資依頼を含めた配給委託の要請をする。現在では、その作品の資本参加を提案して、配給会社・TV局・ビデオ会社・出版社・広告代理店などからも出資を募り、製作委員会を組成して製作する場合がほとんどであるが、その場合、配給会社がその作品の配給を受託すると、公開予定日・公開

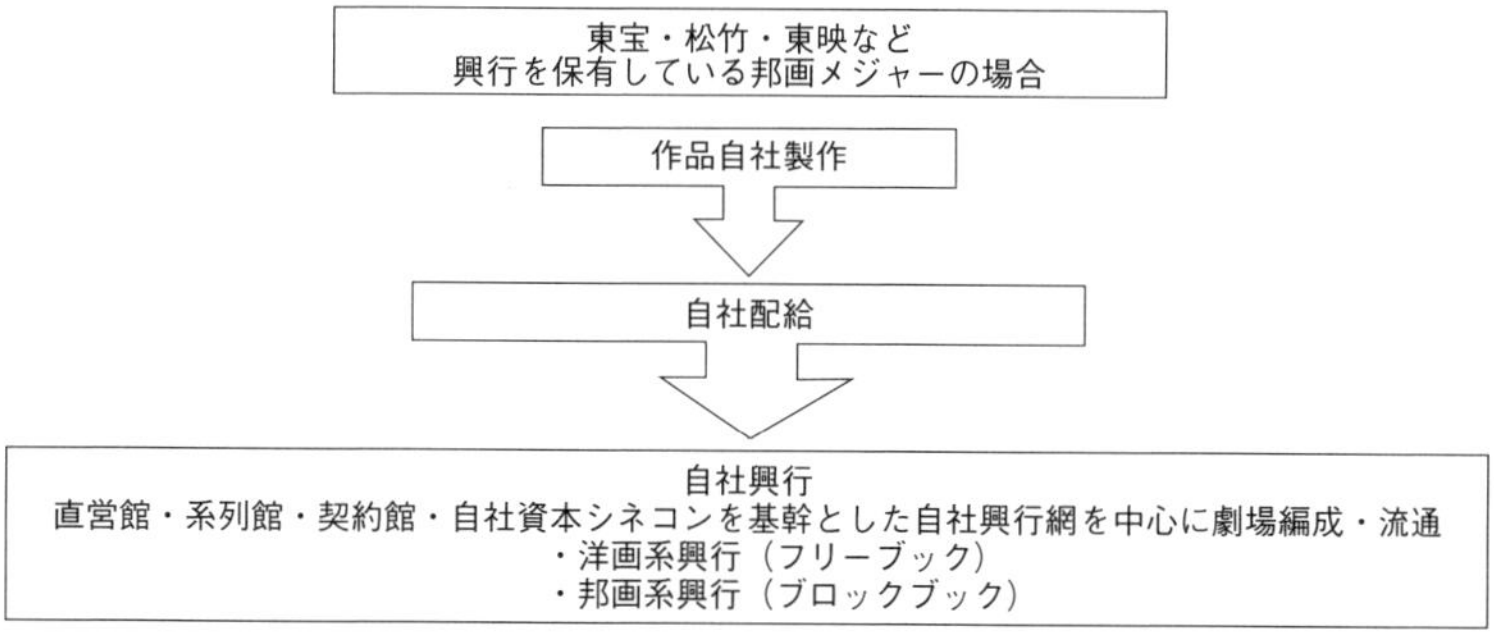

邦画メジャーの場合（図表3）

規模が確定、それに見合った宣伝費も確定し、宣伝経費の立替を行うか、さらにその経費を製作元もしくは製作委員会より事前に拠出してもらうことにより、配給委託が開始される。多くの場合、メジャーが配給を受託すると宣伝経費はメジャーの立て替えとなる場合と、委員会負担となって自然拠出を求められる場合がある。

【独立系本番線】

第二の選択肢として、独立系配給会社であるアスミックエースやギャガなどに配給を委託し、それら配給会社がさらにメジャー興行やシネコン系独立興行へと作品を配給することにより邦画興行が成立するケースがある。独立系配給会社が配給を受託した場合は、宣伝などの配給経費は事前の拠出が前提となる場合が多いといえる。

【単館系配給】

小規模作品の場合、（1）事前に配給会社が事業参加している場合と、（2）プロデューサー・監督が配給を決めずに製作した場合では、そのリスクが大きく異なる。基本的には独立洋画系興行に包括される単館経営の興行への配給となる。基本的に下図の最右端の流通形態とな

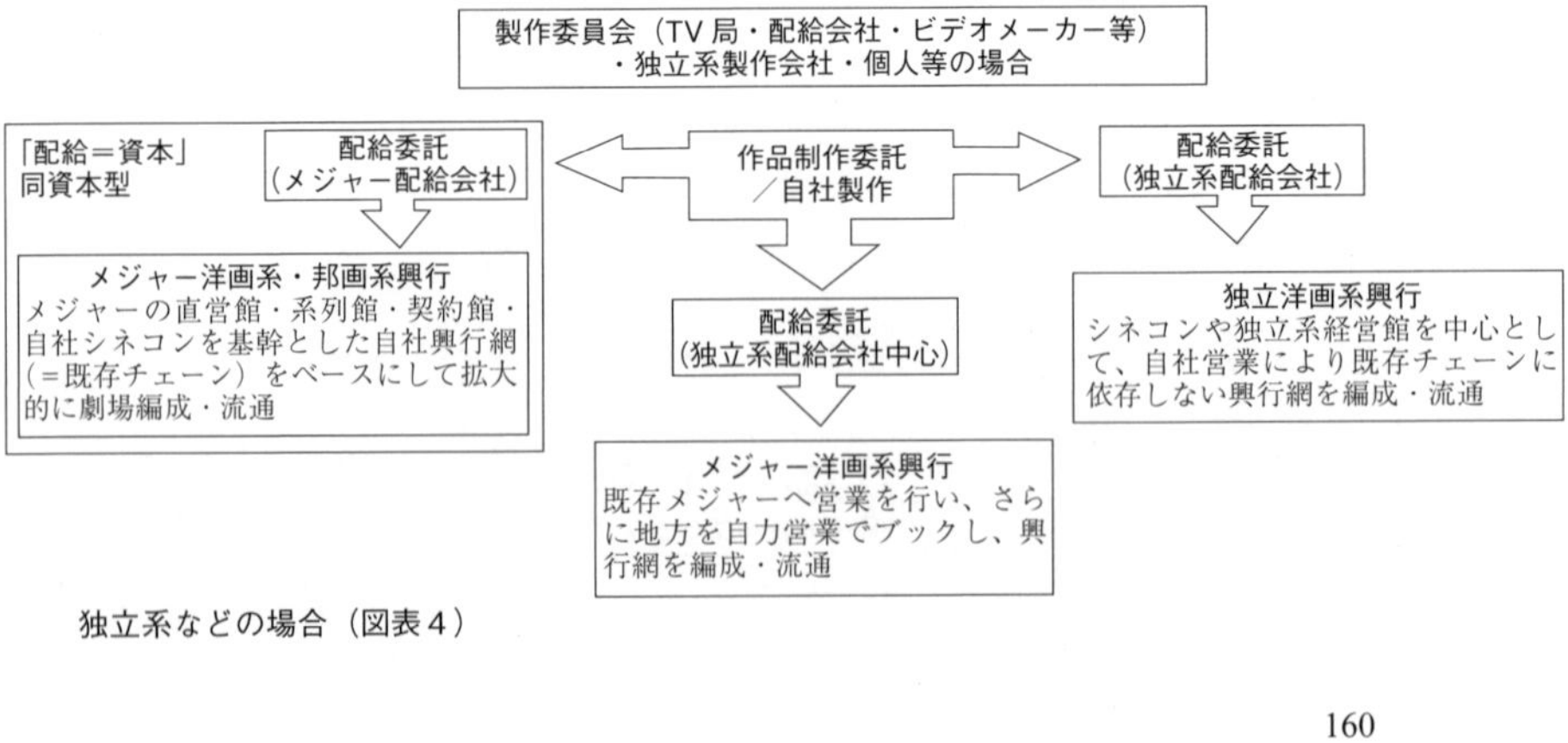

独立系などの場合（図表4）

る。

（1）あらかじめ配給会社が企画に参加しているか、もしくは配給会社が決定している場合

→図表4の右端のチャートへとスムーズに確定。回収スケジュールなど、販売スケジュールの見込みをたてやすい

（2）プロデューサー、監督が配給を決めずに製作した場合

→配給が事前確定しないまま製作された場合、まず配給受託先を探すが、宣伝経費を見込んでいない時には見つからないケースが多い。その場合は自主配給などを選択する。最終的には図表4の右端の形態へ落ち着くことになる。これは作品完成後に劇場を探すこととなってしまい、企画書やシナリオの段階での配給会社の確定とは異なり、劇場側も完成後の試写を見てブックを確定することになり、作品の欠点を指摘されることも多く、配給にとって不利な場合が多いからである

九大都市とローカル（九大都市以外の映画館）との興収シェアが、九五年ごろまでは六〇％～七〇％対三〇％～四〇％であったのが、近年では二五％～三〇％対六〇％～七五％となっている。これは拡大した郊外型シネコンにおいて、高い顧客満足度を目的としたＴＯＳ（Total Operating System）による迅速な番組編成と、高い空間効率による。これにより現在では宣伝費の配分や内容の見直しも行われている。

第三節

映画宣伝としてのコンテンツマーケティングおよび広告論

1. 起点

映画はそれ自体をメディア媒体として広告的な活動も行う一方で、自メディアそのものを市場にリーチさせるため、広告よりも内容理解を目的とした宣伝活動をともなう事業体である。

また多くの商品のそれとはちがい、同時期における系統ちがいの興行が競合商品であり、しかも映画興行は期間限定であることから広告活動も期間限定で行われることとなる。約三ヵ月程度のターム（期間）のなかに諸処のタスクを組成することにより、観客動員という目的を達することとなる。本稿ではその具体的な工程を解説したい。

2. 工程

作品ができあがってからスタートする洋画の日本国内配給のようなケースもあるが、本稿では映画の制作前から作業が開始されるという設定で説明する。

年間の番組編成がなされている大手映画会社では、実際の映画と配給のカレンダーがあり、それに対して予算（コストと稼ぐべき売り上げノルマ）が設定されている。そのカレンダーと予算ありきで作品としての最大市場となるターゲットを設定、広告宣伝の戦略が立案され、宣伝コンセプトが策定される。そこから作品に興味を持たせるものとしての宣伝コピーや具体的な派生やジョイントする計画が積算されていくことになる。

(1) 基幹スケジュールの確認

①カレンダーと予算の確認

総合的な広告宣伝計画を策定するために、まず全体の作品スケジュールの確認が行われる。これは先述のとおり多くの場合、企業予算として年間でほぼすでに策定されているものであるが、各種の出稿宣伝、パブリシティ、タイアップなどのスケジュールを積層していくためのものである。

この場合、映画の制作タームと配給タームそのものをベースとし、基本的には公開初日を宣伝のゴールとはするが、動員難の場合や好調のための中打ち宣伝、ヒット御礼舞台挨拶など、初日以降も継続するケースもある。

②ベーススケジュール（マイルストーンとなる）

a　制作宣伝期間（クランクイン→ロケーション&スタジオ撮影→クランクアップ）

b　配給宣伝期間（初号完成→全国公開・中打ち）

（2）ターゲッティング

作品のジャンル（恋愛・アクション・冒険・文芸・アニメーション・SF・歴史など）から情報をリーチさせるべきメインターゲット層とサブターゲット層を策定する。

ターゲット層

a　男女・年齢層

b　カップル

c　ファミリー

e　マニア・アート

など

（3）作品企画の確認と宣伝コンセプトの策定

作品には製作する時点での企画意図があるはずだが、マーケティング時には必ずしもその意図と市況が合致していないこともある。そのために宣伝のコンセプトワークが必要になる。先ほど述べたように企画

【年齢セグメント一覧】

セグメント	性別	年齢層
C層（Child、Kids）	男女	4歳～12歳
T層（Teen-age）	男女	13歳～19歳
M1層（Male-1）	男性	20歳～34歳
M2層（Male-2）	男性	35歳～49歳
M3層（Male-3）	男性	50歳以上
F1層（Female-1）	女性	20歳～34歳
F2層（Female-2）	女性	35歳～49歳
F3層（Female-3）	女性	50歳以上

意図と宣伝コンセプトが同じになるのであればよいのであるが、時世や流行によっては一八〇度に近い反転を必要とする作品もあるので、作品の魅力を伝えきることでの商品価値の最大化と、同時に作品が世に出るタイミングの世相を予測することも広告宣伝計画者の重要な仕事となる。

①コンセプティング

便宜的に使用される和製英語。意味としては「コンセプト＝作品の売りかた」であり、「コンセプトを策定する」という意味である。「作品のテーマ」とは異なる。具体的にはコンセプトとは「だれも見たことのない〇〇が初めてスクリーンに登場！　その姿は観る者すべてに感動を与えます！」というようなもの。このコンセプトを案出するための作業に必要な策定要素は、

a　どんな作品か？（ジャンル）

b　作品テーマから導かれるセールスポイントは何か？（トレンド・普遍的感動ポイント）

c　広告・宣伝上の前提や優位性、不利な点の整理（製作委員会のソリューション活用など）

d　具体的な広告宣伝方法は？（キャストのバリュー・御当地・トレンドなど）

e　スタッフやアーティスト、原作のバリュー

②宣伝コピーの策定

作品に興味を持たせるものとして設定され、作品テーマやコンセプトとは別に、具体的に世のなかに出ていくテキストとなる。

a　メインコピー：最も優先されるべきイメージをテキスト化したもの
b　サブコピー：メインコピーを支援する、作品をわかりやすく解説したもの
c　ティーザーコピー："ティーザー（じらす）"という観点のコピー。多くの場合「a＋b」的な誘引性の高い、注目されやすいコピー

（4）具体的な宣伝スケジュールの策定と宣伝制作

作品の基礎スケジュールの確認を行い、作品状況、前提などの条件出しを行ったのち、「観たい」という意欲度向上を最大の目的として、具体的な情報の発信の方法や、タイアップや協賛などの周辺協業者との個別スケジュールの調整に入り、さまざまな宣伝材料の制作に入る。市場へのリーチという、作品の認知・周知は最低限の宣伝成果であり、この宣材による「作品を魅力的に見せること」による、市場の意欲度の向上が宣伝の最大のタスク（課題）となる。

①宣伝スケジュールと周辺計画の策定
a　協賛・タイアップなど、周辺スケジュール計画積算（営業・制作・露出）
b　イベント・試写のスケジュール（会場・キャストスケジュール押さえ）
c　リリース作成（作品詳細と取材の窓口を記載した作品情報用紙）とマスメディアへの取材の依頼の根回しなど
d　楽曲が宣伝チームから提案できるのであればレコード会社、アーティスト事務所などへタイアップ

相談の提案、策定。権利などの契約交渉。

②各種宣伝材料の制作

［A．基本宣材］

a　メインビジュアル、ポスター、チラシ、チケット（割引券・前売券）などの撮影、デザイン

b　前売券特典の企画・制作、販促グッズの企画・制作

c　販促用の別デザインポスター

d　先行（仮）プレス（取材メディア用の作品概要書）

e　試写状制作

f　本プレス制作（カラー写真や有名人の解説が入っている完全版）

［B．特殊宣材］

a　スタンディ（メインビジュアルの立体看板、キャラクター作品では客が並んで写真が撮れるなど）、POP（店頭用・卓上など）

b　（キャラクター作品の場合）シールや絵ハガキ、団扇などの制作

c　作品新聞（公開までに何度か発行される）

［C．劇場宣材／オブジェクト］

［A］と基本的には同じ

［D．動画宣材／劇場用］（露出時系列）

a　特報①（三〇秒）／特報②（三〇秒）　長期休みなど合わせで露出

b　予告①（九〇秒）

c　マナーCM

d　特報①（三〇秒）

e　予告②（九〇秒）

［E．動画宣材／放送媒体用］

a　プロモーション映像（情報番組用）

b　テレビスポット

・特報（一五秒、三〇秒）

・通常（一五秒、三〇秒）

c　ラジオスポット（二〇秒）

（5）試写会の策定

試写会にはいくつか種類がある。まず関係者用試写であるが、これは制作確認用であり、宣伝には直接関係はない。重要なのはメディアや映画評論向けの「マスコミ試写」と、〝クチコミ〟による情報拡散、顧客誘引を目的とした「一般試写」である。「マスコミ試写」は業界内に周知された都内複数個所の試写専用シアターか、映画会社内の試写室で行われる。重要なのが「一般試写」で、大型作品の場合、出版社や新聞社、テレビ局、ラジオ局などとタイアップをし、大型のイベントホールに一般人を大量に呼び込んで試写を行う。この場合、系列地方メディアとの共同で行われるケースもあり、その際は「連合試写」と呼ばれ、中央での一回開催ではなく、キャラバン的に各地をイベント試写が巡回することもある。

また協賛企業からの協賛金を運営費用とし、協賛企業名を冠に掲示した試写会を行ったり、作品内容に関係のある団体（作品設定に関連する団体や、そのキャストを広告的に起用している企業）や場所（ロケ地）などでパブリシティを目的として行う試写がある。

また「完成披露試写」として、プレミア的にキャスト・監督などの舞台挨拶がついた一般人とマスコミを呼び込んだイベント的な試写が催される場合もある。

a　マスコミ試写
b　完成披露試写
c　メディア協賛試写、連合試写
d　協賛試写
e　作品内容関係試写

(6) メディア出稿

a　テレビスポット、番組内宣伝
b　雑誌（月刊誌、週刊誌）

c　新聞（大手・専門・子ども向けなど）

d　協賛試写

e　交通広告（協賛としてスタンプラリーのプロジェクト策定など）

（7）学校、官公庁など団体への働きかけ

a　学校（子ども向けなら小学校など、図書館へポスター、チラシ、割引券の配布）

b　推薦などの獲得（「文部科学省選定」など）

c　消防署や自衛隊、警察など

d　作品内容に関連した団体

e　チャリティや作品に関連した募金活動など（パブリシティにつながる）

（8）店頭（スタンディ、ポスター、チラシ、チケット販売、関連商品など）

a　書店（原作など関連書籍。ムック本などの仕込み）

b　コンビニエンスストア（チケット発券に関連したオリジナル特典）

（9）マーチャンダイジング

これは本来的なライセンス許諾の商品化に限らず、作品宣伝を盛り上げるために、協賛やタイアップ、印税を勘案した大量製造商品であったりと、作品の露出の最大化を目論むことを企図して行われるものである。

a　出版
b　食品
c　服飾
d　グッズ、プライズ商品
e　キャンペーンにキャラクターを貸し出すなど

(10) 委員会のソリューション、インフラ

a　テレビ局：スポット、情報番組での取材、ゲスト番組、特番など
b　出版社：雑誌取材、ムック本、店頭ポスター
c　SNS：諸処のネット展開
d　ビデオグラム：レンタル店での宣伝展開、サイネージ（街頭の電子看板）など
e　映画会社：前興行での連動宣伝
など

(11) オピニオン・リーダー

a　芸能人：作品イメージに合うキャスティングで媒体巡り
b　文化人：媒体・SNSなどでの発言

c　SNS：有名ブロガーや動画クリエイターに宣伝参加依頼

3. 映画における広告宣伝の本質

興行される映画が商品であることは繰り返し述べてきたが、宣伝のありようも商品のそれと同様である。商品である以上、原価回収と利益の創造が商品の目的となる。しかし初動で利益を生み出さなかった映画にも、のちに高い評価や動員を生むタイプのものがあったことも事実である。有名な作品でいえば、オーソン・ウェルズ監督の『市民ケーン』（一九四一年、米）や、テレビアニメでいえば『宇宙戦艦ヤマト』（七四年）や『機動戦士ガンダム』（七九年）はそうであろう。ただし、当時と現在では会計の速度をはじめとして、事業評価の基準が大きくちがう。某監督が「作品

【映画における広告宣伝の工程】

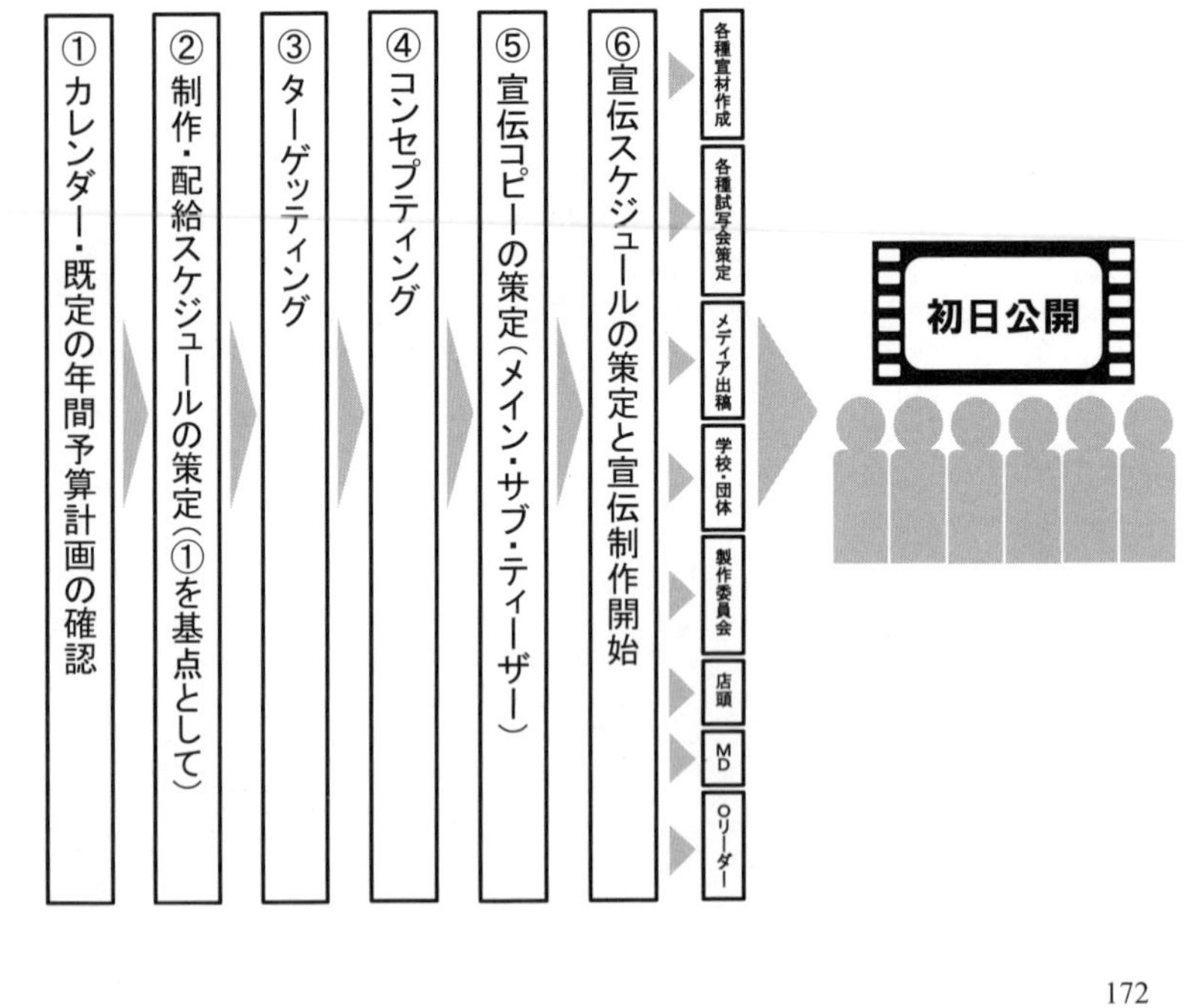

は失敗したけど、五十年後に回収ができたらいいと思うんだ」と、幼い会計感覚をロマンチックに語っていたが、いまやそれに付き合う会社はない。

本項冒頭で述べたように「作品のコンセプト」と「市況」が合わない場合、作品の企画意図とは異なる「宣伝コンセプト」が策定されることが往々にしてある。これは企画の発起時点と、公開予定の時期がすでに異なる以上、やむをえないことである。「いい映画」がヒットする映画ではなく、「よくない映画」でも観客動員が高く、ヒットすれば「いい映画」となる。この資本的基準と視点を失ってはいけない。

宣伝担当者は回収を目的とする前提に立ったときに、作品のよさをそのまま「商品質情報」として発信すべきか、それとも市況に合わせた「加工情報」として発信するかの判断が必要となる。すでに述べたように「作品意図」と「市況」が合っていれば問題はない。ただしそこにギャップがある場合、作品から拡大解釈をしたり、材料を掘り起こしたりすることにより、当てるための情報的施策を組み上げることが重要となる。

死にかけたわが子が「にがいから飲みたくない」と言ったからといって特効薬を飲ませない親はいない。ただしその際、宣伝担当者は思い付きやバクチで戦略を立案するのではなく、市況からの数値のエビデンス、逆算をもって立案しなければならない。決して好ききらいの趣味的な判断で行うものではない。

宣伝費の経済感覚

露出は多い方がよいに決まっているが、「どんな露出でもよい」ということではない。単にタイトルが目に触れればよいのではない。重要なのは「情報の質」であり、それがどんなにつまらない映画であろうが「見たくなる」という意欲度を上げることである。「認知度」ではなく「意欲度」だ。作品を知った後に、

「劇場に行こう」というモチベーションになっておかなければ宣伝の意味はないのである。

宣伝費はそのために使用されるべきであって、単なる大量露出を目的としてはならず、そのために先述の「①市場のターゲッティング」「②情報のコンセプティング」「③意欲度を上げるための宣材の制作」を基軸として、市井に「映画を観たくなる空気」を醸成することを目的としなければならない。そしてこの「意欲度」向上の戦略は、宣伝担当者によって立案されるコンセプティングにのっとって運用されるのである。「だれがやっても同じ宣伝」にはならないのは、こういう事情による。

そのためには宣伝費の適切な使用が必要であるが、これは上の概念式に表される。

$$\frac{(「宣材」「出稿」)\times「宣伝費」}{「コンセプト」}=「意欲度」向上$$

【宣伝コンセプティングにおける基本構造】

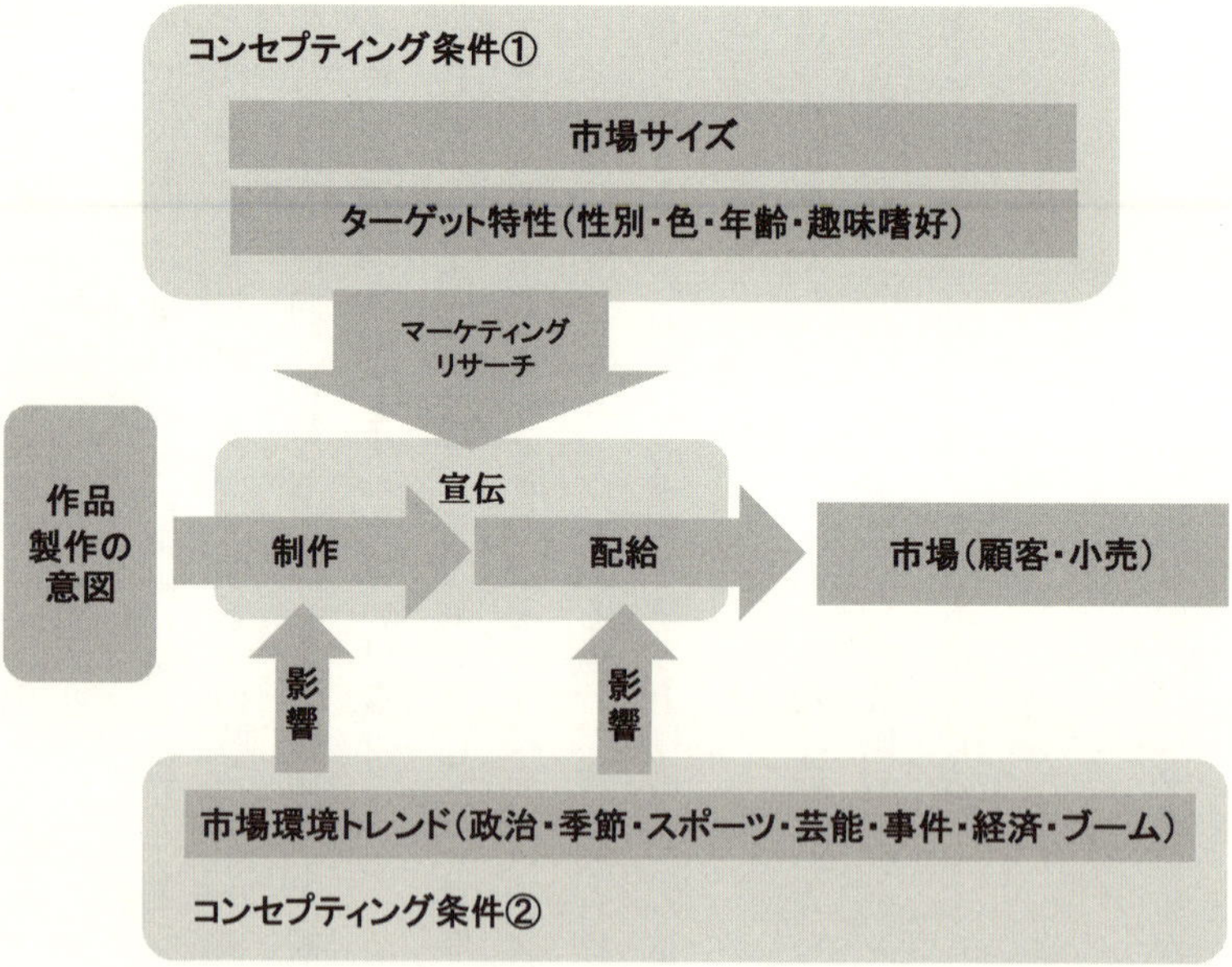

市場へのリーチには「宣材」「出稿」の量（宣伝費）が必要ではあるが、それらはすべてコンセプトによってつながれ、バランスが取られねばならない。

「最適の市場」へ「映画に行きたくなる情報」を「宣材」「広告」で伝えること。これが広告論としての映画宣伝である。

第三章　コンテンツの経営

第一節　コンテンツプロダクション

植村伴次郎（うえむら・ばんじろう）　東北新社最高顧問

【二〇〇七年四月インタビュー】

――植村さんといえば、戦後の映像業界草創期のなかで、外国語番組の輸入やその翻訳吹替え、さらにはＤＶＤなどビデオグラム〔販売または賃貸による配布のためのビデオテープカセットやビデオディスクのこと〕のプレス事業など、映像における流通加工にあくまでこだわる経営思想であることが業界では知られています。ご自身のどのような経営思想から、それにこだわられているのかを教えていただけますか？

よくそういうふうに言われますが、最初から計画があって、設計図を作って、地ならしをし、土台を作ってと、そんな計画的なものじゃないんですよ。植村というのは気が多い男で、映像だけでなくていろんなことをやってきたんです。スーパーマーケット〔ナショナル物産。一九六一年設立〕なども経営したりしています。そこはもともとわたしの友人の中国人がやっていた、いわゆる外国人のために食材を提供するという非常に特殊なスーパーマーケットでした。国際租界〔行政自治権や治外法権をもつ外国人居留地〕とでもいうような、異文化の坩堝のような店なんです。異文化から受ける刺激というものが一つの魅力でその店をやってみることにした。

その当時、東北新社（一九六一年設立）の映像の仕事というのは、年間売上が一〇億、一五億円程度の小さなプロダクションでしたから、もしかしたらこのスーパーマーケットを展開することによって、一〇〇億、二〇〇億円の夢に広がるかもしれない。スーパーマーケットというのは食べ物を売るビジネスですが、そうじゃなくて、ソフト産業として捉えると面白い展開ができるかもしれないと考えた。ところが一〇〇億円の売り上げのために、土地を買って店舗を建てると、その当時でも六〇〜七〇億円の資金が必要になる。七〇億の資金を借りて、どれくらいの利益が期待できるか。三億円くらいじゃないでしょうか。それではとても割に合わない。

ちょうどそのとき、スーパーマーケットの業界ではものすごい勢いで展開していた会社が、何社もありました。ダイエー〔一九五七年に創業したスーパー。全国的にチェーン展開した。その後業績不振となり、イオンに吸収される〕の中内功さんもそうですね。生意気にもわた

植村伴次郎さん。
1929年、秋田県出身。61年に東北新社を設立し、テレビ映画『ハイウェイ・パトロール』の日本語版吹替えより事業をスタート。64年、新日本映画製作所を買収し、CM制作事業を開始。66年、人形特撮テレビシリーズ『サンダーバード』を配給。72年、サンライズスタジオと共同出資でアニメ制作会社創映社を設立。八六年、スター・チャンネルを合弁し設立。87年、オムニバス・ジャパンを設立。2001年、映画『千と千尋の神隠し』を徳間書店・日本テレビ他と共同製作し、観客動員数および興行収入の日本記録を更新。鈴木CM賞、日本宣伝賞特別功労賞など受賞多数。衛星放送協会会長、デジタルコンテンツ協会副会長など映像業界の要職を務めた。

しはダイエーの「中内商法」を分析し、売上予測の延長線を引っ張ってみました。ダイエー以外にも量販店が四、五社、メジャーなところがありますから、それらが売り上げを増すために大型都市から地方にどんどん展開していく。すると最後は、投下資本に見合うようなマーケットがなくなっていくはずだ、そのときに量販店ビジネスというものは壁にぶち当たって崩壊するんじゃないか、そう考えてやめました。それなら一つのクリエイティブを商品化して稼いだほうがよっぽど楽しいし、はっきり言って利益をたくさんいただける。

ただ、そのころ（一九七五年ころ）からイトーヨーカドーのセブンイレブンというコンビニエンスストアのチェーンがものすごい勢いで成長して、発表される経営数字がすごい。もともとはスーパーマーケットの経営が本業ではないわけですから、興味が薄らいでいたんですけれども、その総帥である鈴木敏文さん（セブン‐イレブン・ジャパン創業者）のマジックはなんだろうと非常に興味深く観察していたんです。たまたまそのタイミングで（二〇〇七年）、日経新聞に鈴木さんの「私の履歴書」が掲載されていたので読みました。そこではっきりとわかったのが、「マジックはないんだ、あくまでも基本に忠実に、そして徹底したこだわりと妥協を許さない分析、目配り、気配り」だったということです。

そしてそのとき、それはわたしが映像の世界でやってきた哲学と同じではないかと気づいたんです。わたしの持論は、泥臭いんですが、「人並みになりたいのなら、人の倍努力をすることでやっと人並みになれるかもしれない。人並み以上になりたかったら、人の三倍努力しろ、それで間違いないよ」ということなのです。

さらに言うと、たとえば廊下を歩いていてネジが一本落ちているとする。普通の人は捨ててしまう。ところがわたしはですね、「ネジが空から降ってくるわけはない。どっかから外れてきたネジだろう。周囲を見回してください。そうすればそれがなんのネジなのか大抵わかる。わからなかったら保管しておいてくれ。その注意力と気遣いが事故を防ぐかもしれないし、後でなにか大きな貢献をするかも知れない」というものです。見過ごして通るか、拾って捨てるか、捨てないでどこから外れたんだろうと考えるか、それだけの差だ。わたしがいう注意力と気遣いというのは、たったそれだけのことなんです。そこが鈴木さんの思想と相通じるのではないかと思っています。

東北新社の前身で東北社という会社がありました。この会社は、わたしの尊敬するプロデューサーであり演出家である浅利慶太さん（劇団四季創立者）と、森正先生（NHK交響楽団の正指揮者）とが「オペラをやろう」と、それにわたしがついていって、設立（一九五九年）したものです。ところが、その後紆余曲折があり、オペラのプロジェクトはなくなってしまいました。東北新社はその東北社の後を受けて立ち上げたものです。

浅利さんは気性の激しく、意見の合わない人間は自分の手帳から消してしまうようなかたですから、わたしともお互いに遠くから見合っていただけで、三〇年近くも付き合いが切れてしまった。

ただ、お互い歳をとってきたあるとき、道ですれちがったら浅利さんがわたしを無視して横向いて通ったんですね。その話を当時劇団四季の役員でもあった音楽評論家の安倍寧さんにしたら、浅利さんに「いい歳になって三〇年前の意見の不一致を引きずって、横向いて通ったりなんてするなよ」って話したらしいんですよ。そしたら浅利さんが「横向くなんてしたことがないよ。もしもそう見えたんなら、伴ちゃんの顔が輝いて眩しかったんだろう」って言ったそうです。それを聞いて、さすが天下の演出家だなと思いました（笑）。それで何十年かぶりにメシでも食おうということになったんです。

それまで日本人のミュージカルなんて学芸会くらいにしか思っていなかったんですけれど、食事会の前に浅利さんの仕事を観ておかなければと思い、劇団四季のミュージカルに行ったんですよ。そこではじめて四季の舞台を目の当たりにし、西洋人ほどのリズム感や音感を持っていない日本人を集めて、よくあそこまで歌唱力と踊りを鍛え上げたと、本当に感心し脱帽しました。「すばらしい。あそこまでレベルを上げるのに、スタッフ、関係者が血を吐くような苦しみをしたでしょう」と、食事のときに率直にそういったところ、「そういうふうに観てくれるか！」と彼は大変喜んでくれた。そのときにエールの交換のような感じで、「日本で制作プロダクションを企業化した人間は植村の伴ちゃんただ一人だけだ」と彼が誉めてくれたんです。実をいうと、わたし自身がそれまでそのことに気付いていなかったのです。だから、「なるほどそうか」と思い至りました。確かに戦後、たくさんのプロダクションは起業されたけど、何年も経たずに倒れている。しかし、わたしには実はこのビジネスをやるのに基本的なコンセプトがあったわけではなかったんです。

日本語版の吹替えからスタートした事業が、なぜいまの映像制作のほうへ来たかというと、その当時はアメリカのテレビ映画シリーズが全盛だったが、それだけがいつまでも茶の間の主役でいられるはずがない。日本には日本固有の文化、娯楽でいうと浪花節や新派〔新派劇の略で、壮士芝居に始まり、明治中期にさかんになった〕の大悲劇、歌舞伎、落語などいろいろな娯楽があり、それを楽しんでいる民族なんだから、必ずや日本独特のドラマがアメリカのテレビシリーズを駆逐するだろう。それはまもなく来るはずだ。そうしたら東北新社の翻訳や吹替えなんて仕事はお手上げになってしまう――と、それでテレビ映画の制作〔映画の制作システムで製作されたフィルム原版のテレビ番組〕に入るべきだと決心したんです。

なんの勉強も準備もしないままテレビ映画の制作に入っていって、『女の武器』（六三年）『無法松の一生』（六三年）『戦国群盗伝』（六三年）などをフジテレビと作りました。

同時期に、『007　ロシアより愛をこめて』（六三年）という劇場映画が公開され、そのパロディをやろうと『第七の男』（六三年）というテレビ映画のシリーズも作ったんですけど、これはまったく視聴率が取れなかった（笑）。『戦国群盗伝』は馬を三〇頭くらい走らせるシーンもある、相当大きなスケールのテレビ映画のシリーズだったんですが、あるとき、視聴率が悪いからオープニングを取り替えたいとフジテレビが言ってきた。担当が絵コンテを描いてきて、「ヘリコプターが画面スレスレまで降りてきて、馬のひづめのクローズアップから騎馬武者のクローズアップを撮って、土煙のなかを走っている迫力満点の映像を撮りたい。リピート料（再放映料）を先に払うから、それを全部制作費につっこんでくれ」と言う。とにかくやってみたら、ヘリコプターの操縦技術も低いし、スタッフの撮影技術も拙くて、オープニング全編が富士の裾野にただ白みが張っているだけのような映像となってしまい、結局はこの作品も惨敗してしまいました。

結果、テレビ映画制作事業は不首尾となり経営を圧迫しました。そのときテレビ映画のスタッフを一〇〜一五人ぐらい抱えてましたが、わたしの経営理念から彼らを解雇するわけにはいかないから、どうしようと大変悩んだんです。そうした折にちょうどわたしの友人が、コマーシャルをやっているプロダクション（新日本映画社）を買ってもらいたいといってきた。コマーシャルというとキャメラのフィルムも機材も映画と同じだから、もしかしたら現在のスタッフをそのまま使えるかもしれない。渡りに船でそのプロダクションを見にいったんです。

そしたらオフィスに三五ミリのアリフレックスのキャメラが置いてあって、片隅に黒いカーテンで囲まれたところがあった。なんだろうとたずねてみたら、アニメーションの線画台〔一コマずつ作画を撮影する、フィルムキャメラが装備された台〕だった。わたしはいろんなことをやりすぎて逆に特徴のない男なんですが、旧制中学卒業後に東京で飛行機の勉強を一年しておりまして〔航空工業専門学校。現・東京都立航空工業高等専門学校〕、機械というものに愛着があるんです。それでキャメラと線画台を見たときに、「これだけでもすごい財産じゃないか。これを自分が抱えて活用できるんならば、よし始めよう！」とその会社を買収する決心をしてしまいました。つまり、吹替えからテレビ映画へ、テレビ映画からコマーシャルへと、結果的にはまったくちがう業種ではなく、横へ横へと広がっていったわけです。

ただ実はそのとき大変苦労しました。買収した会社に所属していた社員が一一人いまして、活動屋〔当時、劇映画の制作スタッフを〝活動写真屋〟と呼称していたことから、略してこう呼んでいた。〝無法者〟的な荒っぽいイメージも持つ〕全盛のころですから、そこにいたのははみだし者やいいかげんな人間ばかり。朝から酒を飲んでいるような連中のなかに、自分の社員を連れて乗り込んでいったわけです。やはり当初はだれも言うことを聞かなかった。

同時にコマーシャルの制作会社としても戦略の立て直しです。当時制作会社が一三〇社くらいあり、最後発のプロダクションでしたから、なにか特徴を出した売り物がなければいけない。映画は娯楽映像だが、コマーシャルフィルムメッセージというのは広告映像だ。同じフィルムと同じキャメラを使い、同じ人間が演出をして、現像も映画と同じ。確かにそうなんだけれど娯楽映像と広告映像とで差はないのか？　同じでいいのか？　と自問自答していました。

しかし日本ではそういうことをたずねてもだれも答えてくれる人はいないし、現在のようにクリエーターがぞろぞろいる時代でもない。打つ手なしのなかで、既存のビジネスである外国映画の買い付けのため、頻繁にハリウッドやニューヨーク、ロンドンに行くことがありました。その各地の本場映画の友人たちに「だれかコマーシャルフィルムをやっている友人はいないか?」とたずねると、これがいるものなんですよね。そこでニューヨークにあるワイルド・フィルム社の副社長でコーエンという若いプロデューサーを訪ねていって、先の疑問を投げかけたんです。そうしたら、「君はいいポイントをついている。まったくそのとおりだ。娯楽映像と広告映像とで当然差はあるんだ。まったく別物なんだ」と言われた。

「テレビというメディアがどこまで発展するかというのは、計り知れない。アンリミテッド（無限）かもしれない。それがなにを意味しているかというと、これからはテレビは人間の生活の一部になるということなんだよ。それはイコール、リビングに映像が入っていくってことなんだ。そのときにリビングに入り込んだテレビから発信される映像のメッセージがフェイク（贋物）や、アーティフィシャル（人工的）ではいけないんだ。リアルでなきゃだめなんだ。それがこれからのコマーシャルメッセージなんだよ」と言われたんです。

しからば技術的にはどのようになるんだ?　と続けてたずねたところ、すでに映画とコマーシャルでは、撮影の技法や考えかたがまったくちがっていたんですよ。映画では三五ミリのコマを何十万倍のスクリーンに伸ばすために、高い解像度が必要になる。そのためには絞り〔レンズから入る光の量を調整するカメラについている装置〕をいっぱいに絞って被写界深度〔写真のピントが合っているように見える領域の広さ。深い状態をパンフォーカスと呼ぶ〕を深くとる。当然絞れば絞るほど画面は暗くなりますから、髪の毛から煙がでるくらい被写体に照明を当てて撮影するのが、その当時の映画というものだったんです。

ところが彼らのコマーシャルフィルムの撮りかたはそうではなくて「リアリティと生活感を出すためには、レンズはできるだけ開けろ」と。そして、「窓が右だったらライトは右側からだけでいい。陰影は補助ライトを使って出せばいい。自然光に近づけるんだ」と。そういわれて、スタジオ内の撮影現場をよく観察すると、なるほど直接照明ではなく、みんな間接照明――ソフトライティングでやっていた。

余談ですが、彼らはインハウス（社内）で機材をカスタマイズ（状況に合わせた仕様変更）してるんです。しかもレンズはキャノン。当時日本ではむしろドイツやフランスのレンズばかりを使っていた。どうして日本のキャノンを使うのか聞いてみたら、「馬鹿な質問はやめなさい。品質がいいからだ」と言うんです。「われわれが改造して作ったのはマウント（レンズと本体のジョイント部分）だけだ」と。日本人としての誇りが刺激されたものです。

それで、撮影所に巻尺を持っていって機材のサイズを計るわけにはいかなかったので、昼食時に具合が悪いといって一人スタジオに残り、その隙に手でスタジオ内を計りました。その夜急いでホテルへもどって、撮影現場のスケッチを書いて、日本に持って帰り、急いで社員キャメラマンや照明技師にその話をしたんですが、「そんなことやったって映りませんよ」と素っ気なく言われてしまいました。

それから一年かけて説得しても、彼らは動かない。たまたまぼくの友人がアメリカから撮影クルーを連れてきて、コマーシャルを撮りたいんだけれど、自分の会社だけではとても費用をカバーできないから手伝ってくれないかとなった。これこそ好機到来。そのときに「ではわれわれの仕事も手伝ってくれ」とお願いして撮影したのが「ハウスインドカレー〝兄弟篇〟」のＣＭ（六八年）でした。そうして撮った映像を観たら、われわれスタッフたちは当然のこと大阪電通の井東準太クリエイティブ・ディレクターまでが飛び上がったんですよ。「いままでのおれたちの映像とちがう！」って。それ以来、今日まで連綿と続く日本のコマーシャルの撮影技法というのは、これに則ってやっているともいえるんです。

もう一つの大きな好機としては、わたしがＣＭをはじめて三年目に日本のテレビがカラー化（六〇年）したということです。そのときにこの業界にたずさわる百何十社の人たちのスタートラインが一斉に一直線になったんです。東北新社がここから抜け出すのはそう難しくはありませんでした。なにしろその日まで培った「最新鋭の機材、独自技術」という、他社と比較しても大きな優位性があったからです。

だから最初からわたしには、オリジナルのビジネスコンセプトがあったわけじゃなかった。人から教えてもらったものだったり、いい買い物があったり。本当に七割か八割が幸運だったってことなんですよ。ただ人間、その運に気づくかどうかだと思うんです。なにもしなければなにもアイデアが浮かんでこないから、「これはなんでこうなっているんだ？」と疑問を持ち、考えることだけが運に気づくためのわたしの努力なんです。この歳になっても、まだまだ勉強しているところですよ。

そしてこのように横へ横へと伸びて今日の東北新社グループができあがったので、わたしはこれを〝鶴翼の陣〟といっているんです。鶴が翼を広げるように。

決断と偶然と幸運

――流通加工に隣接した映像技術と設備という面では、テレビテクニカの立上げや、オムニバス・ジャパンにおけるＣＧ制作チームの整備やデジタル撮影機器の配備はテレビ局よりも早く、日本でもっとも早い導入でしたが、こういう設備導入はそういうことだったんですね。

技術者たちに対しては、世界に情報と勉強の場があるんだったら、ギリギリまでお金を使ってもいいから人を派遣しろ、情報と実体をみて自分たちの技術水準を上げろ！　といってきました。カンヌのコマーシャル国際フェスティバル〔カンヌ国際広告祭。世界三大広告賞の一つ〕には毎年貧乏な会社でしたが、技術者だけでなくクリエーターも送りこみ、欧米を見てこいといってきました。それに毎年、何人かを一ヶ月半くらい旅行させた。そういうことをやっていたら、クリエイティビティの感性と技術水準がどんどん上がっていった。撮影のキャメラ一つにしても、現在でもとにかく最新鋭の機材を探させています。食うものを食わなくても、最新鋭の機材が見つかったら必ず買うようにしてるんです。その機材を使って自分たちで映像を作って研究を積み重ねようということです。

コンピュータグラフィックス（ＣＧ）に関しましては、日本で一番最初にそれをはじめたのはフジテレビを辞めた金子満さん〔東京工科大学教授。日本のコンピュータグラフィックスの父とも称される〕という人です。しかし当時わたしが最初に考えたのは、「ＣＧにどれだけの可能性があるのかということもわからずに、非常に高額な設備に投資して引き合うのかどうか、そういう計算もなしに進むわけにはいかない。人から資金を集めてやる人たちはそれでいいかもしれないけれど、わたしは社員を抱えて自分の懐から出す金だ。失敗したら社員に給料も払えなくなる」ということでした。だから慎重に、慎重に分析していたんですよ。

そうしたらこのことにおいても幸運なことがあったんです。当時から、わたしを社員以上に遇してくれていた北米メジャーにパラマウント映画〔当時、植村は大量のテレビ映画の買付を同社より行っていた〕があります。そのころ、ＬＡのスタジオには年に何回か行くようになっていたのですが、ある日、そのスタジオの一角に忽然とコンピュータグラフィックスのスタジオが出現したんです（八四年）。作ったのは、カナダの第三セクターの会社でした。「もうそろそろ東北新社も総合映像プロダクションとしてCGを入れる時期が来たかもしれない」と考えていたときに、北米メジャーの雄たるパラマウントのスタジオでCGを導入してきた。そこでそれを仕掛けている男に会いに行ったんです。

するとˎ「ちょうどいいところに来た。われわれはトロント、ハリウッド、ニューヨーク、東京、ロンドン、できれば香港と、世界に拠点を作っていって、その拠点を必要とあればインテルサット（衛星回線通信網）でつないで、全世界のコンピューターのラインを一本化して、ペンタゴンもかなわないような規模にしたい。あなたが、東京でやってくれないか？」と言われ、やりましょうということになった。

おかげでリーズナブルに契約ができ、先行ロスのない非常に安心した状態でコンピュータグラフィックスを始めることができた。そのカナダの会社がオムニバス社だったんです。だからわれわれの会社は日本のオムニバスということでオムニバス・ジャパンと名乗っているんです。ところが、彼は偶然にもアメリカの量販店のオーナーと同じJ・C・ペニーという名の男だったんですけど、あまりにも夢が大きすぎて、話も膨らみすぎ、わたしが契約した半年後に倒産してしまった。だから、いまオムニバス社で地球上に残っているのはわが国だけです（笑）。

その導入直後に「コンピュータグラフィックスだけではだめだ。この新しい映像をさらに展開させるためには新しい編集機材が必要だ」と、そういう状況となりました。つまりCGで作った映像を一つの画面に合成していくには情報量が大きく、それまでの機材ではスペックが余りにも足りなかった。当時、ソニーが作っていた編集機はオンラインのリニア編集しかできなかったんです。

そこで技術業界の情報を集めて分析すると、どうも元ソニーの社員でロンドンにいる技術者たちの開発している編集機が、わたしが探しているものに近いかもしれないということになった。すぐにスタッフを派遣して確認してみたらやはりそのとおり。ソニーはベータカム〔ソニーが開発した放送用のビデオ記録の方式〕が売れに売れたために、すぐにハードディスク編集に移行ができなかった。移行しちゃうとベストセリング（一番の売れ筋商品）となっているベータカムを否定することになってしまう。ところが英国の元ソニーの技術者たちは、これからはオフラインのコンピュータライズされたノンリニア編集機（ハードディスク編集機）に移っていくんだと考えていて、ソニーがやらないんだったらおれたちでやろうと考えて作ったのがクォンテルという会社だったんです。われわれはその当時一台三億円だった機材を二台買ってきて使い始めた。

ところがこの三億円もするハリーという機械は、レイヤー（画像を構成するシート）が七枚くらいある当時としては画期的な機械だったけれども、それまでの編集機の使用法しか知らないわれわれには、どうやって使っていいかまったくわからない。うちの技術陣もいろいろと勉強したけれども、ハリーが持っているスペックの二割くらいしか引っ張り出せない。そうこうやっていたら、今度もわたしは本当についている男で、そこへも幸運がやってくる。

たまたま東北新社のコマーシャル制作に中島信也という青年が入ったのですが、この男がその三億円の編集室に朝から晩まで入り浸って全然仕事をしない、なにも稼がないでいた（笑）。ずっとその編集室でなにか映像をいじくっていたんですよ。ところがその結果、この男がハリーの持っているキャパシティを一〇〇％以上引っ張り出したんです。このことからわかりました。どれだけ大きな買い物をしても、技術屋だけがいくらがんばっても、高い完成度の映像にはたどりつけない。結局、優秀なクリエーターがなかに入らないとだめなんだと。このことを経験できたおかげでわれわれはまた何歩も先に行くことができたんです。だからわたしは中島信也を尊敬しているんです。

昔、ソニーがＦ９００シネアルタというＨＤカム〔ハイビジョンで二四コマ撮影が可能な映画用デジタルビデオカメラ〕を作ったときに、ソニーもよりによってアメリカのパナビジョン社と共同の子会社でパナビジョン・ジャパンという会社を作ったんですよ。ぼくはそれを承服できなくて、「キャメラを売るのですか、売らないのですか」と聞いたら、「売ります」って言うんです。「それじゃ買いましょう」と言ったところ「ただし、レンズはありませんよ」と言われたので、「それは結構です」と答え、レンズメーカーのドアをノックして歩いた〔このキャメラのレンズはパナビジョン社製のものが純正品だった〕。

すると、フジノン（旧称・富士写真光機）という会社があって、そこの樋口社長がわたしの話を聞いて、「やりましょう」と言ってくれた。「開発にお金がかかるから、植村に半分持たせてください」と提案したら、「いやいや結構です」と言う。開発リスクを背負わせるのはあまりに気の毒だから、せめてもということで八〇〇万円くらいのフランス・アンジェニュー社製の一〇倍ズームを持っていって、「これを差し上げるので、分解して勉強になるのでしたら使ってください」といって渡しました。ところが一〇ヵ月も経たないうちに、世界水準を抜くレンズを樋口さんは作ってきたんです。本当に早かったですね。それで樋口社長が笑うんですよ。「植村さんに半分費用を出してもらっていたら、もうけの半分を払わなければならなくなってましたよ」って。

わたしたちは広告産業の関係者から大変大きな予算をいただいて、映像を作らせていただいて、いろんな技術を習得しました。VTRキャメラが出現したときに、関係者たちはフィルムのCMはなくなるといっていた。明日からVTRに替わるんだよということですね。でもぼくは絶対にちがうと思った。彼らはVTRキャメラの性能とムービーキャメラの特性のちがいがよくわかっていなかった。その理由は、VTRキャメラは全部に焦点が合うんですよね。いわゆるパンフォーカスというやつです。しかし人間というのは心があるから、心でピンポイントにフォーカスしている。それをフィルムキャメラはレンズのピントで、目とか鼻先とか唇にフォーカスをしぼって表現できる。だから、「そう簡単にはなりませんよ」とぼくは言ったんです。しかしそれと同時に、映像処理の部分はエレクトロニクスに替わるだろうと思った。それがオムニバスに、ノンリニアを導入する契機にもなったわけです。

決断と偶然と幸運ですよね。最新鋭のキャメラや編集機をだれよりも早く、どんなに高くても決断して買い、そしてそこで勉強する。ハードウェアだけではなく、ハードウェアから触発されて、思いもしないような自分たちのクリエイティビティも高まっていく。そういうことを続けることで優秀な人材を引き寄せていきます。「あそこに行けばいい先輩がいる、いい技術がある、いい設備がある、会社環境もできるだけよくなるような投資をしている」という風評になる。その風評によってさらに優秀な人材が集まるマグネット作用になっていく。これが植村流経営哲学なんです。

――中島信也氏が一九九三年にカンヌでグランプリを獲ったことがエポックメイキングとなり、現在のクリエイティブカンパニーたる東北新社への礎石となったと思うんですが。

日本では、中島信也という才能を認めたいけれども認めないんですよね。カンヌでもグランプリを獲ったのに、日本ではグランプリをもらえなかった。中島信也が新しい技術で、新しい映像表現というものを提供した。それを世界中のプロが喝采したのに、日本では評価が低いんですよ。

まずわたしはＣＭプロダクションの出発点において、プロデューサー・システムというものを標榜したんです。これは、実はプランナーも演出家も社員でなかったことの苦し紛れなんです。ところがプロデューサーが優秀であれば、フリーランスの優秀なスタッフを、映画界からは優秀な監督を、撮影技師界から優秀なキャメラマンを連れてきて、優秀で独自性の高いチームを組成できた。そのときから、プロデューサーはよい作品を作るためには、いかにチームを組んでいくかというのが仕事となったんです。スタッフがいないからそうせざるを得なかったんですけれど、結果的には常に現場が新陳代謝を繰り返すことになり、このシステムは大成功となりました。おかげでわが社には、優秀なプロデューサーが現在五〇人くらいいます。

一方でわたしは演出家のスターシステムというのは絶対とりたくなかった。なぜなら、みんなその人に頼ってしまい、クリエイティブに対する努力をしなくなってしまうからです。だからプロデューサー・システムをとって、一本ごとのクリエイティブの組成と解体を繰り返すことをシステムにしていたわけです。ところが中島信也の持っているクリエイティブの能力は抜群だったので、彼だけはひとりでにスターになっちゃったんです。

ただし彼には優秀なクリエーターであるがゆえの功罪もあります。たしかに彼がいるから優秀なクリエーターが集まってくる。ところが彼の存在が大きすぎるがゆえに優秀なクリエーターが去っていくこともあるんです。それでも彼はやはりマグネットの力のほうが大きい。会社にとって組織にとってはプラスのほうが大きいんです。

たとえば彼は多摩美術大学の教授もやっていました。大学から要請があったときにぼくが役員会で決済をとって教授にしてもらったんです。武蔵野美術大学の講師もやっている。そのおかげで両大学で優秀な学生がわが社に入社する可能性が高いわけです。日大芸術学部出身の優秀なスタッフで河崎敏というキャメラマンがいたんですけれど、もともと四六年前の東北新社というのは、石を投げれば日大生に当たるといわれるくらい八〇%が日大芸術学部の生徒ばかりだった。ところがいまや日本全国から優秀な人材が集まってくる。やはり中島信也の存在は大きいんですよ。それに彼は経営センスが素晴らしい。いまはわが社の専務取締役です。

残った利益を会社とクリエーターで半分ずつ

——それでは北米メジャー作品のライツ（権利）についてうかがいます。基本的に製作者にすべての著作権が帰属するというのがコンテンツライツ（著作権）の常識だと一般的には認識されています。ところが、最近の北米メジャーも含めて、ライツが非常に分散してきている。原作出版物には当然権利があるし、監督や脚本家のみならず、俳優や美術にもと、どんどんと分散していく傾向にあるのですが、植村さんはそこをどのようにお考えでしょうか？

話は少し昔に飛びますが、いまから一〇五年くらい前のアメリカの場合、ユダヤ系資本は鉄鋼などの重工業といった基幹産業には入れなかったから、映画が始まるとそこに投資をしました。いまやハリウッドはじめ映像系はほぼユダヤ資本系。彼らは頭がいいから、仲間同士内で安全に配分の取り合いをやってきました。ところが同時にアメリカはライツのマーチャンダイジング（商品化）やキャラクタービジネスの整備も進んでいる国です。昔は映画をつくればすべての権利がプロデューサーにあったけれど、最近は確かに役者も監督もヒットメーカーになると配分の要求をするようになってくる。

わが社にはＣＭプランナーが四、五〇人いて半分以上が女性ですが、彼女たちがいろんなキャラクターをデザインしたものがＣＭに使われています。露出されるとそのキャラクターがなにかに採用されオモチャなどに商品化される。いままではスポンサーや代理店のものになってしまい、配分はありませんでした。しかし最近、このことに対してわれわれは代理店とよく話し合ったんです。構図としては、「（スポンサー＋代理店）×制作会社＋プランナー」。代理店も自分たちが配分に預かれるわけですから、互いに代理戦争みたいなものでしょ（笑）。

一つのいい例があります。ダイキンの「ぴちょんくん」（ＣＭ開始二〇〇〇年）をわれわれのプランナーがデザインしてＣＭを制作、露出したら、キャラクターとして大きく売れた。歌の作詞作曲も、描いた子もぜんぶ同じ当社の女性プランナーなんです。結構な収入になって、どうしましょうか？　となった。

当然期待しなかった、われわれの本業でないところから入ってくる営業外収入です。オリジナルのクリエーターにも当然権利がある。他社がどうしているかというと、すべて会社が売り上げたり、二、三％払ってお茶を濁しているだけ。それをわれわれは、「経費を収入から引き、残った利益を会社が半分、クリエーターが半分、と半分ずつにしましょう」ということをルールにしたんです。

その年末に収入が入り、クリエーターは大喜びしました。そうしたらその同じ時期に「青色発光ダイオード職務発明訴訟」（〇一年）が起きたんです。経営者がちゃんとした手当を提案してあげないからいけない。それを横目で見ながら「われわれのほうがよっぽど進歩しているよな」って話していたんです。

こうすれば他のクリエーターたちも、「自分もそうなりたい」と思ってクリエイティビティを磨いてがんばるようになると思います。映像コンテンツというのは、やはりだれかの独占的な資産にはなりにくいものなんですよ。ただし、権利交渉や処理、プロテクションなどを含めて、製作者が代表して運用するからこそ、コンテンツは最大の能力を発揮するし、最大の収益をあげるのだとも思います。そこは勘違いしないようにしないと。

――たとえば『機動戦士ガンダム』の制作会社、サンライズ〔かつて東北新社との合弁会社から独立し、現在の経営スタイルとなっている〕が、東北新社のアニメーション企画の制作受託からスタートしたということは有名な話ですが、「最初に『ゼロテスター』（七三年）という玩具商品ありきのアニメーション企画をスタートさせたのは植村伴次郎である」、あるいはその後の「原作もないのにオリジナルの巨大ロボットもの（『勇者ライディーン』七五年、テレビ朝日）を作ろうと言ったのは植村伴次郎」とも語られていて、これはそのまま現在のサンライズの経営・作品制作のコンセプトとなっています〔マーチャンダイジング用作品を多数持ち、〝オリジナルロボットアニメのサンライズ〟とも呼ばれている。マーチャンダイジングとはキャラクターデザインなどを活かして各種商品を開発・製造するライツ運用ビジネスのこと〕。

同時にこのことにより、ビジネスセンスとクリエイティビティの融合により作品を生み、それを資源としたマーチャンダイジングのマーケットを創出するという逆算型マーチャンダイジングシステムを作ったのは植村さんともいえます。これからの時代はこの話のようにそのどちらかが突出していくというよりは、クリエイティビティとマネタリー（財政）のセンスが非常に密着していく時代になると予測されます。クリエーター自身がある程度ソロバンをはじけるようになって、「こういう企画はこの程度のマーケット性が見込めるから、これくらいのコストで作ればこれくらい売れるはずだ」というマネタリーに根ざしたクリエイティビティを発揮する状況になるんじゃないかとわれわれは分析しているんですが、その点はどうお考えですか？

実はわたしは全然ちがうことを考えているんですよ。

わたしたちがあの作品群で成功した一方で、現在はバンダイが持っている「ガンダム」のシリーズがあります〔一九九四年以降、サンライズはバンダイの資本傘下に入っている〕。「ガンダム」を作ったのは実はわれわれのあの作品群と同じ企画チームなんです。オリジナルではないヒット作品としては、永井豪さん（マンガ家）のものを原作とした作品（『マジンガーZ』など）が先行してありましたけど、やっぱりあの優秀な企画チームがオリジナル作品を開発したということが大きい。あれほど稼いでいまも続いているキャラクター作品は、「ガンダム」と「ポケットモンスター」ぐらいじゃないですか。それは「ガンダム」という企画そのものがたいへん優秀だったということです。

それと同時に、最終的にはバンダイのマーケットを占有していく企業力、マーケティング力が大きかったはずなんですよ。いわゆる原作となる、オリジナルキャラクターである「ガンダム」を、あらゆる手をつくして、次から次へと商品化して拡大していったということが最大の勝因になったと思っています。つまり、結局は企業力ではないかと。よいものを抽出して絶えず商品化して、流通させていく、いわゆるプロデュース力です。

これまで、「ガンダム」のようなヒット作や過去のアニメーション作品の放送形態としては、夕方六時から八時までで、レギュラーのスポンサーがついている枠でいい作品が生まれてきました。いまは一週間に一〇〇本近い新作アニメーションがオンエアされているわけで、もう乱立不況です。そのほとんどが、テレビ媒体を作品自体の宣伝媒体と考えたうえで、放送権無料で、しかも媒体料まで払ってテレビ局に持ち込まれたものです。

そのうえ、この日本の悪弊を北米に持っていってしまい、一時は北米でも放送権がただになってしまった時期があったんですよ。そのころの北米では日本マンガがブームになっていて、マーケットではせっかく日本のコンテンツのバリューも上がってきていたんですが、もうそれでおしまい。でもそろそろ淘汰されてこれからは減っていくんじゃないですかね、アニメーションのテレビシリーズは。

映画はコストでしかない

——映画事業に関してはいかがでしょうか?

かつてわたしは『SHOGUN』(七九年)という日米合作映画を、パラマウント映画と三〇億もの金を使って作ったことがありました。あのころのわたしはパン・アジアコンテンツ構想というビジョンを持っていました。日本の映画のマーケット力がどんどんと落ちていっていたときだったので、韓国、中国、北朝鮮、台湾、香港、ベトナムなどアジアを一つのマーケットと考えれば大きなものとなる。それで第二、第三の『ＳＨＯＧＵＮ』のようなアジア多国籍の映画を作りたくて、韓国の友人たちと随分検証していたんですけれど、実現する前に歳とってエネルギーがなくなっちゃいましたね（笑）。ただこのときに構想したようにマーケットさえ大きければ映画という事業には可能性があった。

一方で、国内のみの映画配給や映画制作は、わが社にとっては自社スタッフのクリエイティビティへの効用としてしか計算できず、もはやわたしはこれで利益を大きく上げようとはまったく思っていません。反発を承知で言いますが、戦後六〇年の歴史のなかで、独立系の配給会社や独立プロというのが一体何百あったか。そこで生き残ったのが何社あったか？　ほとんど消えてしまったといえるでしょう。メジャー的存在として残っているのは東宝東和だけではないでしょうか。その東宝東和でさえ東宝の傘下に入って、最大の東宝シネマチェーンという優位的なメディアを持っているからこそ生き残れている。興行そのものが支えているわけだから決して倒れない。かつての名門のヘラルドも松竹富士もなくなったでしょう。それに制作プロダクションも含めれば、なくなったのは実に何百社ですよ。

どうしたら生き残れるかというと、ハリウッドのメジャースタジオと同じようなマネをしないで、もうニッチ（すき間）を狙うしかない。あとは、幸運にも「ガンダム」のようなものに出会うしかないと思っています。ですから東北新社の経営基盤の収益のなかには、映像部門というのはほとんど入っていません。映画とはあくまでコストであり、われわれ自身のクリエイティビティに対する効用という計算でしかない。

それだけです。

――いま、コンテンツビジネスを基幹産業にしている企業群は、会計上の諸問題を抱えています。たとえば版権償却です。この版権の減価償却にあえいでいる配給会社や制作会社は多数あり、本当に経営的にも行き詰まる原因となっているんですが、その償却問題に関してなにか植村さんなりのアイデアや提言はございませんか？

わたしの場合は、映画を作ります、公開します、一〇〇万円の映画でも五億円の映画でも一括ですべて償却します。それでまた利益が入ってきたら、これはもう幸運と思うことにしているんです。当然、五億の映画が一〇〇万円で終わるとは思っていませんけど、とにかく最初に一括ですべて償却。実はこれは決算上は損金計上になって節税となるわけですから、国税局はきらいますけどね（笑）。だから、みなさんが東北新社というのは映像の制作会社であり配給会社であるとおっしゃるし、ハリウッドの人たちもそう見てますけど、ちがうんです。たしかにやってはいますけど、それで大きな収益を上げているわけではないんですよ。さきほどいったように映画はクリエイティビティに対する効用、士気の高揚でしかないわけで、コストそのものなんです。

これだけはどうしようもない。覚悟するしかない。覚悟できないならやってはいけないんです。テレビシリーズだって同じです。一括の償却に耐えうる他のレギュラーな売り上げを作らなければ、このビジネスはやってはいけないということです。

東北新社がどのようにして利益を挙げているのかというと、たとえばＣＭ制作があります。そのほかにもソニーと共同開発した、Ｆ35というデジタルシネキャメラがあります。そういう新しい映像と新しい技術が、新しい仕事を生んでいくんです。そういう地道な開発を積み重ねて、新規部門ができていくものなんですよ。

汗を流して、生爪はがしてがんばらないと、果実は手に入らない

――次に、衛星放送協会会長（当時）も務められる衛星放送事業についておうかがいしたいのですが。

いまわたしがやっているＣＳ専門多チャンネル放送の話をすると、これは行政の悪口ばっかりになっちゃうんだけれども、ポイントはいくつかあります。

まず一つは、北米がいま総所帯の九〇％がケーブルとＤＴＨ〔Direct To Home、衛星テレビのように家庭へ直接情報配信を行うデータ・サービス〕で結ばれています。英国が五〇％弱、日本が二一％くらい。どうしてそんな差があるんだろうと原因を考えたときに、日本の関係者が、われわれの反面教師である北米マーケットの勉強をしていなさすぎるということがあります。北米では難視聴対策から始まったケーブルというネットワークが発展していった。それを一つのインフラとして、メディアとして使えるんじゃないのかと、一番はじめに考えたのがＨＢＯ〔Home Box Office、ネットワーク放送局〕を作った人たちです。アメリカ人は日本人の何倍も映画好きなんですよ。いまでも年間一四億人から一五億人の観客がいるんですから。そのころはまだホームビデオがないから、映画を観たければ、み

んな映画館へ行くしかなかった時代です。それでまずＨＢＯができて伸びたわけなんです。放送でも三大ネットワーク（ＡＢＣ、ＣＢＳ、ＮＢＣ）しか映画が観られなかったのに、ケーブルで観られるということになって、爆発的にケーブルが伸びた。しかもその次に起爆剤になったのがＣＮＮ。そして三番目に出てきたのがＭＴＶ。三大ネットワークがやっていないコンテンツを提供することによって爆発的に伸びていったんです。

わが国の番組供給業者もそれを考えてやらなければいけないのに、ケーブルテレビの発展とスカイパーフェクトテレビジョンというプラットフォームの成長を待っていれば、いずれは自分たちの収入が増えると口を開けているだけなんです。それではいけませんよ。自分たち自らが汗を流して、生爪をはがしてでもがんばらないと、果実は手に入らないんだということを理解しないと。

たまたま現在、わたしが衛星放送協会の会長なので、「ケーブルとスカパーが客の取り合いをして互いに敵だ味方だと言い合っている。そのとおりではあるけれど、そのままではいけない。その前に共同して一一〇〇万軒のパイをどうやって一五〇〇万、二〇〇〇万に増やすかってことを関係者で考えましょうよ」と二〇〇六年ごろから声を嗄らして言っているんです。

それともう一つは、衛星放送専門多チャンネルというものがなにを狙ってきたかというと、地上波はあまりにもターゲットをローエンド層に下げてきていた。下げていけば下げていくほど、ミドルからハイエンド層の人たちがテレビ離れを起こしていく。この人たちを客にしようとしてやったのが、われわれの多チャンネルだったわけです。しかし結局は、多チャンネルでも視聴率の過当競争になってくる。そうして地上波の二の舞いになりつつある状況なんです。

ぼくが地上波の関係者のかたがたに言っているのは、「放送が始まってから五五年になりますが、四〇年を過ぎてついにＢＳデジタル放送も始まった。ところが、地上波の歴史のなかでＢＳというものをどのように使っていくかという勉強も準備もなにもしていない。なんのコンセプトもないじゃないですか？」と。「ただただタレントに頼っている。ニュースはどのチャンネルも全部一緒で、バラエティにしてしまっている。それでいいのか？」って。

最近、韓流が大繁盛しました。あれも韓国で、映像文化に国が相当の力を入れてクオーター制〔自国の映画文化・映画産業の保護を目的に、自国の映画館に自国映画上映枠を課すこと〕や国費留学などを奨励して、産業にも従事者の育成に対しても大きくバックアップしたからでしょ。そういうことが日本でもなされなければいけない。業界もやらなければいけない。

――最後に、映像事業、映像産業を目指す学生や、これから参画をしようとする経営者・起業家に対して、先駆者たる植村さんのお言葉を頂戴できればと思うんですが。

それは、利益ばかりを追求するということじゃなくて、「いい映像を作ろう、美しい映像を作ろう、素晴らしいストーリーの映画を作ろう」という純粋な気持ちでぶつかること以外にはないと思います。そのためには常日ごろから自分を磨くことが必要不可欠だと思います。情熱と研鑽ですね。うちの社内機関誌は、パッション（Passion）、クリエイティビティ（Creativity）、テクノロジー（Technology）、アンド、スピード（Speed）で「ＰＣＴ'Ｓ」というんですけれども、それ以外にはなにもないんじゃないかと思っています。やっぱり人間は汗をかいて、知恵を絞って、努力してつかむものが本物なんです。

第二節　アニメプロダクション

内田健二（うちだ・けんじ）　サンライズ代表取締役会長

【二〇〇七年一〇月インタビュー】

――一口に〝プロデューサー〟といってもいろいろな業態や職域があります。内田さんがどのようにして業界に入り、現在のポジションに就かれたのかという業界での経歴をお聞きすれば、プロデューサーのさまざまな業務内容がわかると思います。最初に、そのあたりからお話しいただけますか？

大学で映像を専攻したのち、一九七八年にサンライズに入りました。制作というセクションで制作進行という仕事を二年半ほど、それからステップアップしていく形で、制作デスクを二年半、さらにプロデューサーへ進みました。アニメ・プロデューサーとなる通常のパターンだと思います。制作デスクとしての最初は『戦闘メカザブングル』（八二～三年）という富野（由悠季）監督〔アニメ監督。日本初の連続テレビアニメ『鉄腕アトム』（六三年）の制作に携わり、以来アニメ界を牽引している〕の作品で、そこから三作品の制作デスクを経験しました。そのあと『機動戦士Zガンダム』（八五～六年）で初めてプロデューサーを担当し、しばらく一連の「ガンダム」を担当しました。

プロデューサーのあと経営企画室や海外事業部、それに国内のライツ事業部の事業部長や、ゲーム事業の子会社サンライズインタラクティブの社長を経験し、いま（二〇〇七年九月）は専務として経営全般および新作の映像プロジェクト全体を担当しています。最初は演出になろうとして入社したんですが、すぐに考えを変えてプロデューサーを目指すようになりました。

――簡単に教えていただきたいのですが、制作進行とはどういう業態なのでしょうか？

制作セクションの役割からお話しします。アニメーションはさまざまな役目や職種のかたが集まって、集団で一つの作品を作っていきます。みなさんも想像されるクリエーターのかた、つまり、絵を描くアニ

内田健二さん。
1953年生まれ。茨城県出身。76年東京造形大学デザイン学部卒業、有限会社サンライズスタジオ（現・株式会社サンライズ）入社。『闘将ダイモス』（78年）では制作進行を務め、『最強ロボ・ダイオージャ』（81年）で制作デスクへ昇格、『機動戦士Zガンダム』がプロデューサーとしてのデビュー作である。その後のプロデュース作品に『機動戦士ガンダム逆襲のシャア』などの「ガンダム」シリーズのほか、「SDガンダム」シリーズや「エルドラン」シリーズなど、多くの作品を幅広く手がけている。専務取締役を経て、2008年サンライズ社長、14年会長就任

メーター・彩色・背景・撮影・編集、あるいは声優・音響スタッフが複雑な工程のなかでそれぞれの役目を行っています。その工程を最初から最後まで一貫して責任を持つ役目が二つあります。内容面での責任者が演出です。もう一つが制作です。それぞれの工程が滞らないよう管理推進し、スケジュールと予算面から責任を持つのが制作の仕事です。ですから制作自体は、クリエーターではありません。

これが劇場作品でしたら一直線に物事が進んでいくのですが、サンライズの場合はテレビシリーズが多くあります。一年間放送するテレビ作品は五〇エピソード前後となります。各エピソードがおおよそ週ごとに制作スタートし、各エピソードの工程が前後しながら並行して進んでいき完成していくわけです。各エピソードごとに制作担当者が付き、スケジュールや予算の責任を持ちます。その担当者を制作進行といいます。

テレビシリーズの場合はだいたい五、六人の制作進行が付きますが、たとえば六人ならば、第一話を持った人は次に第七話と、順繰りに担当することになります。クオリティ責任者の演出家と相談しつつ、ある工程が遅れたりトラブルが発生したら、その工程の人材の補充をしたり次の工程のスケジュールを組みなおしたりと善後策を講じながら、最終的には納期までに完成させる、といったことが実務になります。それらの制作進行を束ねている、雑誌編集室でいえば編集長みたいな感じが、制作デスクです。

——それでプロデューサーというのは、制作進行、デスクを経験したあとになるものなんですね。

それが一般的なキャリア・プランじゃないかと思います。制作進行は、いわば一エピソードという最少ユニットのプロデューサーですので、プロデューサーへのステップアップに適しています。それ以外にも企画を専門にやって、制作進行や制作デスクを経験せずにプロデューサーになるケースも例外的にありえます。

――サンライズの場合では、プロデューサーはどういう仕事内容になるわけですか？

プロジェクトの最高責任者がプロデューサーです。監督と共に作品の内容の責任者であるだけでなく、作品を完成させ目標の利益を実現するための最高責任者でもあります。

具体的には、第一に作品のスケジュールと予算の責任者です。制作進行や制作デスクを統率します。一年間放送のテレビシリーズであれば、約五〇エピソードを制作し放送局へ渡す、ということが大きな仕事になりますね。もう一つが、これは始まる前の段階ですけれども、その作品の企画を立てるということです。クリエーターではありませんから、クリエーターと一緒になって企画を考え開発します。企画開発の中心になるという仕事です。三つ目が、企画営業。できあがった企画をいろいろなところにプレゼンし、資金調達やテレビの放送枠を確保するというビジネス的な部分です。この三つがプロデューサーの権限と責任になります。

渇望感を満足させる以上だった『機動戦士ガンダム』

――それでは、内田さんが手がけられたもので最大ともいえる「ガンダム」シリーズについて、早速うかがいます。もはや世界遺産と呼んでも過言ではない大きな文化となった「ガンダム」です。何度もお話しされてきたかもしれませんが、改めてもう一度ヒットの要因を教えていただけませんか？

前提として触れておきますが、最初のガンダム作品である『機動戦士ガンダム』（テレビシリーズは、一九七九～八〇年。その後、『Ｚガンダム』（八五～八六年）『ガンダムＺＺ』（八六～八七年）を経て、現在まで続く）は担当しておりませんし、ある時期以降の「ガンダム」も直接的にはプロデュースしておりません。いくつかの「ガンダム」作品のプロデューサーであり、サンライズのプロジェクト統括者としてお話しいたします。

二五年以上の時間が経ってしまうと、当時の意気込みとか考えていたことというのは、正確に記憶しているわけではありません。それにすでにこれだけの結果が出ていることに対し、逆算して要因分析することが本質に迫れるかは疑問です。過去を振り返って、どうして「ガンダム」がヒットしたのかと質問したら、いまではわたしではなくともみな同じようなことを言うのじゃないのかな、と思います。

それでもあえて述べてみましょう。

われわれがたずさわっているアニメとは商業アニメです。文化と産業の二つの側面を持ち合わせています。作品としては文化ですが、小説や絵画以上に多くのスタッフが参加し資金を必要とします。利益回収がなされなければ次の作品が生まれにくい。アニメに限らず実写の映画やテレビドラマも同様ですね。さらにテレビアニメの場合はキャラクタービジネスとの親和性によって、潜在的に二次的商品価値も持ち合わせている。必然的に利益追求のベクトルが強く働き、産業的側面がより意識される傾向があります。

そのような商業アニメーションは、表現技術の進化や実写やコミックの影響といった内在的要素と、視聴者の嗜好やビジネスの仕組みの変化といった外的要因も含め、多くの力学作用を受けます。そういった文化的および産業的な多様な要因が十分蓄積されたときに、その存在を大きく変化させることがあります。ターニングポイントです。

七〇年代の終わりごろ、そういった新たな変革の要因が臨界点まで蓄積されていたのでしょう。そのときに『機動戦士ガンダム』（以降の表記を『1st. ガンダム』〈ファーストガンダム〉とする）という作品が放送されました。ターニングポイントにさしかかり、映像の文化と産業が新たな時代へ変革していくエネルギーが、その適切な充電先として『1st. ガンダム』を選び、とてつもないエネルギーがこの特別な作品に充電された、と分析して間違いではないと思います。逆のパースペクティブで見れば、『1st. ガンダム』が放送されたことで、新たな臨界点が明確化されスイッチが入り、アニメの大変革が起こったという見方もできます。同じことでしょう。

三〇年近くも昔のことなので、若いかたには想像しづらいかもしれません。わかりやすくいうと、子ども向けの勧善懲悪的アニメーション時代が長く続き、青少年の鑑賞に堪えるアニメーションが潜在的に求められていた時代でした。しかし、視聴者本人ですら無自覚に渇望しているだけの、そのような味わいを提供できるアニメ作品は、皆無でした。

そのような必然的な渇望感の高まりが臨界点に達した時代に、富野監督を中心として生み出された『1

st. ガンダム』は、巨大ロボットという存在に明確に戦争の重圧を象徴させ、リアリティのあるフィクション世界を構築し、深みのある人間ドラマを展開しました。

制作の業務の際に述べたようにアニメーションは小説や絵画とは異なり集団作業で行います。富野監督のみならず、大河原（邦男）さん〔「ガンダム」シリーズ以外では、『科学忍者隊ガッチャマン』『ヤッターマン』などのデザインが有名。「メカニックデザイナー」という職種を認知させた〕、安彦（良和）さん〔アニメーター、マンガ家。マンガ作品に『アリオン』『虹色のトロツキー』など。『王道の狗』が第四回文化庁メディア芸術祭マンガ部門優秀賞受賞〕といった才能のあるかたがたが参加することで、作品の価値が増幅されました。富野監督を核とするクリエーターの才能が噛み合ったということです。沢山の作品をプロデュースしてみて、やっといまごろわかるようになったことが二つあります。才能ある複数のメンバーが一つのプロジェクトに集い作品を生み出すことが、どれだけの至難か。しかし、そうやって生み出された作品が他作品を圧倒的に引き離していくだろうことの必然性。この二つです。

こうして人々の渇望を癒すことができる作品が用意されました。望みどおりの作品であれば、堪能され消費されただけでブームが収束し終わっていたかも知れません。『1st. ガンダム』はそうではありませんでした。時代の渇望感を満足させる以上の内容でした。

さらに重要なことは、作品としての『1st. ガンダム』のさまざまな視点・テーマ・映像表現・デザインなどが、過去のSFを超える〈新しい高み〉を提示したということです。『1st. ガンダム』がもたらした変革はアニメだけでなく、映像文化としてはコミック・小説・SF映画に基本的な変革をもたらし、文化人類学・未来考察・環境問題にまで影響を与えました。産業的にはホビー商品・キャラクター商品・ビデオグラム・音楽パッケージ・書籍などまで含め、こちらも広範囲で大きな変革でした。

つまり一作品のヒットという物差しで測れない巨大なマグマの噴出でした。文化的側面においても産業的側面においても、まさにエポックメイキングです。当時、『1st．ガンダム』と前後して熱狂的に受け入れられた作品はいくつかありました。しかし、時代のエネルギーを多量に充填され、アニメを超えて広範囲にわたって文化と産業の変革の歯車を動かしたのは『1st．ガンダム』でした。こういったことが『1st．ガンダム』を特別な存在にしている一番大きな要因だと思います。

もう一つの要因に触れます。わたしがプロデューサーであった『Zガンダム』は「ガンダム」の最初の続編となるわけです。わたしが担当する以前に、すでにサンライズのトップでこのプロジェクトはGOがかかっていました。しかしまだだれも「ガンダム」の継続性に対する確固としたプランニングなどありません。前例のないなかで富野監督が直感的に企画を進めました。

『機動戦士ガンダム・パート2』を作るなら、アムロとシャア〔アムロ・レイは『ファースト・ガンダム』の主人公。シャア・アズナブルと、宿命のライバルである〕でもう一回やってほしいという考えかたが多かったことは、みなさんも想像できると思います。ドラマよりモビルスーツの兵器論的な魅力を作品にしてほしいという要望もありました。ところが富野監督は、主人公の世代交代を図り、時代の変遷も取り入れた企画構築をしていったわけです。それまでのアニメやコミックではなかった考えかたです。結果として、第二作ですでに作品に永続性を持った仕組み＝機関が考え出され、組み込まれていったわけです。

われわれもそれに同意しプロジェクトに参加していたのですが、海図のない段階でそういう選択をし、はじめての海に船を漕ぎ出していったんですね。結果論で見れば、それも選択肢の一つとしてあるよねって思われるかもしれませんけれど、当時なかなかそのような選択はできません。

その仕込まれた内燃機関に、すでに「ガンダム」というブランドの名のもとに蓄積していた多量のエネルギーが注がれました。先ほども言ったように、ヒット作品という物差しでは測れないエネルギーです。そのことにより「ガンダム」は巨大な推進物となり、後にさまざまな車両を従え長い軌道の上を走ることになったと考えています。

その後さまざまな「ガンダム」プロジェクトが継続し現在に至っている、という点に関しても触れたいと思います。商業的側面を見れば、ガンプラ・ゲーム・ビデオグラムなどの二次的派生物が、かなり高いレベルで「ガンダム」を追体験できる商品であることが、継続させ進展させてきたことに大きく貢献していいます。「ガンダム」を見る側だった人間がプロとして参加するという発展のサイクルが、継続している間にできあがったということです。

もう一つ、「ガンダム」作品が一〇作品を超えて生まれるようになった背景には、「ガンダム」の魅力を感じ、自ら手がけたいという想いを持つクリエーターのかたがたに門戸を開いたことでしょう。それにより、作品の多様化と商品の進化が共鳴し、全体が継続展開していったということになります。

ただし、このように巨大な推進物として多くの車両を牽引しながら長い軌道を走ることになった「ガンダム」が、当初の『1st.ガンダム』と比較し、変容し変節していることは否定できません。文化的側面と産業的側面、両方からさまざまな意見があると思います。

「ガンダム」シリーズ化への布石

——なるほど、『Zガンダム』のありかたもすごく方向性がよかったということなんですね。それに置いた駒の場所もすごくよかったし。覚えている範囲でかまわないのですが、「ガンダム」の続編の話はどういうタイミングで出てきたのでしょうか?

そのような話が出てきたころ、わたしはまだ制作デスクで、制作面のみの担当として富野さんの『ザブングル』をやっていました。当初の企画やビジネス的なプランについてはそれほど詳しく把握していません。多分クリエイティブな側面からよりもビジネス的な側面から、続編が計画されたのではと、想像します。メインスポンサーであるバンダイのほうから、『1st. ガンダム』が終わってだいぶ経ってもプラモデルがまだ売れている、ユーザーが支持している、もう一回チャレンジしたいという強い要望があったんだと思います。つまり産業的側面から続編の話が出てきた、それを受けて「ユーザーが望んでいるなら」ということで検討が始まった、ということでしょう。

——アニメ誌上で一番最初に『Ζガンダム』の記事が出たときに、雑誌の思い描いていたパート2のイマジネーションと企画内容とが確かちがっていたと思うんですけれども、最初の記事が出たときのファンの反応っていかがでしたか?

放送前も開始後も、各アニメ誌の編集者ともちろん情報交換も数多くしました。われわれが送り出す「初めてのガンダムの続編」が視聴者からどう受け止められるのか、当然ドキドキしていました。しかし腹をくくって送り出しましたから、一喜一憂したわけではありません。いまとちがいブログがあるわけじゃないので（笑）、タイムラグもありました。ファンの反応というのは、そんなにリアルタイムで聞こえてくるものでもなかった記憶があります。少し後から賛否両論いっぱい届くようになりましたけれど。

その後はテレビ映画・OVA（オリジナル・ビデオ・アニメーション）で多くの「ガンダム」作品が作られるようになりました。ある程度の幅のなかで、今度はちょっとちがう「ガンダム」をトライしようという環境もできました。富野監督以外の監督による『機動武闘伝Gガンダム』などが生まれました。

いくつかの「ガンダム」作品のなかでも、特に新たな「ガンダム」のスタイルを生み出したのが『新機動戦記ガンダムW（ウイング）』ではないでしょうか。複数のガンダムに複数の少年が乗り込む、それが『機動戦士ガンダムSEED』やいまの『機動戦士ガンダムOO（ダブルオー）』へと継承されていると思います。『OO』は放映開始からまだ一週目です（インタビュー時の段階）ので、二週目三週目をみなさんに観ていただいてから、どういう評価をされるのかなと、わたしもまだあえてブログなどは見ずにいるところです。

ただいえることは、『機動戦士ガンダム』いわゆる『1st．ガンダム』というのは、富野監督を核として安彦さん、大河原さんが参加し、一方プロデューサー側はサンライズの創立者、創業者の人たちによって生み出された作品です。その後わたしとか、いまの社長である吉井（孝幸）とか、いまはサンライズを離れましたけれど植田（益朗）という三人で「ガンダム」をずっと作り続けてきたわけです。われわれは第一世代です。

われわれサンライズの第二世代の人間が『Z』以降『SEED』までを送り出しました。今回の『OO』は、今回が初プロデューサーという人間に託しました。監督を含めたスタッフィングもその新人プロデューサーに一任しました。そういった流れのなかで見ると、『OO』は第三世代の生み出す最初の「ガンダム」

です。見る側として、わたしも久しぶりにドキドキしているところですね。

今後の「ガンダム」の展開

――いま第三世代のお話が出ましたが、事業的には「ガンダム」がどういうふうに成長していくとお考えでしょうか？

大きな変革期にアニメーションが来ているという自覚があります。

三〇年近く前、わたしが新人プロデューサーとして「ガンダム」に携わっていたころも、アニメーションが大きく変わっていく変革の時期でした。

テレビアニメが始まってから七〇年代後半まで、子ども向けスポンサーあるいはナショナル・スポンサーが付いたアニメ番組を全国放送し、視聴率がよければ継続していく。さらにキャラクタービジネスが連動し、子どもアニメのスタイルが定着しました。そのように固定していたテレビアニメ界で、対象年齢を高くして作られたアニメーションが放送され、ビデオや音楽ＣＤビジネスが成り立っていく、その始まりから成熟までがわたしのプロデューサー時代です。先ほども述べたように「ガンダム」が変えていったのですが。アニメーション状況が大きく変わっているな……と実感しました。

つい最近まで、商業アニメーションは（多少のマイナーチェンジはあれど）あのときの延長線上でした。しかしいま大きく変わる時期が来ていると思います。

文化的側面からは、コアユーザー以外の普通に映像を楽しむユーザーがアニメも抵抗なく鑑賞するようになりました。そういったファンのかたの要求は、作品の内容や画面クオリティ的にも、いままでの延長線上とは異なります。『鉄コン筋クリート』（〇六年）や『蟲師』（〇五〜六年、第五回東京アニメアワード・テレビ部門優秀作品賞受賞）や、当社が制作している『プラネテス』（〇三〜四年）『FREEDOM』（日清食品のカップヌードルの広告として企画され、〇六年から〇八年まで行われたプロモーション・プロジェクトを「FREEDOM-PROJECT」と呼び、サンライズはアニメ制作を担当）はそういったファンのかたが支えてくれています。今後さらにアニメ誌に載らないような作品が増えてくると思います。

もう一つの産業的側面からも、いくつかの点で変化の必要性を感じます。一番大きいのは、デジタルハイビジョンで録画できちゃう時代に、パッケージビジネスというものがこのまま成長はしないだろうという点ですね。

このように今後の全体状況がどうなっていくのか不透明ななかで、テレビで放送され続けるのか、別の媒体に基盤を置くのか、商品は……、「ガンダム」がこれからどうなるのかというのは、あまりよくわからないんですよ。この事態はだいぶ前から想像していましたが、変わりかたを見ながら対応しようかと考えていました。だから、いまこうだと決めても、多分ちがうことになると思うんです。

――いま事業についておうかがいしましたので、逆に映像の中身については、第三世代に渡していくなかで、内田さんはどのように変わっていくと推測されていますか？

作品の中身に関しては、これはもう〈託しています〉としかいいようがありません。どういったプロデューサーがどんな監督たちと組むのか、どんな方向で作品を生み出すのか、われわれが選択したプロデューサーがどうプランニングしても、監督やクリエーターのみんなと共に企画開発や作品制作が動き出したら、作品は日々変容し変化していきます。ですから、彼らがどういうものを作るのかという予測はつきません。
またカテゴリー的視点で考えても、今後どうなっていくのか予測できません。スーパーヒーローというカテゴリーだけでも『スーパーマン』『スパイダーマン』『バットマン』など複数が活発に維持されるアメリカと異なり、日本では人型ロボットは「アトム」、巨大ヒーローは「ウルトラマン」、怪獣は「ゴジラ」というように、各カテゴリーで一ブランドが突出してきました。これからも日本では一つのカテゴリーでは一ブランドがずっと独占していくのかというと、過去の例がそうなだけで、そこになんの根拠もないですよね。今後はそれが変化しアメリカ型になっちゃうのかもしれません。そうなったらガンダム的ブランドが複数存在するのかもしれません。

たくさんの失敗を乗り越えて新たな基準を生み出した

――それでは、内田さんが現場を取りまとめされていたなかで、「ガンダム」で失敗談があれば教えていただきたいのですが。

先ほど述べたように、『1st.ガンダム』は作品を超えて文化と産業の根幹で過去に例のない変革をもたらしたアニメーションです。『Zガンダム』からしばらくの期間も、ビジネス面からも多くがはじめての試みです。やってみないとわからないという時代でした。ましてや新人プロデューサーです。富野監督と一緒にやらせていただいた『Zガンダム』『機動戦士ガンダム　逆襲のシャア』でもそうですし、「ガンダム」のOVAで作った『機動戦士ガンダム0080　ポケットの中の戦争』にしても、どうやって宣伝してどのくらいの予算をかけて、だれに伝えれば、五〇〇〇円もするビデオを買ってくれるのか、まったくわかりませんでした。思惑とちがったマイナスの結果が数多く出ましたから、ほとんどが失敗だったといえば失敗だったと思いますけどね（笑）。失敗というより暗中模索といった記憶です。

作品の中身に関しては富野監督にお任せして進めていましたが、クリエーターのスタッフィングはわたしでです。いまのようにメカデザイナーとかキャラクターデザイナーというかたが、アニメーションのなかに職業としてしっかり根ざしていたわけではありません。新しい世代のメカデザイナーやキャラクターデザイナーを探すということに関しては非常に苦労しました。

そのころ、映像作品やキャラクターやブランドに永続性を持たせることは日本に前例がありませんでした。世界的に見てもアメリカのみが前例でした。しかしアメリカの前例を意識的に情報として取り込んで分析し、それを生かそうといった計画性は考えもつきませんでした。そんな状況を経て「ガンダム」がいまも残っているということは、成功なのかな。本当は、言えないような失敗はあるんですけれどもね（笑）。

――通常の会計基準では償却に耐えられない赤字が出たかもしれないけれど、一〇年スパンの周期とかで見ると、それが必ず生きているという。

そうですね。商業アニメーションを生み出し続ける（プロダクション）ということは、多分そういうことです。特にあのころは過去の基準が通用しない時代でしたので、なるべくすべてトライし、むしろたくさん失敗し新たな基準を生み出せたことは大きかったですね。

子どもの自分を想像し、その子が楽しめるアニメを作る

――「ガンダム」の一方で内田さんは『絶対無敵ライジンオー』などの「エルドラン」シリーズ（一九九一年から九四年にわたって制作されたロボットアニメ作品の総称。光の戦士「エルドラン」が、すべてのシリーズに登場している）など、非常に良質で〝友情〟〝努力〟をテーマとした王道の作品も絶えず量産されています。これらのシリーズは現在でも人気が高く、長く愛され続けていて、依然として商品化も続いているハイスペック（高性能）なコンテンツです。これらロボットものに代表される内田さんの作品群において、内田さんが最も伝えていきたかったテーマはなんでしょうか？

〝友情〟〝努力〟など確固としたテーマを入れ込んで企画する、という感覚とは少しちがいます。プロジェクトに着手すると、心のなかに作品ターゲットに合わせた架空の自分がいつの間にか存在しています。その自分がすごく喜んでくれる作品を作ればいいな、その架空の自分に見せたい作品はこうだな、と思いつつ企画を開発します。わたしのいつものやりかたです。だから心のなかの架空の自分がどうしても楽しめない作品は作れないですね。「エルドラン」シリーズを作っているときは、子どもの自分がいて、絶対

この子が楽しんでくれるアニメにしよう、という思いで作りました。

――随分本数が減ってしまいましたが、今後ロボットアニメはどうなっていくと思われていますか？

子ども向け、もっと年齢の高いファンへ向け、両方それぞれ異なる未来があると思いますが、ロボットもの自体はなくならないと思います。

男の子には、飛行機とか電車や巨大ロボットなど、金属でできた巨大なものに対する憧れがあります。その魅力をアニメーションで表現する場合、飛行機や電車よりロボットのほうが非常に優れたモジュールですから。

子ども向けロボットアニメについては、「ウルトラマン」や戦隊ものや、あるいは「仮面ライダー」に伍して、世のなかに魅力として提供できるだけの作品がアニメーションからはしばらく生まれていません。理由として、実写や実写＋ＣＧの迫力や存在感の進化に比べて、アニメの表現手段がまだまだその可能性を十分に生かし切れていないからだろうと思います。ですがＣＧの取り込みかたも含め、優れた表現手段を培っていければ、大丈夫じゃないかなと考えています。

ロボットアニメが減っていることの理由としては、玩具メーカーが統合され、たくさんのメーカーが競合する関係じゃなくなってきちゃっていることも原因ですね。アニメのプロダクションがテレビロボットものをやろうとしても、スポンサーがいないとできないのです。ところが、日本にはそのようなことが可能なスポンサーはバンダイナムコホールディングスとタカラトミーしかないわけです。実写男児向けテレビ番組でいくつか強力な番組があってずっと続いちゃうと、アニメのロボットものをやろうということにはなりにくいですね。

作品としてはやれても、ビジネスとしての条件がそろわないということは、しばらく続くかもしれません。ただ『トランスフォーマー』（〇七年、米）の実写版みたいなものがどんどんヒットして続編も当たって、アメリカも含め世界的にロボットものに対する見方や子どもたちの評判が変わってくれば、また変化もありえるかもしれません。いずれにしても実写に負けない魅力的な作品を生み出さないといけませんが。

――わたしは特撮で実写出身なんですけど、わたしが二十代で現場にいたころは、みんな「ガンダム」世代で、「ガンダム」に追いつけ追い越せで一生懸命実写を工夫していた時代だったんです。いまのお話は大変興味深かったんですが、それがいまは逆転しちゃっているような。

そうですね。先ほど述べたように、表現として必ずしも実写やＣＧのほうが優れているとは思わないのです。むしろ新たな「ガンダム」の表現手段を検討するときは、必ずＣＧにはトライするんです。しかし結果としては、まだ手描きのアニメーターのかたのアクションシーンのほうがわれわれの想いが伝えられるなあとは思っています。ただ実写のほうが見た目の存在感自体がありますね。それを超えられるようにＣＧ技術とアニメーションが融合してくれれば、またちがってくるかなと思いますね。

それにアニメーションというのはわれわれにとって表現ツールの一つですが、ロボットものをアニメーションだけで表現していこうとは、これから先の第三世代の人たちは多分思わないんじゃないでしょうか。

樋口（真嗣）監督が『日本沈没』（〇六年）を作ったりしているように、子ども向けのロボットものでもいい作品が生み出せる感覚さえあれば、アニメにこだわることもないですよね。

対処できない問題はない

——次に現場の工程やお金の話をおうかがいします。アニメーションは、実写と比較すると三倍程度の人員が参加して作られます。その制作工程はかなり複雑でデリケートで、かつ低賃金なものです。しかしながら投下資本単体ではネガコストを充当できず、製作者はマーチャンダイジングなどの二次利用収益により、原価を補填しているのが実情です。つまり収益が補填扱いになっているという、ビジネスとしては本末転倒した状況に陥っています。

おそらく事業的にコストのバッファ（余裕）を持っているのは地上波テレビ局くらいだと思うのですが、むしろ地上波から支払われるべき放映権料は安くなる一方で、さらには深夜の波料（電波料）は製作者側が支払うという、製作者側のなんともツラい状況が続いています。産業構造としてアニメーション業界を捉え直したとき、今後の原価回収のポートフォリオはどのように変化していくのでしょうか？

パッケージビジネスを主体としたアニメビジネスが一番最後に形成されたわけですが、一番最初に先が見えない状況になりました。脆弱な仕組みでした。今後の変化は予測がつかないというのが正直なところです。

制作環境については、アジア全域でアニメーションを作れるシステムになっているわけですから、大局的な視野で見た制作力に関しては今後も毎週一〇〇話くらいテレビシリーズを作ることは可能なんだと思います。

ただし収益がパッケージ主体のアニメプロジェクトに関しては、収支的に及第点のものは多くないはずです。それでもここまで継続しているわけですから、減少しつつある程度のプロジェクト数は保って、今後も続いていくんだろうなとは思います。そうならば、たくさんの人が参加して作らざるをえない制作システムを大きく変えない限り、賃金の問題とかはなかなか変わらないんじゃないでしょうか。

アニメ界の労働と賃金の問題が、どうしても組織と個人の対立として捉えられがちですが、ご指摘のように、作品数が多すぎる、参加スタッフが多すぎる、再配分が難しいと課題が多すぎます。こうした課題は、どのポジションがどのポジションに要求したら改善されるといった性格ではないから難しいですね。制作の仕組みやビジネスの仕組みのレベルでの根本的なシフトが、劇的な改善策となる可能性はあります。

サンライズの最近作『ＦＲＥＥＤＯＭ』は、普通のかたが見ると２Ｄのアニメーションに見えるけど鉛筆を全然使ってない、実は２Ｄのように表現した３ＤＣＧ〔三次元コンピュータグラフィックス〕という作りかたです。少人数でアニメーションを作るというトライでもあります。われわれがいまやっていることが、週単位のテレビ番組に対応できるかというと、そこはまだ見えていません。しかし、こういった制作の仕組みの根本的なシフトから、答えの一つが見えてくるのかもしれません。

ただし、ビジネスレベルでのシフトの可能性は更に不透明です。ですから、しばらくはこの状態が続いていくんだろうなとは思います。視聴率や作品イメージに価値を求めるナショナル・スポンサー主体の仕組みは、変革もなく四〇年続いているわけで、仕組みとしては強固です。継続するんじゃないでしょうか。しかし少子化・ゲームなど他の娯楽などが要因で、こういった仕組みで放送されるアニメ作品の数自体はかなり少なくなりました。一方多チャンネル化やネット放送などの拡大がありますので、作品数は多少減ったあたりで安定するのではないでしょうか。

パッケージビジネスについては先が見えないと申しあげましたが、現在、年に数百タイトルのＤＶＤが発売されていて、その結果が二極化する傾向にあるので、二、三年かけてタイトル数が縮小するんじゃないでしょうか。それは衰退ということではなく、適正化だと思います。

ファンも比較的年齢の高いかたは、デジタル放送などＡＶ環境の進化のなか、クオリティ要求が加速している状況です。そこで作品のデジタル化と作品数の適量化が進めば、ＰＰＶ方式〔ペイ・パー・ヴュー。有料番組を放送するとき、番組単位で課金すること〕で作品を流すとか、小スクリーン数で劇場公開していくとか、そういう新しいトライも可能になると思います。

わたしのように商業アニメーション第二期の経験者としては、アニメの変革期に入りつつあるということは自覚しているのですが、前例がないので試行錯誤するしかないと思っています。八〇年代前後の変革のときもそうでした。過去の経験に基づいての予測や判断は、むしろ足を引っ張るだけですからね。

しかし、いままでに経験していない新たな課題だという認識さえあれば、対処できない問題はないと思います。怖いのは新たな課題だと気付かないことで、新しいことにいままで同様の対応で済ませてしまうことですよ。保守化してしまうのは人間や組織の宿命みたいなものですが、新たに起きた問題に、旧来の答えを用意しても無意味ですよね。

――デジタル放送のお話が出ましたが、現在、アニメ放映のメインのプラットフォームが夕方の時間帯だとか土日の朝だとかというのがそのまま残っているものの、地上波ゴールデンから深夜へ、地上波からBS・CSへ、ビデオグラムからブロードバンドへ、流通も変質すれば、手書きからデジタルへとコンテンツ制作自体のツールも変質しています。また観客のアニメーションの受け止めかたもキッズ対象だったものがティーン以上向けどころか、三十代以上向けの小売を想定するものも作られるなど、一〇年単位で変わっている気がします。

今後、マーケット全体を考えた場合、日本のアニメーションはどのような進化を遂げると予測されますか？　また内田さんとしては、どういうふうに変わっていってほしいと考えていらっしゃいますか？

これも予測不可能なので、お答えしにくいですね。ただし、アニメに限らずですが番組を大型テレビのハイビジョン画質で見るようになります。そこで求められる作品というものが出てくると思うんですね。他社さんの作品ですがアニメ『蟲師』は、通常の娯楽的刺激要素というのが大きな割合で入っているわけじゃないですよね、アクションでもないし。でも、ハイビジョンであいうアニメを四〇、五〇歳になっても映像ファンとして楽しんでくれる人が、今後どんどん増えてくると思います。現在の二十代、三十代の人が歳をとって、若いときに観ていたようなものではないような作品に、きちんとお金を投下してくれる、お金という人気投票の用紙をそういった作品に投票する人たちが増えてくるんじゃないでしょうか。そのころはパッケージで買うのか、なにで買うのかわかりませんけれどもね。

サンライズでいえば、講談社の『プラネテス』（幸村誠）というコミックのアニメ化をやったときなんかは、講談社から「こんな地味なの、アニメにして大丈夫なの？　ロボット出していいよ」くらいにいわれたんです（笑）。「いや、この原作がすごく気に入って、やってみたいんだ」ってことでやってみたんですけど、NHKの最初の放送もBSですから認知度も地上波ほどは広がらない。ところがセールス的にはわれわれの予測をかなり超えたところで動きましたので、こういったものを求めている人がいるんだなと、少しずつ感じていますね。

さらにもっと殻を破っていくことに、チャレンジしたいですね。たとえばクラシック・オペラを実際の歌い手で上演するのではなく、日本のアニメの技法で映像作品化し、オペラ劇場で上映するとか、やってみたいと思っています。歌舞伎は、古典芸能として当時の形をほとんど変えずにやっていますけれど、オペラは楽譜の部分はまったく変えずに、演出自体をどんどん変えていますよね。われわれの参入もありかなと。日本だけでなく世界中の人の鑑賞に堪えられるような、アニメーションなのかある種のパフォーマンスなのかわかりませんけれど、そういう新しい映像も含めたいろんなアプローチというのはありえるんじゃないかと考えています。

難易度の低いプロジェクトなんてない

――海外のお話が出たところで、ジャパニメーションというか海外事業のことも続けておうかがいします。サンライズは、たとえば『G－SAVIOUR』（〇〇年）や『THE　ビッグオー』（九九～〇〇年）そして『カウボーイビバップ』（九八年、星雲賞メディア部門受賞）など、北米での制作や共同制作に実際に乗り出していらっしゃいます。また最近では、ソニー・ピクチャーズ製作総指揮の下、『アストロボーイ・鉄腕アトム』（〇三～四年）のテレビシリーズに北米の脚本家が参加した例がありましたが、実際のところ協業の難易度は相当高いのではと思われます。実例からうまくいったケースと失敗したケース、さらには今後の海外進出への戦略をお聞かせください。

まず、なんの理由もなく海外に進出することは、ありえません。

『G－SAVIOUR』の場合は、モビルスーツ的な概念を世界に向けて映像化するとなると、どうやって世のなかに作品をアピールできるのかなと考えたからです。そのときに、ジャパニメーション的な頭＝日本人だけで企画していたら難しいだろうということで、アメリカのCGプロダクションにこちらが発注するというスタイルで、企画制作を一緒に行ったという経緯になります。『THE　ビッグオー』の場合は、日本のファン以上にアメリカのファンが『ビッグオー』の続編を望んでいたということもあって、カートゥーン・ネットワーク（アメリカのCS系放送局）のプロデューサーから「一緒にやらないか、アメリカで放送したいんだ」という話があって、セカンド・シーズンを作り始めたということがあります。

日本だけではビジネスが行き詰ってしまうからむやみやたらに海外に出ていくということではなく、それぞれ必然がありました。今後も多分そうであろうと思います。たとえば、先ほど挙げたようにオペラをアニメ化したいとなれば、そもそもクラシックにしてもドイツオペラなのかイタリアオペラなのか、必然的に日本のなかだけで作るわけにいかないだろうなとなるわけです。

過去のいろいろな海外トライのなかで失敗はそれほどないんですけれども、やってみて思った以上にハードルが高いなというのは、ビジネス面というよりはクリエイティブな面です。日本のなかだったら一つの言い回しとか言葉のなかにこめられている部分がかなり正確に相手に伝わって、コミュニケーションのキャッチボールがすぐできるのですが、海外のかただと価値観やセンス・道徳など共有できない部分がかなりありますので、共通の物差しを持ちづらいです。どの作品においてもクリエイティブな面のほうが大変でしたね。それはこれからも必ず付いて回ることだと思います。

——ソニー・ピクチャーズの作った『鉄腕アトム』の話で、「ロボットの心が」って日本のスタッフがいったら、「ロボットに心があるわけないじゃん」って脚本家にいわれちゃったとか(笑)。われわれですと、『ガンダム』の最終回の最後のあのシーンとか、『北斗の拳』のあのシーンという共通言語が成り立つんですけれど、向こうの脚本家はそれを持っていないですしね。

まったく一緒になっちゃったら、共同でやる意味がないので、それなら国内だけで作って海外に発信していけばいいということになります。その埋まらない溝を埋めようとするからこそ、一緒にやる意味があるのかなとは思いますね。

なんのために企画段階から海外をパートナーとするのかといえば、企画開発からクリエイティブも含めて話し合い、世界のたくさんの人に見てもらうような仕組みを作っておくためです。ただし、あくまでも当社のクリエイティブ・パワーを認めていただき、当社が作品創作の中心を担うことが重要なことだと考えています。サンライズは下請けという役割はしませんので、制作技術だけに興味を持たれても困るわけです。

そういうなかで、利益計画上目標に届かなかったプロジェクトはありますが、元から長い目で回収を考えているケースもあります。サンライズ原作の実写化で文化的価値観と事業的価値観の相違から実現しなかったプロジェクトも多くあります。国内プロジェクトや海外プロジェクトであれ難易度は常に高いわけで、難易度が低いプロジェクトなんてありません。

どんな作品も将来的にはパブリック・ドメインになるべき

――最近、アニメーションにかかわらず、北米メジャーの劇場作品などでは、原作者や監督・脚本家だけでなく、デザイナーや企画プロデューサー、俳優に対してもインセンティヴ（報奨金）設定がなされるケースが増えています。アニメーションはキャラクター・デザインやメカ・デザイン、作画監督や美術などそれぞれの個性とクリエイティビティの集積体ともいえるコンテンツです。この原権利の分散ともいえる状況をアニメーションの作り手として内田さんはどのように受け止めていらっしゃいますか？

だれもが納得できる解決法のない、かなり難しい問題ですね。まず話を整理すると、原権利の分散とクリエーターへの二次配分によるインセンティブは異なる問題です。

多くの場合、原権利の分散とは、テレビ局、代理店、ビデオディストリビューター（配給者）などとの製作委員会を組むことで、著作権や権利窓口が分散し、複雑化することを指します。

一方で、アニメーションや映像を作るためには、監督職のかただけでも撮影監督、音響監督、全体的に統括する総監督などがいて、デザイナーもいるという、こちらも複雑な役割分担があります。

ビジネス面の役割の人とクリエイティブの役割の人と複雑に重なっているものに対して、単純なモラルの面から、著作権とか、運用権とかについてこれが正しいというのは多分ないと思うんです。

それぞれの立場で権利を主張するわけですが、どう折り合いをつけるかはパワーバランスになってしまいます。サンライズは、オリジナル企画開発と映像制作の両機能を持ったアニメ・プロダクションなので、いわばコミックやライトノベルの編集部と原作をアニメ化するアニメ・プロダクションを兼ね備えた性格を持っています。その二つの価値を主張し、評価してもらうため、ヒットさせたこれまでの実績を積み重ねて交渉し、なんとか適正な条件を獲得しようとしてきました。難易度は高いですが、着地させるのがプロデューサーの責務です。

そうして得た利益をクリエーターのみなさんとどう分け合うかもまた、個々のクリエーターの役割やプロジェクトでさまざまになります。作品に対して、だれがどういう関与をしたかを明確にし、関与の度合いで適正な再配分をしていくのが理想なのですが、それも難しいですよね。

ちょっと茫洋とした話になっちゃいますけれど、われわれが作ったものはいろんな諸先輩の作品や小さいころ読んだりしたものにインスパイアされたりしています。ビジネスの仕方にしても先輩たちがやってきたビジネスのやりかたを踏襲しているわけです。ということは、ある作品が成功したといっても、ゼロから自分たちが作ったわけではないですから、文化としてはいつかその作品もパブリックドメイン（公共の所有物）になっていくべきものだと思うんですね。著作権自体を法律として定める前は、日本だって江戸時代の作家にしっかり印税が入っていたかどうか。あるいはシェークスピアの子孫に現在印税は払われていないですし。

どんな作品も、昔からあったいろんな創作物を養分とし土台としたうえで、才能のある人がこれまでの地層の上に次の地層を重ねたのでしょう。だから、文化としてはみんなに返してあげてねと思いますね。作品とは、そういう性質のものですから、物差しで測ったような正しい配分の方法はありません。

著作権の存続期間も、せいぜい死後五〇年とか作品ができて三〇年とかじゃないんですかね。ビジネスの権利として財産化し、その期間がどんどん延ばされていることは危惧しますね。

しかしビジネスとしては、回収できなければものづくりができませんし、人気投票としてのお金が返ってこないとやる気が出ないという側面もあります。適正な権利所有と利益配分があったほうが絶対いいわけですけれども、現在の状況にどういうルールを敷くかというと、いまのままでは袋小路に入りそうですね。

じゃあ適切なルールはあるのかといったら、特にいまデジタルでのいろんな利用ができるようになってきて、ファイル交換などを含めていろんなことができるようになっている。さらにこれからハイビジョンクオリティの映像でも自由にネットで見れちゃう時代が来るわけですから、個々の利用時点での課金は不可能だと思います。著作権使用料も税金的徴収など新たな方法にしていかないと、多分無理だと思いますよ。

パッケージビジネスのアニメは、ユーザー側は自分の好きなジャンルはいっぱい買っちゃったからよっぽどのものでないともう買わないだろうという、成熟時代に来ています。そうすると、先ほども触れましたが、美少女ものにせよ、アクションものにせよいっぱいあるけど、売れないものは数千本しか売れなくて、これは買いだなというものは全ユーザーが同様に評価し、五万、一〇万売れるという両極端の時代になってきています。監督さんの才能であるとか、絵描きさんのデザインのセンスとかで売れ行きが大きく左右されることから、売れているクリエーターのデータ化を始めるかもしれません。そうなるといまの均等な権利配分計算式とかいうのは相当崩れて、優秀な監督さんにはものすごいギャランティが付いてくるあるいは配分が行くという、ハリウッド的方式になっていくと思うんですよ。

サンライズの場合、監督やデザイナー、プロデューサーのかたには、プロジェクトが利益的に成功した場合に、二年間に限って成功報酬的なものをお支払いしています。作品をテレビで放送した後、パッケージを発売し、本も売っていろんなキャラクタービジネスもしていく期間はだいたい二年間くらいですから。大きく成功したプロジェクトであれば、相当のお金が配分されます。

サンライズの作りかたの基本

――それは素晴らしいシステムですね。それでは、開発の具体的な部分をお聞かせいただきたいのですが、

通常、テレビ番組や国内のメジャー映画会社から配給される劇場用作品などは、完全に市場を分析したニーズ逆算によるプログラム・ピクチャー（商業性を重視した企画に基づく、パターンがある程度決まっている映画）です。サンライズは、

そのマーケティングや市場分析に関してはどのようになさっているのか、またキャラクターや企画の開発はどのような工程で行われているのか教えていただけますか？

結論からいうと、存在してないですね。

これはプロデューサー・システムというサンライズ独自のやりかたに起因しているところが大きいのですけれど、会社全体としてはマーケティング・データを取ったり、あるいはわたしのほうからプロデューサーにこっちのほうが売れ筋だからこうやったほうがいいんじゃないかと指示したりということは、ほとんどやっていません。

わたし個人でいえば、自社作品だけでなく他社作品も映画配給会社の市場分析などのデータも参考にしますし、実際に映画館で観て、直接お客さんの反応もチェックします。テレビ作品は同傾向作品を見るのはもちろん、イベントなどで直接反応を見ます。その後ブログなどで、再度情報を取り込み、総合的に検討しますね。そのようなリサーチはまめにやっています。しかし、それはわたしの手法であり、そこに止めています。それらのデータをもとに社内の他のプロデューサーへ指示したりはしません。

サンライズの作りかたの基本は、作品の責任を持つプロデューサーやクリエーターがあくまで自分たちの作りたいものを熟成させていくやりかたで、ニーズや売れ筋、あるいは会社の上部からの指示で企画を逆算していくようなやりかたではありません。映像ファン向けであれ玩具連動企画であれ、テレビ局や代理店、あるいはおもちゃメーカーやビデオディストリビューターなどのご意見や提案は聞かせてもらいますが、このプロデューサー・システムという軸はぶれないようにしています。

もう一つ、クリエーターのパーティの組みかたが大きな要素になります。監督・デザイナー・脚本家などのスタッフの組成次第で、同様のジャンルでも作品のパワーが大きくちがってしまいます。リサーチやデータから企画を作り上げるのではなく、だれとだれに組んでもらうかとか、どういったカラーで行きたいのかをかなりの精度でイメージし、最適のかたがたに参加してもらうことがプロデューサーの大切な力量であると理解していることが、重要になります。

ただし、いまのサンライズのプロデューサー・システムというのは、プロデューサーが一人で企画、営業、制作をやる権限を持つわけなので、プロデュースした作品で結果が出なければまずい立場になっちゃいます。結果に責任を持つわけですから、スティディに傾向と対策でやるタイプのプロデューサーもあれば、リスク覚悟でゼロからいままでにないものを作ってやるんだというプロデューサーもいれば、あるいは一人のプロデューサーのなかでも今回は傾向と対策で行って次はちょっと冒険しようかなとか、またケースによっては、いまだれがどういう班にいてニーズがこうだからということがあるかもしれないですけれど、とさまざまなタイプのプロデューサーがいていいと思います。しかし会社全体としてはそういうことを強く求めているわけではないです。

——個人の皮膚感覚でマーケティングしなさいというレベルですね。

そうですね。あと、会社の社風が「尖鋭的で独創的」なので、傾向と対策でやっていくことはあまりよしとしていないですね。だから美少女ものがいくら売れていても、サンライズとしてはまず作らないというところはあります。

――八〇年代はオリジナルしかやらなかったサンライズが、『ミスター味っ子』（八七～九年）で原作ものをやり始め、プラットフォームを一つ増やしたというのはなにか理由があるんですか？

あのときは急に『味っ子』のプロデューサーがサンライズを辞めることになって、「内田君、ちょっと悪いけれど、制作責任だけ持ってね」っていわれて、『味っ子』の最後をやっただけなので、発端のところはわかりません。ただ、オリジナルを企画して営業して制作してというのは、ものすごく大変なんですね。先ほども申しあげましたが、「ガンダム」があるから多くの冒険ができるわけですが、冒険するネタとしてのオリジナルというのはそんなにたくさんは生まれないんですよ。三〇くらい企画しても、われわれがある段階からボツにしたり、外部へプレゼンしていっても説得できなかったりとかで、結果的に三作品ほどしか打席に立てません。

ところが「ガンダム」があって安定しているから、プロデューサーの数が増えていきます。一年一年で目覚しく増えていくわけじゃないけど、一〇年スパンで見るとどうしても増えていきます。それに、深夜アニメも含めて打席に立てる枠がすごく増えているなかで、ほんとうに心血注いでゼロからオリジナルを作っても、世のなかに出せるのが三つしかないとなると、それだけでは会社の優秀なプロデューサー全員がオリジナル企画でやっていけるほど、いいオリジナルを世のなかに出せるわけがないから、あくまでもオリジナルをメインとして、原作ものも手がけることになるわけです。

狭くディープなファンのかたに「尖鋭的で独創的」なサンライズとして認知されるだけでなく、一般的認知のされかたも必要であると考えます。コミック原作のアニメ化は、一般視聴者へのフラッグシップ的作品として、ある程度の数はトライしようと思っています。『味っ子』から始まって『シティハンター』(八九年)『犬夜叉』(〇一年)と、世のなかに出せばちゃんと成績が残せるものを厳選して作っていく。これからもその方向もやっていこうと思っています。

それに、どの作品も原作をそのままやるというのではなくて、『ケロロ軍曹』(〇六年)や『プラネテス』もそうなんですけれども、サンライズのなかでオリジナルを作るのと同じくらいじっくり検証し企画し育てながら作っています。原作者のかたには、里子に出してもらうけれど、びっくりしちゃうくらいちがう子どもになっちゃうかもしれませんよとお話しして、理解を求めて進めるのがサンライズのやりかたですね。

独立心を促すための社内カンパニー制度

——それでは組織論についてもうかがいますが、サンライズはいくつものスタジオをグループ内で持たれており、さまざまなタイプの作品を量産されています。外部から見るとまるで無敵艦隊アルマダのようですが、この、会社内で競合の可能性もある複数ライン確保の意味やデメリット、また内田さんの考えている理想の制作工程も含めて、アニメーションの組織論を語っていただけますか?

いま現在は事業部制にしているのですが、一定期間を過ぎると事業部制じゃなくしたりと、サンライズはそういう意味での組織というのはよく変えます。ずーっと変えていないのは、従業員は制作スタッフのみ、クリエーターはプロジェクトごとに組成するということが一つ、もう一つはそれに直結しているんですけれど、プロデューサー・システム。この二つは変わってないですね。

プロデューサー・システムというのはわかりづらいかもしれません。簡単に説明すると、一人のプロデューサーがスタジオという一国一城の主になって、企画から営業から制作までを全部責任を持つというやりかたです。たとえばテレビシリーズ二クールプロジェクトであれば、制作費だけでだいたい五億円前後のお金が動くわけです。それを決めてきたプロデューサーにぽんと預けて、そのお金でどこかにマンションかなにか借りてスタジオにして、そこにサンライズの従業員であるデスクや進行を集め、なおかつ監督からクリエーターを全部自分で説得して参加してもらって、それでものを作っていく。トラブルもすべてスタジオで解決しなければならない仕組みです。それが現在一二スタジオ、つまり一二人のプロデューサーで一二のプロジェクトが同時並行的に実際に動いているという形です。

アニメの世界では、ジブリのように、クリエーターの人も従業員で、宮崎（駿）さんを中心として宮崎さんが作るものにみんなが参加して作るというクリエーターが中心のスタジオがあります。または東映アニメのように、企画する部署と営業する部署と制作する部署が分かれていて、制作の部署は企画や営業で決まったものを受け取り、それからものを作るというシステムもあります。サンライズの場合はそのどちらでもなくて、一貫してプロデューサーに全部任せているというシステムですね。

ですから、本社ビルにはスタジオが一つもないんです。いまの一二のスタジオというのは、本社の付近だったりそれ以外のところに分散していて、ほとんどお任せ状態です。プロデューサーからはメールが来るくらいで、ほとんど顔も合わせませんから（笑）。その代わり、作品の収支も彼らが全部責任を持って、終わったときには役員の前で収支の報告と、今後の見通しの話をするという形です。企画が弱いとか営業面が弱いプロデューサーに対して企画営業部員がフォローに入る、という形を取るときもありますけれど、責任自体はプロデューサーに任せています。

われわれなりに、三〇年くらいこういうシステムでずっと来ています。プロデューサーは全員年俸契約ですから、役員が一年に一回契約更改をして、次の年俸はこうだよ、そこにサインをしなさいと、プロ野球じゃないけど同じことをやっています。わたしがプロデューサーだったときは、なんでこんなに年俸が少ないんだよって交渉したこともありましたけど（笑）。

どうしてこういう社内カンパニー的な制度を採っているかというと、独立心を促し、情熱を維持していくためです。

一人のプロデューサーやクリエーターを中心にプロダクションが立ち上がっても、その創業者の情熱やノウハウが縮小するにしたがって使命が終わっちゃうので、一般的にプロダクションは二〇年前後の寿命になってしまいます。それを回避するために、組織化や工場化を進めちゃうと、ノウハウは永続性を持っても、情熱は継続しなくなってしまいます。

そのどちらも回避して、情熱は縮小させずかといって工場化せず、というのがサンライズのプロデューサー・システムです。ノウハウの多くはサンライズ本体から吸収しながら、各自が情熱を持ってスタジオを立ちあげれば、プロデューサーが次々と生まれます。社内とはいえ、プロジェクトに関しては権限と責任がある社長のようなポジションにプロデューサーが就くわけです。そうしたプロダクションの多層的堆積組織がサンライズの特徴だと考えています。

サンライズとしては、こうしたプロデューサー・システムを活かして常に機動性と流動性を維持することによって、保守化せず「先鋭的で独創的」な作品を生み出すことで、さらなる進化を目指す力につながることを目標にしています。

すべての作品がすぐに全部回収できる作品ばかりだったら、可能性の幅が狭まり、逆に先がなくなってしまいます。ビジネスとしては、短期的には三割以下しか回収できないことが多いです。では残りの七割は失敗だったのかというと、まず作品が財産になったし、貴重な反省材料も残ったし、たくさんの人が育ち、多くの人脈ができたと考えれば、こちらが得たものはかなり大きいわけです。組織として硬直化してしまうと、こうした考えを持ちづらいのではないでしょうか。

プロデューサー同士でライバルには社内のスタッフを貸さないとか、わたしのプロデューサー時代もありましたし、いまもあると思いますけど、人材や機能が保守的にならなければよしとしているわけです。

出入りの自由なサンライズ国

――続けて、人材育成についておうかがいします。サンライズは富野監督や高橋（良輔）監督など、何人もの看板監督を擁しつつ、一方、佐藤順一監督のように他社育ちであっても貪欲にスタッフィングして作品をヒットさせる文化もお持ちです。現在のサンライズの人材育成に関する考えかたを教えてください。そのなかには他社とのアライアンス（提携）を含むものがありますか？

サンライズを、作品＝野菜や果物を生み出す農業国とすれば、制作という公務員がオペレーション（実務の遂行）していることになります。しかし本当の国民は農産物を育ててくれるクリエーターのかたがたになります。富野監督や高橋監督、佐藤順一監督などさまざまなクリエーターが自由に出入国しながら、居心地がよければずっと住んでくれるし、それを公務員が縛ろうと考えているわけではありません。また、いろんな国民の出入りを歓迎しているわけです。かなり自由な出入国制度です。

国力＝人材育成という面では、公務員＝制作系の人材育成が一つです。それにもう一つが、国民にあたるクリエイティブなかたがたに力を発揮してもらうことです。それぞれが全然ちがう性質です。

制作系の人材育成については、将来のデスクやプロデューサーやあるいは社長がそのなかにいるわけですから、そういった人材を手塩にかけてシステマティックに育てているという形ですね。他の会社はどうされているのかはわからないのですけれども、プロデューサータイプの人間であれば、プロデューサーになる前から収支計算やテレビ局との交渉とかを覚えてもらい、早めにプロデューサー的に動いてもらうことも含めて、次のステップに進むときに困らないノウハウや情報を自由に見ることができたり、わからなければ先輩に聞けば教えてくれるようなシステムと雰囲気にしています。

プロデューサーになってからの教育については、リーダーシップや企画力や感性というものは教えることができませんが、プロジェクトを計画し交渉し実現するノウハウというのは、プロデューサー・システムという環境で身についていきますし、新人プロデューサーの企画面や営業面でのサポート体制も構築されています。

クリエーターの育成や教育に関しては、そこまでシステマティックではありません。演出系の場合のステップとしては、サンライズで進行をやっているなかから演出になっていくということがかなり多いんです。わたしがデスクやプロデューサーに、特にプロデューサーになってから、わたしの下で進行をやっていてのち監督になった人間だけでも相当います。『コードギアス』（〇六年）の谷口（悟朗）君、『銀魂』（〇六年）の高松（信司）君、加瀬（充子）君、杉島（邦久）君、川瀬（敏文）君と、みんな監督としていまがんばっています。サンライズ以外の会社でも仕事をしています。わたしの下ではなかったですが、渡辺（信一郎）監督や水島（精二）監督もそうです。

サンライズは演出での採用がなく制作でしか採りません。そこで制作をやっていくことで全部の工程が勉強できますので、そのなかから演出になっていって、サンライズを含めていろんな仕事をやっていくというケースがあります。これが演出系の人材育成になっているんだろうなとは思いますね。

いまは、テレビシリーズのSFものをやれるプロダクションがいっぱいあるし、そもそもウインドウ（放映枠）もあるんですけれども、ちょっと前まではテレビシリーズのSFものをやっているプロダクションってサンライズしかなかったんですね。Production I.Gとかマッドハウスとかはそもそも劇場作品しかやっていませんでした。そうすると、作品数はあるし、トライ&エラーはできるし、演出になれる可能性はあるしと、すごくたくさんチャンスがあるのはサンライズだけだったと思うんです。

いまでこそ、いろんなプロダクションで同じような経験を積めるような形になったのかもしれませんけれど、ところが現在は演出家がいろんな作品を掛け持ちにしていて、一つのスタジオでどっしりと経験を積むということがむしろなくなっていますよね。以前では担当演出はその作品となったらその作品しかやりませんので、そのなかでこちらもじっくり教えられるし、育てられるということがありました。
このように進行から演出や監督になるケースが多いので、その監督がまた進行から演出を育てるという育成のサイクルはありますね。それにオリジナルが多いので、企画創作の経験に接することができる点も大きいと思います。

――たとえば、昨日まで進行だったのだけれども、こういう企画がありますけれどとか、演出をやってみたいんですと手を上げれば。

そうですね。「ぼくは演出志望です」と常々プロデューサーに伝えていれば、進行をやりながらのなかで、「お前の好きな映画はなんなんだ」って聞かれたりして、演出家の素養がありそうだなと思ったら、あとはプロデューサーのやりかたですけれど、終わっちゃった作品のシナリオを渡してコンテを描けって話から始まりますね。

――一番最初はコンテなんですか？

われわれは実務処理だけができる演出というのはあまり求めていないので、やはり画面設計能力の可能性を見るということでは、コンテからになりますね。
プロデューサーが見てこいつはという人間がいれば、そのときの作品の監督さんに「ちょっと面倒を見てもらえませんか」とお願いしたりするわけです。演出になりたての二年くらいは、サンライズで例外的に給与が出ますが、それ以降はフリーになります。その代わりサンライズ以外の仕事をしてもいいよということです。

――それは業界のためにもいいシステムですね。

サンライズは制作＝公務員以外は出入り自由ということなんですよ。

最近はわたしより下の世代から、演出家ではなくアニメーターも育てたいという要望があって、三年ほど前からアニメーターを専門に育てる「若木塾」という学校を設立しました。毎年一〇名くらいの生徒を募集し、芦田〔豊雄〕さんというアニメーターのかたを中心に数名の先生に教えていただいています。アニメの専門学校に行ってないような生徒さんも、一年で原画マンに成長します。卒業生も二年くらいはサンライズから給料を出して、そのあとはフリーに進むというやりかたで育てています。

――入塾試験は難しいんですか？

倍率はかなり高いですね。海外から来てがんばってやってる人もいらっしゃいますし。

作品を作り続けなければプロダクションではない

――彩色は国内で全部できちゃうんですか？

われわれは彩色については直接的にはなにもやっていません。作画専門会社とか仕上げの専門会社が国内にありますので、サンライズのスタジオごとにいつもお願いしているところがありますから。お願いした会社から、いまは大概さらに海外に出していると思いますが、われわれが海外に直接お願いするということはあまりないですね。発注先は韓国やベトナムだとかいろいろありますよ。原画や動画に関してもデジタルが浸透していますので、今後は専用回線など海外依存拡大に対するストレスはさらに減少するでしょう。ただこの業界、背景は手描きが多いですよね。でも技術的には、パソコンで水彩画から油絵までいろんなタッチができちゃうわけですから、背景もあと何年かしたらそうなるんじゃないんですかね。

それとアライアンスという考えかたに関して述べれば、そもそも社内であってもプロデューサーに任しちゃうわけですから、外部のプロダクションが第一三番目のスタジオのようにサンライズと一緒にやるというのは、われわれは歓迎です。『まじめにふまじめ　かいけつゾロリ』（〇六年）に関しては、亜細亜堂とサンライズの共同制作ですが、絵コンテ以降は亜細亜堂にお任せいたしました。お互いの得意不得意が合致すれば、プロダクション同士が組んで共同で制作することは歓迎ですね。

作品を作り続けなければプロダクションではありません。しかし、オリジナル新作でプロダクション経営をしていくことは本当に大変なんです。「ガンダム」だけをプロデュースしていったほうが、必然的にものすごく収益率も上がるわけです。しかしこれは未来のあるプロダクションじゃなくなっちゃいますよね。アニメ・プロダクションじゃなくて、ブランドの管理会社になっちゃうわけで。われわれは今後もプロデューサー・システムという独自のやりかたで、優れた作品を数多く生み出すプロダクションでありたいと思います。

――それでは最後に、若い人たちとか企業家などに向けて内田さんなりのメッセージをいただきたいのですが。

プロデューサーを目指したり、アニメ業界に入りたいという学生のかたに、先輩としてメッセージがあるとしたら、「アニメだけに興味を持って自分という人間を作っちゃってこの世界に入ると、すぐに行き詰まっちゃいます」ということでしょうか。

日々多くのクリエーターと一緒に作品作りをするということは、お互いの価値観の交換です。局や代理店のかたとも、お互いちがう価値をもった人間同士の交渉です。いろいろな価値を理解し受け入れる、そして自分の価値を他人にわかってもらう……、その能力は、若い多感なときに多様な経験をし、話し合い、視野を広くもつ訓練を積まないと養われません。

また一つひとつの作品も、さまざまな世界や考えかたに対する視野や考察を持って企画開発にのぞまないと凡庸なものになってしまいます。ちがう世界をいっぱい知って入ってきたほうがいいと思います。天才の人はそんなものなにもいらないんですけど、自分が天才じゃないなと思ったら、たくさんのことを吸収したほうがいいと思います。

　他の業界や企業のかたへは、アニメーションというものがこのように多様化し、カルトカルチャーからサブカルチャーあるいはポップカルチャーまで幅広く接点を持てるようになりました。われわれの思いつかないような組み合わせのご提案がいただけたら嬉しいです。お互いのこれからの可能性が大きく広がる、突然変異する。そんな機会が持てればと思います。

第四章　知的財産権について

知的財産権としてのコンテンツ

映像などのコンテンツ商品は言うまでもなく知的財産権であり、さまざまな利用権をもって組成されているが、具体的にどのような法理によって構成されているのだろうか。

著作者と著作権者はどうちがうのか？

著作者と著作権者という言葉がある。著作者とは実際に自身のマニファクチャリングでコンテンツを創出した、単体もしくは共同での作家ということである。著作権者はその行為に対して製造費を負担し、さらにその権利運用をもってビジネス化する者のことを指す。多くの場合は法人である。

実は、これらの規程はきわめて曖昧なラインにより白と黒が判別されているが、多くのコンテンツ事業者はこれらの曖昧な領域に対し、各社独自の解釈と規定により、法理を運用している。

現行のコンテンツにおける資本とクリエイティビティ、さらに著作権の状況を整理しよう。

著作財産権と著作人格権の競合

〝ふたつの著作権〟には実質的にそれぞれの法源がある。資本対価としての財産である知的財産権と、私法として個人の人格的利益の保護を目論む著作人格権である。この両者は本来、別の法理始原なのだが、同時に扱われることも多く、さらに競合して摩擦が発生するケースもある。

両者のメカニズムはそう難しいものではない。ビジネスとして、商品としてコンテンツが製造される場合、その商品製造の経済主体者（出資者）が著作財産権を持つ。これは財産であるから、移転や売買が可能なものであり、彼らは著作権者と呼ばれる。一方、作品の世界観の創作に寄与した人物を著作者とし、彼に発生する権利が著作人格権である。解釈によっては幸福追求権の一部とされることもあり、きわめて基本的人権に近い、他人へ移転不能な一身専属（権利・義務が特定の人物に専属し、他者への移転を認めないこと）の権利である。

これらが競合し、摩擦が起きてしまうのには、いくつかの理由がある。

著作人格権のうち、「氏名表示権」は多くの場合は著作権者により担保されるし（コマーシャル映像など、無記名を前提とした創作物などはのぞく）、「公表権」は著作者から著作権者へ納品されるなどのビジネススタイルの場合、著作財産権の移譲にともなって財産権運用の重要な要素として同権利も〝委託された〟と法理推定される。また映画（映像コンテンツ）の場合は、著作人格権が原始的に著作者ではなく映画製作者に帰属する解釈があり、この場合、著作者が著作権者の策定する公表について同意したものと法理推定される。

競合するというのは多くは著作人格権のうちの「同一性保持権」である。同権利の現在の法解釈の前に、著作権者（著作財産権保有者）と著作者（著作人格権保有者）との関係性を見てみよう。

映画やアニメーションなどの歴史の長い映像コンテンツ業界は、慣習的に契約書や受発注書が存在しない取引の期間が長くあった。これは「好きでやっている者同士」の同族感と信頼が大きく作用していたのだろう。現在でもアニメーションのクリエイティヴ・スタッフや古い映画のスタッフには予算や作品収支の話などを嫌厭する傾向が強い。ギャランティには強い承認欲求を持つが、作品のクリエイティビティと収益性が引き合わない結果となっても、その責任は自分には関係ないと主張するケースも多い。この経済感覚と対価感覚のなさが法務意識の欠落となっていた。多くの場合、著作財産権保有者とは資本を提供する側であり、著作人格権を原初的に発生させる人間とはクリエイティヴ・スタッフである。それゆえに取引の最初からスタッフはその権利の行使に圧力を受けたり、あるいは自主的に行使の制限を行ったりという状況だったのである。このような習慣で作品を作り続けてきた結果、健全な法務意識は育たなかった。資本側と制作側で権利意識の常識が醸成されなかったゆえに、いくつもの係争が起きてきた。

さらに当該の判例がきわめて少ないために裁判所側も、判例を積算することでその法理を整理し、現実的なモデルを作ってきていたのだ。

では具体的にどのような摩擦が起きるのか？

まず、多数のクリエイティヴ・スタッフが集合し、個々の創作物を出力する際、脚本や音楽など、それぞれには本来、著作権両権が発生しているはずだ。それらは監督やその制作会社（あるいはチームを組成したその会社のプロデューサー）に総理され、受発注の契約により発注側である資本準備者たる著作権者へと譲渡されるのが著作財産権の譲渡のメカニズムであって、これが法理の本質のはずである。商業用デザインなどはこのように受発注がなされている。

しかし例外的に「映画」の著作権のみは、著作権法第一五条一項(1)および第一六条(2)によって資本側である製作者に原初的に著作財産権が発生することになっている。この場合の「映画」とは「映像コンテンツ」

と解釈され、アニメーションや３ＤなどのＣＧ動画も含まれる。この観点から言えば、映像コンテンツのクリエイティヴ・スタッフには原初的に著作財産権は発生しないことになる。つまり映像制作の場合、受発注の時点ですでに著作財産権は一括して製作者に帰属しているのだ。

ただし、これにともない、クリエイティヴ・スタッフである著作者の人格権の行使が、著作権者の権利運用を阻害しないという規定を盛り込んだ、受発注契約がなされていないと、法理上、先述の「同一性保持権」は著作者に付随したままとなる。その結果、著作権者がその財産権を運用するにあたり、きわめて人権に近い立場からの差し止めを可能にしている。

さらに「同一性保持権」は著作者の「同一かどうか」という主観のみが作用するきわめて抽象的な判断であるため、「似ていればよい」ということでもなく、結果として「その事業自体が、著作者の意思に適っているかどうか」という、著作財産権運用上、きわめて重大な決裁権と化しているのである。これゆえ多くの場合、「同一性保持権」は「監修権」と同義になり、著作者＝監修権者がすべての事業運用の可否を握るというメカニズムを生んでいる。

著作人格権の不行使

これでは著作権者はたまらない。投資に対するリターンを求めるための権利行使が、事実上の事業進行の可否判断を、監修の名の下に外部化される危険性と隣り合わせとなるわけである。

ほとんどのＩＰ事業者はこの受発注契約内に、「著作人格権の不行使」の条項を盛り込んではいる。しかし、先に述べたように当権利はきわめて原始的な自然権であり、基本的人権に近いものであり、不行使の文言化には法理的な強制力はおよばないと言える。裁判となれば著作者の権利が保全されるはずだ。

権利運用のための最善の方法とは、結局、両者の良好な関係構築以外にはない。適切な報酬と待遇、あるいは新規の著作物が必要な場合は、継続して当人に発注するなどのインセンティブ（報酬）により著作権運用に参加させることが正しい関係性である。

判例史における著作権運用のモデル

①サザエさん事件（東京地裁、昭和五一年五月二六日判決）

【事件概要】

マンガ『サザエさん』（原作者・長谷川町子）は一九四六年に夕刊フクニチに連載、五一年以降朝日新聞に連載された。五一年五月より立川バス株式会社は自社保有の観光バスにマンガ『サザエさん』のキャラクターの頭部図を描き、「サザエさん観光」という名称で貸し切りバスの運用を行っていたが、使用許諾を得ていなかったために七〇年に原作者側が複製権の侵害として賠償金を求めた事件。

地裁は図柄の使用に際して被告の著作権侵害を認め、賠償金の支払いを命じた（※1→二七〇ページ）。

【判決内容】

この判決において、キャラクターはマンガに登場する人物の図柄、役柄、名称、姿態などを総合した人

【著作権判例史チャート】

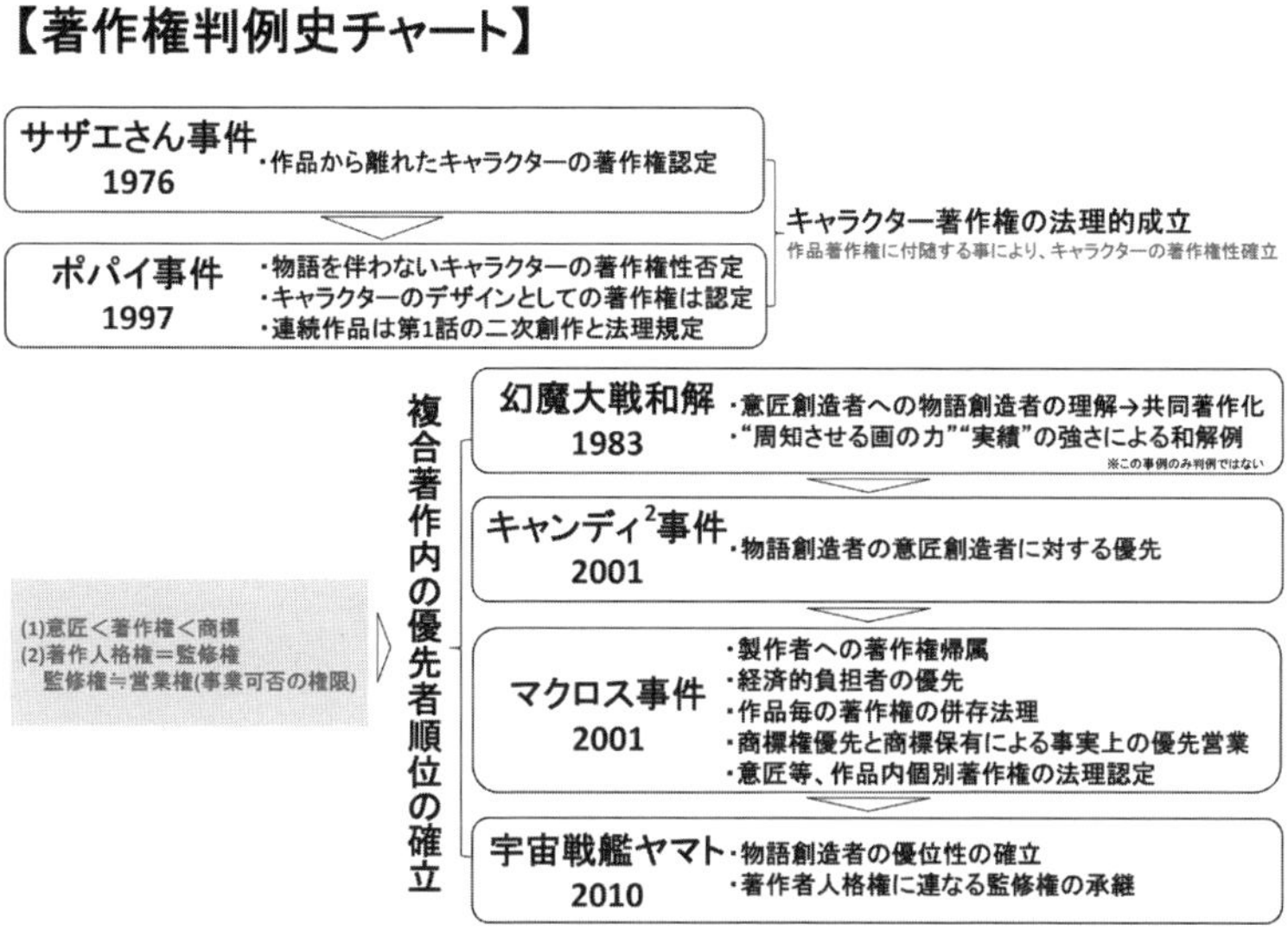
【著作権判例史チャート】
サザエさん事件
1976
・作品から離れたキャラクターの著作権認定
ポパイ事件
1997
・物語を伴わないキャラクターの著作権性否定
・キャラクターのデザインとしての著作権は認定
・連続作品は第1話の二次創作と法理規定
キャラクター著作権の法理的成立
作品著作権に付随する事により、キャラクターの著作権性確立
複合著作内の優先者順位の確立
幻魔大戦和解
1983
・意匠創造者への物語創造者の理解→共同著作化
・"周知させる画の力""実績"の強さによる和解例
※この事例のみ判例ではない
キャンディ²事件
2001
・物語創造者の意匠創造者に対する優先
(1)意匠＜著作権＜商標
(2)著作人格権＝監修権
監修権≒営業権(事業可否の権限)
マクロス事件
2001
・製作者への著作権帰属
・経済的負担者の優先
・作品毎の著作権の併存法理
・商標権優先と商標保有による事実上の優先営業
・意匠等、作品内個別著作権の法理認定
宇宙戦艦ヤマト
2010
・物語創造者の優位性の確立
・著作者人格権に連なる監修権の承継

格とでもいうべきものであり、登場人物の姿態、特に、登場人物の顔面を含んだ頭部には、その人物の特徴が摘出されているのであって著作者の思想感情が、創作的に具現されている著作物であるとされた。

またその権利に関して、描かれた図柄が第三者から見て「同じだろう」と認識することが可能であれば侵害と認定可能であるとしていることが確認できる。

②ポパイネクタイ事件（最高裁、平成九年七月一七日判決）

【事件概要】

アメリカのマンガ『ポパイ』の著作権者などのキング・フィーチャーズ・シンジケート・イン・コーポレーテッド、ザ・ハーストコーポレーション、株式会社マガジンハウスらを原告とし、ポパイの図柄を使用した腕カバー、マフラーおよびネクタイを販売製造していた大阪三恵株式会社、株式会社ポパイ、株式会社松寺らに複製権の侵害を事由として販売の差し止めと賠償を求めた事件である。

【判決内容】

一九九〇年二月一九日判決の第一審では複製権の侵害が認められ、商品の販売の差し止めおよび図柄の変更、そして賠償金の支払い命令が下された。これを不服とした、ネクタイを販売していた株式会社松寺が控訴、上告し最高裁まで争われた。

第一審では東京地裁は被告の行為が複製権の侵害にあたるとした（※2→二七一ページ）。前述の「サザエさん事件」ではキャラクターは人格であり、思想感情が具現されているとして著作物であるとしたが、今回の判決ではポパイのキャラクター自体は著作物とは認められないという判断を下している。しかし、商品に使用された図柄については、複製権の侵害を認め、ポパイの図柄を使用したネクタイなどの販売の差し止めと賠償を命令した（※3→二七二ページ）。

上記判決を不服とした株式会社松寺が控訴し、東京高裁にて控訴審が行われた（一九九二年五月一四日判決）。控訴審ではポパイというキャラクターに著作権が付随するかどうかということに加え、新たな争点として、著作権の保護期間満了による消滅の有無が加わった。

控訴人は、ポパイの図柄を使用した商品の販売差し止め命令に対し、マンガの著作権には言語的著作物と絵画的著作物の両方の性質が兼ね備えられており、キャラクターの著作権の発生根拠は絵画的著作物の具体的絵画に求められるべきで、第一回目の連載マンガのなかでポパイのキャラクターの特徴はすべて描かれているものであるから、第一回作品の発表された一九二九年一月一七日から保護期間である公表後五〇年と連合国および連合国民の著作権の特例に関する法律に基づく戦時加算三七九四日の経過した一九九〇年五月二一日で『ポパイ』の著作権は消滅したと主張している。これに対し被控訴人は、継続的に刊行されている作品の保護期間は連載マンガごとに計算されるべきと抗弁した。

東京高裁はポパイのキャラクターの著作権に関しては、第一審と同様にキャラクター自体の著作権性は否定しながらも、ネクタイなどに使用された図柄についてはマンガの図柄の複製として著作権の侵害を認めている。また、著作権の保護期間については、まずマンガという著作物について絵画と言語が組み合わされて著作者の思想、感情が創作的に表現される旨を述べたうえで、ポパイの著作権保護期間が未だ満了していないとの判決を下し（※４→二七三ページ）、控訴内容を棄却した。

しかしながら最終審（一九九二年七月一七日判決）では、最高裁はポパイのキャラクターの著作権の保護期間は満了しているとし（※５→二七三ページ）、原告のポパイの図柄を使用したネクタイの販売の差し止めおよび図柄の抹消を求める部分のみ原判決を破棄する判決を下した。

一連の判決から、キャラクターの著作権について、マンガに登場するキャラクターそのものは物語を構成する概念であって、それ自体が完成した表現ではなく、著作物としてのマンガから独立して保護される著作物性はないと言えるが、キャラクターを具体化した図柄は表現としての著作物に当たることが確認できる。この侵害認定には、必ずしもそれが連載マンガの第何回のどのコマの図柄を複製したものかというレベルまで特定する必要はなく、「同じ」と判断が可能な図柄の特徴を備えてさえいれば認定される。キャラクターが著作物なのではなく、その図柄が著作物なのである。

そしてその図柄の保護期間については、マンガなどの連載作品では各話が著作物であるものの、第二話以降は始原著作物である第一話からの二次著作物であり、「翻案」という法理的位置づけになる。そのため第一話に登場したキャラクターの図柄における著作権の満了は第一話公表を開始として計算され、その保護期間が満了すると同時に、二次著作物となる連載作品に一話のキャラクターが登場していたとしてもその権利は喪失することが示された。

また、「原作・作画」の二つの作家要素によって作品が公開されたとする場合、原作を始原著作物とし、作画は原作から発した二次著作物と判断される。したがって、図柄のみの利用であったとしても、作画者のみならず原作者からも許諾を取得することが必要となる。

③幻魔大戦共同著作者ケース（このケースのみ裁判事例ではない）

【事件概要】

一九六七年、講談社『少年マガジン』に連載されたマンガ『幻魔大戦』（原作：平井和正＋いずみ・あすか／マンガ：石森章太郎〈八五年より石ノ森章太郎〉）が次のような展開となった。

・一九六七年、『少年マガジン』連載。初期刊行の単行本表記は「原作：平井和正／いずみ・あすか」「作画：石森章太郎」（「いずみ・あすか」は石森の別名）

・一九七一年、小説中にマンガがインサートされる特殊な作品形態の『新幻魔大戦』連載（『Ｓ‐Ｆマガジン』早川書房）

・一九七八年、平井と石森間の話し合いにより、個別にシリーズを継続することに合意、双方連載を開

始
・平井は『少年マガジン』版のマンガをリライトした小説の連載を開始するも、やがて小説独自の展開になっていく

【合意内容】
この事例では、当事者の話し合いにより「物語創作者」と「作画者」が合意して「共作」となっている。「共作」には「共同著作物」と「結合著作物」があり、分割運用できないのが「共同著作物」で、分割運用可能なものが「結合著作物」である（詞と楽曲の複合により組成された〝歌〟は著作権が分割可能な結合著作物である）。本ケースでの「共作」は「共同著作物」という考えかたである。また、その法的経緯により、作品名と共に両作家の価値と関係性が市井に周知されているケースでもあり、今後の「物語創作者×作画者」問題を解決する可能性を秘めている。

このケースでは当然のごとく、平井の担当するシナリオ状の物語部分が先行していたと思われるが、作品連載開始時点ですでに人気マンガ家であった石ノ森の作画における貢献度を物語創作者である平井が認め、相互の作品展開、およびそれぞれの作品から発生する印税のシェアが取り決められたという。この時点で、「マンガ」というメディアにおいては「作画」の価値が大きく、またその常識を、両者の間に立つ出版社、さらには作家たち本人が認めていたことがわかる事例である。

④キャンディ・キャンディ事件（最高裁、平成一三年一〇月二五日判決）

【事件概要】

『月刊なかよし』（講談社）で一九七五年から一九七九年まで連載されていた『キャンディ・キャンディ』（原作：水木杏子、原画：いがらしゆみこ）のコミックスの刊行やグッズの販売など著作権の二次利用については連載誌の出版社である講談社が管理していた。しかし作画担当であったいがらし側の要望により、一九九五年二月に講談社との契約は解除、著作権管理は原作者である水木といがらしの両者で行うこととなった。その後、いがらし側が水木の承認を得ないまま『キャンディ・キャンディ』のプリクラなどの商品を製作したり国内外において単行本を出版したりしていることが発覚。一九九七年九月一一日、原作者・水木が作画者・いがらし（および商品製作をしたフジサンケイアドワーク）に対して出版差し止めや販売差し止めを請求したことにより係争が始まった。

【判決内容】

被告であるいがらしはマンガのコンセプトは自分で考え、原告の水木が原稿を作成する前に提示したものであること、水木の作成した原稿をそのまま使用したのではなく、独自にストーリーを付加・削除するなどして展開を変更しているものであり、マンガの基本部分は自分の創作によるものであること、登場人物の要旨や髪形などについては原稿には具体的な指示がなく独創であることなどを挙げ、『キャンディ・キャンディ』はいがらしが単独で創作した著作物であり、共同著作物ではないと主張している。さらに、もしも『キャンディ・キャンディ』が共同著作物であったとしても、登場人物の画についてはいがらしの独創であり、水木の創造性は介入していないため、連載マンガ中のコマの画ではなく、新たに書き下ろした原画については水木に使用の差し止めを求める権利はないと主張した。

しかし判決は一審（東京地裁、一九九九年二月二五日判決）、二審（東京高裁、二〇〇〇年三月三〇日判決）、最終審（最高裁、二〇〇一年一〇月二五日判決）に至るまで、一貫して本件マンガは原告水木と被告いがらしの共同著作物であることが認められ（※６→二七四ページ）、いがらしおよびフジサンケイアドワークに対し複製原画など出版物の差し止めを命じ、原作者と原画者の異なる共同著作物に対する権利について、双方の合意がなければ行使できないと判断した。

つまりマンガというコンテンツは、物語創作者が原作者であり、物語が存在することによって描かれうるキャラクターの容姿を含めてマンガそのものは二次著作物であり、原作者と作画者の共同著作物であると法理構成されているわけである。したがって、権利運用には二者の合意が必要となり、独自に書き下ろしたイラストであっても無断で使用することはできないことになる。

⑤マクロス事件Ａ（東京地裁、平成一五年一月二〇日判決）

【事件概要】

一九八二年、『超時空要塞マクロス』（タツノコプロ・アニメフレンド制作）がＴＢＳ系列（毎日放送）で放送開始される。八四年、映画『超時空要塞マクロス　愛・おぼえていますか』（監督：石黒昇、河森正治）が公開。その「映画の著作物」の著作財産権・著作人格権の帰属元を判断する係争である。

毎日放送でのテレビ放送が決定した時点で、毎日放送の要望によりアニメ制作に実績のある竜の子プロダクション（現・タツノコプロ）に制作が依頼された。一九八二年四月に竜の子プロダクションと毎日放送間で本件テレビアニメ制作の契約を締結し（実際に契約書が締結されたのは同年九月）、竜の子プロダクションの子会社であるアニメフレンドによって、同年五月より制作作業が開始された。

制作作業にはアニメフレンドのほか、スタジオぬえ、アートランドのスタッフも行ったものの、制作費用は竜の子プロダクションが負担していた。毎日放送と契約を交わし、納品スケジュールに従ってアニメの制作と納品の義務を負い、したがって制作の進行管理および完成について責任を負っていたのは竜の子プロダクションのみであり、スタジオぬえらはそのような義務を負担していなかった。一方、映画はスタジオぬえが企画し、広告代理店のビッグウエストが放送枠やスポンサーの獲得を交渉して進めることになっていた。

【判決内容】

第一審の東京地裁（二〇〇三年一月二〇日判決）では、総監督を著作者と認定した（※7→二七五ページ）。しかし、著作権の所在については、原告の竜の子プロダクションが製作者であるとしたうえで、総監督に帰属している著作人格権をのぞき竜の子プロダクションが本作品に関わる著作権を有していることが認定された（※8→二七五ページ）。スタジオぬえ、ビッグウエストらは控訴したものの、東京高裁に棄却される（同年九月二五日判決）。

この事件で重要となるのは、著作権法第一六条および二九条の(2)「映画の著作物」についての条項である。著作権法一六条では、「映画の著作物の著作者は……映画の著作物の全体的形成に創作的に寄与した者」

とされているが、第二九条では映画の著作物の著作権について、「著作者が映画製作者に対し当該映画の著作物の製作に参加することを約束しているときは、当該映画製作者に帰属する」と定められているのだ。

今回の場合においては、毎日放送と制作契約を締結し、自ら費用を負担して制作の責任を負っていた竜の子プロダクションが製作者と認められた。また総監督は製作者たる竜の子プロダクションに著作物の製作に参加していると判断されたため、財産権としての著作権は竜の子プロダクションに帰属するということとなったのである。しかし、著作人格権については、「著作物の全体的形成に創作的に寄与した者」、つまり著作者のみに帰属するために、総監督に帰属している。つまり、コンテンツ製作事業体において、その実質的な製作費用の負担者が著作財産権者となるのである。

⑥マクロス事件B（東京地裁、平成一四年二月二五日判決）

【事件概要】

映画作品としての著作権の所在の係争に先立って、作中に登場したキャラクターおよびメカのデザインに関する著作権についても訴訟が行われていた。本作図柄のデザインは、スタジオぬえの従業員二名と、スタジオぬえ従業員の友人であるアートランドに所属する一名の三者が、スタジオぬえの指示により創作した職務著作である。そのため本件図柄に関わる著作権はスタジオぬえが取得しており、またビックウエストはスタジオぬえからその著作権の持分権を譲り受け、著作権を共有していると主張し、竜の子プロダクションを被告として著作権者の確認および被告に対する本件図柄の使用差し止めを求めた事件である。

【判決内容】

地裁は本件図柄がスタジオぬえの発意によって創作されたものであるとし、その著作権は原告らが有していることを認定した（※9→二七六ページ）。これを不服とした被告は控訴したが、棄却された（二〇〇二年一〇月二日判決）。社員ではない、外部スタッフによる制作コンテンツは、その権利帰属を雇用契約内に明示していない以上、「職務著作」にはならず、企業著作人格権とはならない。同様に作品組成の一部であるデザイン類（キャラクター、メカなどの図版）にも個別に著作権は発生し、同様に帰属の明示をした受発注の契約・証明などがなければ、それぞれの作家に著作人格権は担保される（ちなみに「職務発明」の場合は、会社が権利を承継する場合には対価が必要とされている）。

⑦マクロス事件C（知財高裁、平成一七年一〇月二七日判決）

【事件概要】

映画の製作者である竜の子プロダクションに著作財産権の帰属が認められた『マクロス』だが、しかしその後、著作財産権は担保されてもその運用には制限する判決が出る。事件Aの高裁判決後、『超時空要塞マクロス』（テレビシリーズ初作とその劇場版）の著作財産権者となった竜の子プロダクションが、続編として製作された『超時空要塞マクロスⅡ』『マクロスセブン』の製作元となったビッグウエストなどを相手に、許諾なしに「マクロス」の名称を使用したとして、不正競争防止法二条一項一号および二号の違反を理由として不当利得返還請求を行った。第一審（二〇〇四年七月一日）、控訴審（二〇〇五年一〇月二七日）ともに原告の訴えを退けている（※10→二七七ページ）。

【判決内容】

著作権の一部であるタイトルには同名および類似の別タイトルを排除する商標的機能はない。つまり著作権には、商標の代替もしくは同等の事業保全能力はない。逆に商標権が確保できていれば著作権を阻害しない前提で、同名を利用しての商品製造が可能となるのである。

また、この訴訟の起こる前、初作のオンエアがなされた一九八二年一〇月より以前、同年五月二七日には当作品の広告代理店であり、プロジェクト（作品内容の企画ではない）を計画・営業したビッグウエストにより商標は出願されており、同月三〇日には登録が完了していた。

⑧『宇宙戦艦ヤマト』事件（一九九六年〜二〇〇四年。当コンテンツに関係する係争は多くあるが、本稿ではあくまで事業運営を目的とした著作両権の運用からの観点でのみ言及する）

事件Ａ（東京地裁、平成一四年三月二五日判決）

【事件概要】

アニメ『宇宙戦艦ヤマト』（一九七四年、日本テレビ系列で放送）において原作者である西崎義展《よしのぶ》と監督を務めた松本零士の両名が自分が著作権者であることを主張しており、西崎義展がインターネットや雑誌などを通じ松本を批判していたのが名誉棄損に当たるとして、松本が西崎義展に対し謝罪文の掲載および『宇宙戦艦ヤマト』が西崎義展の著作物であると各種媒体において流布しないことを求めて起訴し、西崎義展も自分が著作人格権を有することの確認を求めて反訴した事件。

【判決内容】

地裁は原告松本の訴えを棄却し、被告西崎義展が著作人格権を有することを確認している（※11→二七八ページ）。その後松本は控訴をしたが、二〇〇三年に両者が訴えを取り下げて和解している。和解の内容は西崎義展の養子が代表を務める株式会社エナジオのニュースリリースにて開示されており、『ヤマト』の過去の作品については西崎、松本両名の共同著作であるが、著作人格権については西崎義展が行使できることとなっている。

事件B（東京地裁、平成一一年九月二八日判決）

【事件概要】

西崎義展が有していた『ヤマト』の商標権について、一九九七年一月二二日から三月一九日にかけ、長男名義への移転がなされた。しかし、九六年一二月二〇日の時点で、西崎義展は東北新社に対し著作権などを譲渡する契約を締結していた。また、西崎義展は九七年二月二七日に債権者からの破産の申し立てを受け、同年九月一六日に破産した。そのため、破産管財人が西崎義展の長男を被告として、商標権の譲渡に関して移転登録の抹消を、東北新社を参加人として譲渡契約に基づく譲渡代金の支払いを求めた事件である。

【判決内容】

これに対して地裁は、本件譲渡契約において著作権のみならず、商標権、意匠権も譲渡されたものであるという判決を下した（※12→二七九ページ）。

事件C（東京地裁、平成一三年七月二日判決）

【事件概要】

『宇宙戦艦ヤマト』に関して、原作者である西崎義展はその著作権を一九九六年に東北新社に譲渡していたが、バンダイ、バンダイビジュアル、東北新社らが製作、販売したプレイステーション用ソフト『宇宙戦艦ヤマト　遙かなる星イスカンダル』および『さらば宇宙戦艦ヤマト　愛の戦士たち』について著作人格権の侵害を主張し、ゲームソフトの複製の差し止めおよび賠償を求めた事件。

【判決内容】

この裁判ではだれが『ヤマト』の著作者であるかが争われたが、地裁は原告の請求を棄却した（※13、※14→二八〇ページ）。その後原告である西崎義展は控訴したが、二〇〇四年に控訴を取り下げ、和解が成立している。控訴取り下げについて、養子である西崎彰司が代表を務めるエナジオのニュースリリースについて告示が出された。

これによると三社は西崎義展に対し、「『宇宙戦艦ヤマト』の原作者である旨を公表しても異議を唱えない」ことを認めている。また告示中には「西崎義展が新作の制作を全面的に委託している株式会社エナジオは、劇場用アニメ『宇宙戦艦ヤマト復活篇』（仮題）の制作について、『宇宙戦艦ヤマト』の著作権者である株式会社東北新社と協議に入りました。　代表取締役　西崎彰司」とあり、続作・新作の製作権が西崎義展にあることも合意した内容となっている（現在、エナジオ社の業務はボイジャーエンターテインメント社が継承している模様）。

事件Aにより西崎義展が有するとされた著作財産権は事件Bの判決によって東北新社に商標権や意匠権ごと譲渡されていることが確認されたが、著作人格権とは知的財産ではなく人権であり、著作人格権は著作財産権が他者に譲渡されても著作者が保有する権利とされるというベルヌ条約六条の二第一項により、西崎義展から不可分な状態にあった。

そして監修権を基軸としたすべての事業の認可権は、西崎義展の養子である西崎彰司（エナジオ代表）が、著作権法第一一六条を法理として事実上の承継をしたと推定される。西崎義展は旧作の著作財産権は東北新社へ譲渡していたものの、著作人格権の同一性保持権を法源とする監修権は譲渡が不可能だったゆえに、図らずも手元に残っていたわけである。

著作権法第百十六条（著作者又は実演家の死後における人格的利益の保護のための措置）　著作者又は実演家の死後においては、その遺族（死亡した著作者又は実演家の配偶者、子、父母、孫、祖父母又は兄弟姉妹をいう。以下この条において同じ。）は、当該著作者又は実演家について第六十条又は第百一条の三の規定に違反する行為をする者又はするおそれがある者に対し第百十二条の請求を、故意又は過失により著作者人格権又は実演家人格権を侵害する行為又は第六十条若しくは第百一条の三の規定に違反する行為をした者に対し前条の請求をすることができる。

2　前項の請求をすることができる遺族の順位は、同項に規定する順序とする。ただし、著作者又は実演家が遺言によりその順位を別に定めた場合は、その順序とする。

3　著作者又は実演家は、遺言により、遺族に代えて第一項の請求をすることができる者を指定することができる。この場合において、その指定を受けた者は、当該著作者又は実演家の死亡の日の属する年の翌年から起算して五十年を経過した後（その経過する時に遺族が存する場合にあつては、その存しなくなつた後）においては、その請求をすることができない。

著作人格権の解釈により、同一性保持権が監修権と同義化したおそらく最初の事例であり、特定条件下ではあるが、一身専属のはずの著作人格権の承継法理が確立された事例となった。なお、「宇宙戦艦ヤマト」の商標は東北新社が保有しているため、エナジオ単体での権利運用は困難である。

以上が判例を積算して完成を見た、現在の著作権運用のモデルである。

「著作財産権」＜「商標」＜「著作人格権（同一性保持権に基づく監修権）」

というわけだ。著作権両権や商標権は相克しあっているようでいて、実はぎりぎりのところで強弱の法理が作用している。とは言え、このモデルはだれしもが構築できるものでもない。法理は時代と判例により移り変わるし、なによりも著作人格権による抗弁と、その運用には裁判を戦う経済的体力と強い意志が必要と言える。

商標と著作権

その機能と特性から比較してみると、著作権は相対権であり商標権は絶対権であることがわかる。商標権は、キャラクターなどの利用に対して同権を保有していれば、権利侵害をしているとおぼしき使用者（類似・同一など）に対して、差し止めや使用禁止などを請求可能にしている。一方、著作権は相対権のため、侵害被疑者によって侵害対象が自作であるとの証拠が担保されていれば（創作日時の公正証書の存在など）、侵害の認定はされない。

また、著作権は死後五〇年、企業著作は公表後五〇年で喪失するが、逆に商標権は更新の申請が可能であり、申請企業の事業を保全し続ける。

一般的な比較はこのようなものであるが、実はその効力発生のための手続きにおいて決定的にちがう点がある。それは、著作権は作品の公表時点で発生するが、商標権は、費用をともなう行政への申請によって登録され、効力を発するという点だ。商標とは文字、図形、記号、立体的形状など多岐にわたる標識であるが、対象領域の区分はさらに四五もの領域に分類されており、そのなかでもまたさらに数十の区分がある。それら一つひとつに申請費用がかかり、また申請領域以外は保護されない。商標権とは基本的に申請が「名前」であれば、同じ名前の他者排除の特権を認めるというものであるが（その他、立体商標ならば形状など）、商標登録されている当該の名前を使用せずに、申請外の標識である「図案」などの領域で模倣、翻案がなされても、それらは保護対象外になってしまうのである。侵害の想定がされうるすべての標識と領域、区分での申請は、費用の面から大規模資本の法人でなければ対応することが不可能であり、通常の申請者はその商品が元々想定する事業対象領域のみを申請せざるをえない。しかし、著作権はそのコンテンツの世界観までを保護する権利であり、作品中から発する図案や名称、設定など、さまざまなデリバティブを包括して対象としている。

つまり、マーチャンダイジングを基点とするコンテンツビジネスにおいては、著作権、商標権の両権の確保が必要なわけである。さらに、先述のとおり法力学を意識したコンテンツ保全モデルの構築には、前段としての「著作権両権の保全」と「商標の獲得」が必要と言えるのである。

〈注〉

（1）著作権法第一五条（職務上作成する著作物の著作者）

一　法人その他使用者（以下この条において「法人等」という。）の発意に基づきその法人等の業務に従事する者が職務上作成する著作物（プログラムの著作物を除く。）で、その法人等が自己の著作の名義の下に公表するものの著作者は、その作成の時における契約、勤務規則その他に別段の定めがない限り、その法人等とする。

（2）著作権法第一六条（映画の著作物の著作者）

映画の著作物の著作者は、その映画の著作物において翻案され、又は複製された小説、脚本、音楽その他の著作物の著作者を除き、制作、監督、演出、撮影、美術等を担当してその映画の著作物の全体的形成に創作的に寄与した者とする。ただし、前条の規定の適用がある場合は、この限りでない。

著作権法第二九条（映画の著作物の著作権の帰属）

映画の著作物（第十五条第一項、次項又は第三項の規定の適用を受けるものを除く。）の著作権は、その著作者が映画製作者に対し当該映画の著作物の製作に参加することを約束しているときは、当該映画製作者に帰属する。

参考　知的財産権判決

1　サザエさん事件（事件番号：昭和46年（ワ）151）

裁判年月日：昭和51年5月26日
裁判所名：東京地方裁判所
原告：長谷川町子
被告：立川バス株式会社

【判決】

1　被告は、原告に対し、一、八二四万四、〇九九円及びこれに対する昭和四六年一月二八日以降支払い済みに至るまで年五分の割合による金員を支払え。

2　訴訟費用は二分してその一を原告、その余を被告が負担。

【判旨】（※1）

原告請求の一部認容。

「漫画『サザエさん』は、一日分四齣の部分を、一つの著作物ということもできるが、この連載の間、主役のサザエをはじめ、脇役のカツオ、ワカメその他の人物が、常に、同一性を保って登場し活躍しているものであって、最初掲載されたものから現在掲載されているものまでを含め、全体として、一個独立の著作物ということができるのである。」「本件漫画中には、サザエ、カツオ、及びワカメ等の頭部画が多数描かれているため、被告の本件行為を、本件漫画中、特定の日の新聞に掲載され特定の齣をそのまま引き写したものであると判断することは困難であるが、本件頭部画の内容から明らかなとおり、本件漫画から、サザエ、カツオ及びワカメの頭部に表現されたキャラクター（character）を再製したものであって、それ自体複製権の侵害を構成するものというべきである。」「ここにいうキャラクターとは、本件漫画に即していうと、漫画に登場する人物の図柄、役柄、名称、姿態などを総合した人格とでもいうべきものである。」「漫画の登場人物の姿態、特に、登場人物の顔面を含んだ頭部には、その人物の特徴が摘出されているのであって、これは漫画の生命たるものに外ならず、そこには、著作者の思想感情が、創作的に具現されているのである。」「そこで、著作者の思想感情の創作的表現としての漫画の登場人物の頭部に表現されたキャラクターを、その著作権者に無断で複製する行為は、当該漫画の著作権者が有する当該漫画についての複製権の侵害を構成するものというべきである。」「その場合、本件漫画中の特定の一個の頭部画の複製であるということがいえないとしても、一般普通人によって、当該漫画中の登場人物の頭部を描出したものであるということ、すなわちその同一性が認識されれば十分であると解すべきである。」

２　ポパイ事件（事件番号：昭和59年（ワ）10103号）

裁判年月日：平成2年2月19日
裁判所名：東京地方裁判所
原告：キング・フィーチャーズ・シンジゲート・イン・コーポレーテッド／株式会社マガジンハウス／ザ・ハーストコーポレーション
被告：大阪三恵株式会社／株式会社松寺／株式会社ポパイ

【判決】

１　被告大阪三恵及び被告ポパイに対しポパイの図柄を使用した腕カバーの販売差し止め及び図柄の消去。

２　被告大阪三恵及び被告松寺に対しポパイの図柄を使用したマフラー及びネクタイの販売差し止め、及び図柄の消去

３　被告大阪三恵は原告キング・フィーチャーズに対し二八八、六九七円及びこれに対する昭和五九年一〇月二日から支払い済みに至るまで年五分の割合による金員を支払え。

４　訴訟費用は五割を原告キング・フィーチャーズ、四割を被告大阪三恵及び被告松寺、一割を原告マガジンハウスと被告ポパイが負担。

５　上記判決の仮執行宣言

【判旨】

原告請求の一部認容。

（i）キャラクターの著作物性の有無（※2）

原告側は本件漫画の登場人物について、「本件漫画は、長期間連載され、その間に多数の絵が描かれているのであるが、多数の絵が関連性なく描かれる

のではなく、その登場人物の姿態、容貌、性格等が一貫性を持って描かれ、読者もまた、これを期待して個々の漫画に接するのである。したがって、本件漫画には、その登場人物のキャラクターが表現されているもの」として本作漫画の登場人物に著作権が生じる旨を主張していたが、裁判所は「ポパイのキャラクター（水兵帽をかぶり、水兵服を着、口にマドロスパイプをくわえ、腕には錨を描き、ほうれん草を食べると超人的な強さを発揮する船乗りであって、ポパイ又はPOPEYEの名称を有するもの）というのは、本件漫画の主人公であるポパイに一貫性を持って付与されている姿態、容貌、性格、特徴等であって、右定義規定にいう思想又は感情を構成する重要な要素ではあるが、本件漫画の表現自体ではなく、それから抽出された思想又は感情にとどまるものであるから、思想又は感情を『表現したもの』ということはできず……著作物と認めることはできない。」「若《も》しも、ポパイのキャラクターが本件漫画の著作物とは別個の著作物として成立するとするならば、ポパイのキャラクターは、本件漫画の創作的な表現とは別個の創作的な表現として存在しなければならないことになるが、原告キング・フィーチャーズのいうポパイのキャラクターというのは、本件漫画の主人公であるポパイがどのような人物であるかを説明したものにすぎず、それ自体、創作的な表現として存在するものではないから、本件漫画と離れて別個の著作物を構成するものとみることはできない」と述べ、漫画作品の登場人物が著作物であることを否定した。

（ii）図柄使用による複製権の侵害（※3）

被告の本件漫画の登場人物の図柄の使用に関しては、「本件漫画の主人公であるポパイを表したものであることが明らかであることが認められ、右認定の事実によると、本件漫画のどの画面のポパイの絵であるかを特定するまでもなく、本件漫画のポパイの絵を複製したものと認めるのが相当である」「本件漫画の主人公であるポパイを表したものであることが明らかであって、本件漫画の主人公であるポパイの絵を複製したものと認められるから、それ以上に本件漫画について具体的な画面を特定して主張する必要はない」として、複製権の侵害を認定した。

控訴審（事件番号：平成2（ネ）734）
裁判年月日：平成4年5月14日
裁判所名：東京高等裁判所

【判決】
１　控訴棄却
２　原判判決の附帯控訴人敗訴部分の変更、控訴人は附帯控訴人に対し金一五二万六五七一円及びこれに対する昭和五九年一〇月二日から支払済みまで年五分の割合による金員を支払え。
３　訴訟費用は第一、二審を通じてこれを四分し、その一を附帯控訴人の、その余を控訴人の各負担とする

【判旨】（※４）
控訴棄却、及び付帯控訴請求一部認容。
本件漫画の著作権について、裁判所は「絵画表現と言語表現が不可分の有機的結合関係にある漫画における著作権保護の対象は、両者の結合した有機的一体をなした表現形式としての個々具体的な漫画に求められるべきであり、控訴人主張のように、絵画と言語とが有機的結合関係にある漫画から、それぞれの表現手段を分離抽出して、著作権法における保護の対象を各表現手段毎に別々に論ずることはできない」と述べ、著作権の保護期間は満了していないとの判断を下した。

上告審（平成４（オ）１４４３）
裁判年月日：平成９年７月17日
裁判所名：最高裁判所第一小法廷

【判決】
１　ポパイの図柄を使用したネクタイの販売の差し止め及び図柄の抹消を求める部分につき、原判決を破棄し、第一審を取り消す。
２　１の部分に関する被上告人の請求を棄却
３　その他の上告人の上告を棄却
４　訴訟費用は上告人とキング・フィーチャーズとの間の総費用は五分してその二を被上告人の、その余を上告人の各負担とし、前項の上告費用は上告人の負担とする。

【判旨】（※５）
原判決の一部破棄、被上告人の請求棄却。
最高裁は「連載漫画においては、後続の漫画は、先行する漫画と基本的な発想、設定のほか、主人公を始めとする主要な登場人物の容貌、性格等の特徴を同じくし、これに新たな筋書を付するとともに、新たな登場人物を追加するなどして作成されるのが通常であって、このような場合には、後続の漫画は、

先行する漫画を翻案したものということができるから、先行する漫画を原著作物とする二次的著作物と解される。」「そして、二次的著作物の著作権は、二次的著作物において新たに付与された創作的部分のみについて生じ、原著作物と共通しその実質を同じくする部分には生じないと解するのが相当である。」「著作権の保護期間は、各著作物ごとにそれぞれ独立して進行するものではあるが、後続の漫画に登場する人物が、先行する漫画に登場する人物と同一と認められる限り、当該登場人物については、最初に掲載された漫画の著作権の保護期間によるべきものであって、その保護期間が満了して著作権が消滅した場合には、後続の漫画の著作権の保護期間がいまだ満了していないとしても、もはや著作権を主張することができない」と述べ、著作権の保護期間満了による消滅を認めた。

3　キャンディ・キャンディ事件（事件番号：平成12（受）798）

裁判年月日：平成13年10月25日
裁判所名：最高裁判所第一小法廷
原告：水木杏子
被告：いがらしゆみこ／株式会社フジサンケイアドワーク

【判決】

1　本件上告を棄却する。
2　上告費用は上告人の負担とする。（第一審の判決にて原告が本件漫画の原著作者の権利を有することを確認し、被告に対し出版物の差し止め及び訴訟費用の負担を命じている。控訴棄却）

【判旨】（※6）

上告棄却。

「本件連載漫画は、被上告人が各回ごとの具体的なストーリーを創作し、これを四〇〇字詰め原稿用紙三〇枚から五〇枚程度の小説形式の原稿にし、上告人において、漫画化に当たって使用できないと思われる部分を除き、おおむねその原稿に依拠して漫画を作成するという手順を繰り返すことにより制作された」「本件連載漫画は被上告人作成の原稿を原著作物とする二次的著作物であるということができるから、被上告人は、本件連載漫画について原著作者の権利を有するものというべきである。そして、二次的著作物である本件連載漫画の利用に関し、原著作物の著作者である被上告人は本件連載漫画の著作者である上告人が有するものと同一の種類の権利を専有し、上告人の権利と被上告人の権利とが併存することになるのであるから、上告人の権利は上告人と被上告人の合意によらなければ行使することができないと解される。

4　マクロス事件A（事件番号：平成13年（ワ）第6447）

裁判年月日：平成15年1月20日
裁判所名：東京地方裁判所
原告：株式会社竜の子プロダクション
被告：株式会社スタジオぬえ／株式会社ビッグウエスト

【判決】

1　原告と被告らとの間において、別紙目録記載一ないし三六のアニメーション映画につき、原告が著作権（著作者人格権を除く）を有することを確認する。

2　原告のその余の請求（妨害排除請求）を棄却する。

3　訴訟費用は、10分し、その9を被告らの、その余を原告の、各負担とする。

【判旨】

請求の一部認容。

（i）著作者の認定（※7）

裁判所は本アニメーション映画について、「シナリオの作成からアフレコ、フィルム編集に至るまで本件テレビアニメの現場での制作作業全般に関わり、その出来映えについて最終的な責任を負い、実際にも、動画の作成、戦闘シーン等のカットに関する最終的な決定、撮影後のラッシュフィルムのチェック、フィルム編集等に関する最終的な決定を行っていたのは、総監督のR（石黒昇――引用者）であるから、同人は、監督として本件テレビアニメの『全体的形成に創作的に寄与した者』に当たると認められる。」として原告ではなく総監督が著作者であると認定した。原告に認められなかった著作人格権は総監督が有することとなる。

（ii）著作権者の認定（※8）

著作人格権以外の著作権については「原告は、毎日放送と上記制作契約を締結することにより本件テレビアニメの制作意思を有するに至ったものであり、また、自ら制作費用を負担して自己の計算により本件テレビアニメの制作を行い、本件テレビアニメの制作の発注者である毎日放送に対して、その制作の進行管理及び完成についての責任を負っていたのであるから、原告は、本件テレビアニメの製作に発意と責任を有する者である」と述べ責任を有する製作者が原告であることを示したうえで、「Rは、原告が毎日放送との制作契約に基づいて本件テレビアニメを制作することを知った上で、総監督として本件テレビアニメの製作に参加しており、制作作業に対する報酬も原告からアニメフレンドを通じて受け取っていたのであるから（甲8、乙22）、これらの事実によれば、Rは、映画製作者である原告に対し、本件テレビアニメの製作に参加することを約束していたものと認定するのが相当である」として著作権法第二九条を理由に原告が著作権を有すると結論付けた。

（iii） 妨害排除請求

「図柄に係る著作権が被告らに帰属する旨を求めて訴訟提起する被告らの行為が、本件テレビアニメに係る原告の著作権の行使を妨害する行為であると評価することはできないから、原告のこの点の主張は理由がない。」

5 マクロス事件B（事件番号：平成13（ワ）1844）

裁判年月日：平成14年2月25日

裁判所名：東京地方裁判所

原告：株式会社スタジオぬえ／株式会社ビッグウエスト

被告：株式会社竜の子プロダクション

【判決】

1 原告らが、別紙目録一ないし四一記載の各図柄について、著作権を有することを確認する。

2 原告らのその余の請求（本件図柄の使用差し止め）を棄却する。

3 訴訟費用は、三分して、その二を被告の、その余を原告らの負担とする。

【判旨】

請求一部認容。

（i） 著作権者の確認（※9）

「Kら三名は、原告スタジオぬえの従業員又は担当者として、本件テレビアニメのストーリーに対応する登場人物、登場メカの原図柄を作成したこと、同図柄の原図柄に基づいて、アニメーション制作作業の基本となる設定画である別紙目録一ないし四一各上段記載の各図柄を作成したこと、また、同目録下段記載の各図柄は、アニメーターらが、Kらの指揮監督の下に、前記設定画に基づき作画作業を行って、作成したものであることが認められる。」「そうとすると、本件各図柄は、Kら三名が、原告スタジオぬえの発意に基づき、原告スタジオぬえの業務に従事する過程で職務上作成した著作物であるから、原告スタジオぬえは、本件各図柄に係る著作権を取得した。」「原告らの間では、本件テレビアニメ制作の過程で取得した著作権について、原告スタジオぬえから原告ビックウエストが持分権の譲渡を受け、共有とする旨の合意があると認められる。」

（ⅱ）差し止め請求

「将来、被告が本件各図柄の二次的著作物に当たる新たな映画を製作し、又はこれを第三者に許諾しようとするおそれがあると認めることはできないから、差止請求は理由がない。」

6　マクロス事件C（事件番号：平成17（ネ）10013）

裁判年月日：平成17年10月27日
裁判所名：知的財産高等裁判所
原告：株式会社竜の子プロダクション
被告：株式会社ビッグウエスト／バンダイビジュアル株式会社

【判決】

1　本件控訴を棄却する。
2　控訴費用は控訴人の負担とする。（第一審にて原告は被告らに対し六億八五〇〇万円及びこれに対する平成一五年九月六日〈訴状送達の日の翌日〉から支払済みまで年五分の割合による金員の支払いを請求していたが、棄却された。）

【判旨】（※10）

控訴棄却。

『マクロス』という本件表示は、本件テレビアニメ、本件劇場版アニメ等により、映画を特定する題名の一部として社会一般に広く知られるようになったことは認められるものの、それ以上に、本件証拠によっても本件表示が事業者たる控訴人の商品又は営業を表示するものとして周知ないし著名になったとまで認めることができず、本件表示は控訴人の商品等表示に該当しないというべきであるから、被控訴人らが『超時空要塞マクロスⅡ』、『マクロスプラス』等の題名の映画を製作・販売する行為が不正競争防止法二条一項一号・二号に該当するとする控訴人の主張は失当である。」

7　ヤマト事件A（事件番号：平成11（ワ）20820）

裁判年月日：平成14年3月25日
裁判所名：東京地方裁判所
原告兼反訴被告：松本零士
被告兼反訴原告：西崎義展

【判決】

1　原告（反訴被告）の請求（被告に対し謝罪文の掲載及び本作映画が被告の著作物であることの主張の禁止の請求――引用者）をいずれも棄却する。

2　被告（反訴原告）が別紙作品目録記載の各映画の著作物につき著作者人格権を有することを確認する。

3　訴訟費用は、本訴反訴ともに、原告（反訴被告）の負担とする。

【判旨】（※11）

請求棄却。

裁判所は「原告の関与した作業内容は、美術及び設定デザインの一部であって、ドラマ、映像及び音楽から構成される本件著作物1（「宇宙戦艦ヤマト」TVシリーズを指す――引用者）の全体からみれば、部分的な行為にすぎないといえるから、原告がこれらの作業を担当したことによって、全体的形成に創作的に寄与したということはできない。」と述べ、原告は本作映画の著作者として認められないとした。

8　ヤマト事件B（事件番号：平成11（ワ）18820）

裁判年月日：平成12年9月28日
裁判所名：東京地方裁判所
事件脱退原告：破産者（西崎）破産管財人
事件参加人：株式会社東北新社
被告：西崎長男

【判決】

1　被告（西崎長男――引用者）は、参加人株式会

社東北新社に対し、別紙目録記載の商標権について、同目録記載の移転登録の抹消登録手続をせよ。

２　事件の訴訟費用は、被告の負担とする。

【判旨】（※12）

請求認容。

「本件譲渡契約……『対象作品に対する著作権および対象作品の全部又は一部のあらゆる利用を可能にする権利』を『対象権利』と定義している。」「破産者及び訴外両会社が対象作品について第三者との間で締結した契約について……第三者に許諾した権利の中には、対象作品の登場人物等のキャラクター権、プラモデル権等が含まれている。」「そうすると、本件譲渡契約における譲受人がその後の事業を展開する中では、単に対象作品の作品としての利用のみにとどまらず、キャラクターの商品化等の様々な利用形態が考えられるのであるから、譲受人によるこのような対象作品の利用のためには対象作品に関する著作権以外のすべての権利、すなわち商標権、意匠権等を含めた権利を、本件譲渡契約の対象として譲受人に移転する必要があり、他方、このような権利を譲渡人において留保する実益はなく、かえって、これらの権利が第三者に譲渡された場合には譲受人の権利行使を阻害する結果となる。」「このような点を考えると、本件譲渡契約の対象には、対象作品の著作権のみならず、これに関する商標権、意匠権等も含まれると解するのが、契約当事者の合理的な意思に合致するものというべき」

９　ヤマト事件Ｃ（事件番号：平成11（ワ）17262）

裁判年月日：平成13年７月２日

裁判所名：東京地方裁判所

原告：西崎義展

被告：株式会社バンダイ／バンダイビジュアル株式会社／株式会社東北新社

【判決】

１　原告の請求（被告に対するゲームソフトの複製の禁止、連帯して金一億円及び内金三〇〇〇万円に対する平成一一年九月一五日から、内金七〇〇〇万円に対する平成一二年五月二三日から各支払済みに至るまで年五分の割合による金員の支払い）をいずれも棄却する。

2　訴訟費用は原告の負担とする。

【判旨】

請求棄却。

（ｉ）著作権保有者の確認（※13）

裁判所は「原告は……被告東北新社との間で……本件各著作物に係る著作権等を対象とする本件譲渡契約を締結した」上で、「本件譲渡契約は、その一条四項において、当該契約の「対象権利」は、「対象作品に対する著作権および対象作品の全部又は一部のあらゆる利用を可能にする一切の権利と定義している。」（※11）という事実を挙げ、以下のように述べて『ヤマト』の著作権は被告東北新社にあるとした。

（ii）著作人格権の侵害の有無（※14）

「原告と被告東北新社との間で、原告は同被告から対価の支払を受けて、件各著作物を含む対象作品についての著作権及びあらゆる利用を可能にする一切の権利を譲渡し、かつ、原告が譲渡の対象とされている権利を専有していることを保証したことが約されたことは明らかである。」「被告東北新社（又は、その許諾を受けた者）による本件各著作物を利用する行為が、原告の著作者人格権を害するなど通常の利用形態に著しく反する特段の事情の存在する場合はさておき、そのような事情の存在しない通常の利用行為に関する限りは、原告は、本件譲渡契約によって、原告の有する著作者人格権に基づく権利を行使しない旨を約した（原告が同被告に対して許諾した、あるいは、請求権を放棄する旨約した。）と解するのが合理的である。」と述べ著しい著作人格権の侵害を立証できないとし、原告の請求を棄却した。本件は控訴されたが、控訴中に和解が成立している。

第五章　製作の現場から

第一節　映画製作

石田雄治（いしだ・ゆうじ）　日活企画製作部エグゼクティブプロデューサー

【二〇〇七年一二月インタビュー】

――大学卒業後最初にレコード業界に進まれていたということですが、これはどういう志望動機だったのですか？

ぼく自身が音楽や映画の両方好きだったんです。だから、当時はどちらでもよかったんです。映画業界はどこも新卒をあまり募集していなかったんですが、音楽業界は雇用もそれなりにあって新卒も採っていたし、ぼくがＣＢＳソニーに入った年は結構採用していたんですよ。だから入れた。

――そうするとソニーミュージックが一番元気がいいころで。

ぼくが入った時期というのは、ちょうどアナログレコード（ＬＰ）からコンパクトディスク（ＣＤ）に移り替わる時期で、営業で入ったけどきつかったですね。ＣＤは最初三五〇〇円くらいで、当初高くて。

当時ＣＢＳソニーの親会社であるソニーがＣＤのハード普及に一番力を入れていたんですよ。だから、レコード店にはＬＰよりＣＤを入れてくれと営業していたんですが、いまのＨＤＤとかブルーレイを入れてくれというのと一緒で、なかなか入らない。まだハードが普及していないし、ＬＰが二五〇〇円でＣＤのほうが高かったから。ぼくもジャケット買いするユーザーだったので、ＣＤになるとちっちゃくてしょぼいなあという感じがありましたね。店でもそんなにコーナー展開していなかったし、普及していなかったので、営業的には本当に辛かったですね。それに、ぼくの担当が最初に大阪で、商売に関しては全国でもシビアな場所だから、最初は苦労しました。

石田雄治さん。
1961年生まれ。大学卒業後、ＣＢＳ・ソニーグループ入社。その後、ギャガ・コミュニケーションズ、ポニーキャニオンを経て、洋画の買い付け・配給・ビデオ制作、音楽の宣伝・制作・映像制作からテレビドラマ制作を経験。洋画では『ＣＵＢＥ』『グリーンマイル』などを担当。アミューズに移籍後、映像制作部立上げに参加し、本格的にテレビ・映画の企画製作にたずさわる。2006年８月、映像製作・配給会社デスペラードを設立し、副社長に就任。主なプロデュース作に『２ＬＤＫ』（堤幸彦監督、02年）『下妻物語』（中島哲也監督、04年）『嫌われ松子の一生』（中島哲也監督、06年）『パコと魔法の絵本』（中島哲也監督、08年）など。08年にデスペラード社長就任後、配給営業事業について日活と業務提携。09年、デスペラードはギガネットワークスに合併され、石田さんは2010年７月、日活に企画製作部エグゼクティブプロデューサーとして在籍。

ギャガ大躍進の裏側

――そうすると最初は営業部門にいて、それから制作部門に移られたのですか？

全然。二年半くらいいて、もういいかなと思って辞めることにしたんです。地方の営業から本部にもどって、そこから制作に移るという過程って、道のりが結構長いじゃないですか。それより、若いうちになるべく早く自分のやりたいことをやらないと、頭が段々固くなってくるし、フットワークも鈍くなってきますしね。新卒で、大学までずっと親元から通っていて、大阪で社会経験ということで一人住まいをして、営業でいろんなお店を回って、人と接して話術というか営業トークも身に付け、それでもういいかなと思っても、なかなか本社にもどれる状態でもないいんですね。

ぼくの年は五十何人か同期がいたんだけど、会社は営業に力を入れていて道のりが長いから、スパッと辞めたほうがいいなあと思いました。

地方に行くと、出張費が出るからお金が貯まるんですよ。ぼくらのような若いやつらには日当が出て食費とか宿泊費とかも出るんだけれど、地方だから宿泊費が安いんです。それに食費も、新卒でまだ若かったから、問屋の営業の人とかお店の店長とかにおごってもらっていたので、ほとんど使わないんです。だいたい行きっぱなしで出張しているから、光熱費もかからないし。

そういうわけで生活費がかからないから、どんどんお金が貯まっていくんです。だから、辞めてからしばらくは遊べるなと思っていました。次はクリエイティブで職を探そうと考えていましたから、学生時代とはちがった観点でクリエイティビティを身に付けなければいけないので、それから半年以上は映画を観たりとか遊びながらそういった感性をぼくなりに磨いていて、それで一九八七年の年末にギャガ（当時ギャガ・コミュニケーションズ、現ギャガ）に入ったんです。

――どういう部署に就職されたのですか？

ギャガもまだできて二年目くらいで、浜松町にあったんです。『フロムエー』（リクルート）で募集していたので、バイト感覚の軽い気持ちで受けたら社員で入ってくれといわれたんです。「社長に会わせるから」と待っていたら、若い兄ちゃんが出てきて、よろしくと……。それが社長の藤村哲也さんで、まだあのころは三十代前半だったのじゃないかな。会社も当時は二十数人くらいしかおらず、社員はほとんど二十代で若い会社でした。

実は入るまでギャガという映画会社をぼくは知らなかったし、ギャガも『死霊の盆踊り』（八七年）と『マザー・テレサ』（八八年）を出したくらいでした。ぼくが入ったときはちょうど『ベルリン忠臣蔵』（八八年）を始めるところで、入社一週間くらいで四十七士の格好をして、泉岳寺から銀座まで練り歩いたということをやらされたんですよ。そのころのギャガは、映画の買い付けから宣伝まで全部やっていました。それで入ってしばらくしたら、ぼくの上司だった人が夜逃げしちゃったんです。当時のギャガではよくありましたが（笑）。そのまま仕事を放棄してどこかに行っちゃったから、そのあとは大変だったですよ。

その人がいなくなっちゃったので、ぼくが自動的にオペレーションをやらなければいけなくなって、まだ二十代だったけどいきなり課長になっちゃいました。でも現場もやりたかったので、最初は現場もやりつつマネジメントもやっていました。その当時は現在映画評論家をしている江戸木純さん〔一九六二年、東京出身。現在は映画評論家として活躍中〕もいて、ぼくは江戸木さんに教わりながら、ビデオのパッケージ制作をしていました。そこで買い付けのシステムを覚えたのですが、まだ黎明期ですよ。取引先には、日本コロムビア、アポロン、徳間コミュニケーションズ、パックインビデオがありました。

そこにフィリピンで撮ったアクション映画をアメリカ映画として売っちゃうんです（笑）。英語だし、主演は白人だけど、まわりはフィリピン人。そういう素材に付加価値をつけて、高く売る、一種の商社的な発想をいち早く取り入れたのがギャガなわけです。江戸木さんなんかエド・ウッド〔一九二四～七八年、アメリカの映画監督。史上最低と呼ばれ、カルト的な人気を博す〕のもので、墓場で仮装パーティしているような作品に、それっぽいアートワークとコピーで『死霊の盆踊り』というタイトルをつけて、ブッキング（映画の配給契約）をして、面白そうな作品として売っていたわけです。そういう意味ではギャガがB級映画を掘り起こし、それまで低かった作品の評価を上げ、業界内で認知させたといっても過言ではありません。

そこからギャガの大躍進が始まります。藤村さん自身が商社出身で、とにかくなんでも面白そうな作品だったらまず買って、国内で付加価値を付けて売ってゆく。その考えかたは目から鱗でした。メジャーでは絶対できないし、そういうスタイルで買い付けしてメーカーにプレゼンするというのは初めてなんじゃないですか。

――一般には、仕入商品に自分のクリエイティビティを付加して、宣伝プランやタイトルやジャケットを作ってからプレゼンするわけじゃないですか？

そこが面白いところなんです。ぼくはホラーばっかりだったけど、アクション映画に「死霊の」とか「地獄の」とかいろんなタイトルをつけていました。たとえば『ランボー』（『ランボー３／怒りのアフガン』八八年、米）が流行ったときに「ランボー（乱暴）者」というタイトルをつけたりとか。売れればなんでもありでしたね（笑）。ギャガにはデザインの部門があったから、コピーはぼくらが考えて原稿も自分で書いて字幕もつけて、アートワークまで全部こっちで引き受けるわけです。そこの制作マージンもちゃんと取っているから、そこでもある程度収益を上げることができたんです。要するに入り口から出口まで全部やる。あのビジネスはすごいと思います。藤村さんと江戸木さんが、そういうビジネスモデルを作った。ぼくは入ってそれを目の当たりにしたんです。

藤村さんは部下に任せてどんどんやらせてくれるけど、ぼくもマネジメントと制作現場両方をこなしてだんだんオーバーフローになってきて、勘弁してくれとなったんです。

そして、現在、映画監督の鶴田法男《のりお》さんに入ってもらったんです。鶴田さんと江戸木さんが評論家仲間で知り合いだったので、江戸木さんの紹介で来てもらったんです。そのときは江戸木さんは自分の会社を作って独立していたときじゃないかな。それで鶴田さんがぼくの上司になった。

だんだん会社が大きくなったけど、鶴田さんはクリエーターだしマネジメントをそんなにやりたいわけでもないので、鶴田さんも一年くらいで監督になるために辞めたんですよ。それで結局、またぼくにもどったんです。せっかくクリエイティブな仕事を始めたのに、いきなりマネジメントにもどっちゃって……、このまんまだとパンクするなあと思って、それでギャガを辞めました。そのときは会社もすごい人数になっていて、ぼくが辞めるころはもう一一〇人くらいいましたよ。ぼくがいた二年半で一気に五倍くらいに増えたわけです。

――ギャガにいるときはＰＬＣ（プロダクトライフサイクル）〔商品が市場に出てから姿を消すまでの流れのこと〕管理は本当にイヤじゃなかったですか？

ぼくのころは、そんなに邦画製作やっていたわけではないし、出資したりとかないし、買い付けがメインだったので、そんなに大変じゃなかったですね。当時はビデオのセールスって一番楽だったんです。メーカー決めて、営業部に行って、そこで大体を決めてトータルでレーベル作って、それでパッケージで売っていたわけです。まあ、ビデオ草創期だったから売れていたしね。そんなにズレはなかったですよ。

チャゲアスのマネージャー状態に

――ポニーキャニオンに移られてからは、どういった仕事内容だったんでしょうか？

音楽も映像もわかるんだったら音楽の映像に行けといわれたんです。映像をやりたいということで入ったので、ぼく自身は映画のほうに行きたかったんですけど、ＰＶ（プロモーションビデオ）とかライブビデオとかそういうのを制作するセクションに行きました。

最初は、西田ひかるさんとかＣＯＣＯとか前川清さんとかを担当していました。ギャガにいたときは洋画の買い付けやパッケージをやっていたんですけれど、今度は中身を作ることになったんです。ＰＶはまず宣伝費のなかから予算をもらい、その予算内で制作。ミュージシャンと監督を決めて、どういう内容の映像にするか打合せして、撮影・編集……。ミュージシャンの演奏シーンだけではなく、ときにはドラマ仕立てもある。まあいまから考えれば映画制作とあまり変わりません。ライブビデオの場合は、まず売り上げ予想から制作予算で決めて、カメラの台数やリハなどライブ以外の撮影を予算内で決めていきます。ここでやっと映像制作というものを覚えました。

――ポニーキャニオンに所属しているアーティストって、三五ミリフィルムを回しているんですか？

ほとんどビデオですよ。ただし、チャゲアス（チャゲ＆飛鳥）だけは三五ミリを回していました。当時売れていたので予算があったというのもありますが、本人たちのこだわりもありました。ぼくは映像現場についていて、完成後、そのライブフィルムを配給することになり、そのときに興行というものをちょっと学びました。興行といっても自主興行で『CONCERT MOVIE―GUYS』（九三年）というタイトルでパルコ劇場でまず上映して、全国のライブ会場で上映しました。いわゆるフィルム・コンサートですね。

ちょうど彼らがブレイクし始めたころだったので、そのうちチャゲアスにどっぷりつかるようになっていきました。ぼくが担当したのは『セイ・イエス』（九一年）のあとで、今後どうやって宣伝を展開するか会社としてきっちりやらなければならない。つまりプライオリティ・ナンバーワン・アーティストとしてきっちりやらなければならないということで、ぼくはチャゲアスの映像担当じゃなくて宣伝担当になっちゃったんです。

担当してからすぐ、彼らの「アジア戦略」が始まりました。モナコに行ったり、東南アジアツアーやったり、国内だけではなく海外を含めていろいろやらなければいけなくなって、ほとんどマネージャー状態でしたよ。制作とはちがって、宣伝というコミュニケーションの仕事は自分にはつらかったですね。でも一方でチャゲアスというブランドのお陰で、業界の人脈がけっこう増えました。いまでもそれなりにやっている人たちとそのときに仕事ができたので、その人脈がいまも生きていますね。

河井信哉氏との出会い

――その後の経緯ですけれども、アーティストの宣伝をされたあとは、どういうふうに次のステージに行かれたのですか？

チャゲアスがＥＭＩに移籍したんです。そのタイミングで、映像のほうに移してくれと上司に相談したら、たまたま映像のトップだった人がぼくの大学の先輩で、音楽にいたときもよく話をしてかわいがってくださっていて、快諾してくれたんですね。

ポニーキャニオンは、ちょうどフジテレビから出向してきた河井（信哉）さんが『スワロウテイル』（九六年）をやったあとだったんです。キャニオンはそれまでも映画製作をやっていましたが、河井さんが来て、もっと本格的に映画製作をするぞとなっていたんですね。それで、博報堂と「PeacH」という映画プロジェクトを立ち上げたり、『Lie Lie Lie』『リング』に『らせん』（一九九八年）と、立て続けに製作していたんです。『リング』のときは河井さんの下でプロデューサーの仙頭（武則）さんと一瀬隆重さんがいて、『らせん』は仙頭さんでその下にＡＰ（アシスタントプロデューサー）でＩＭＪエンタテインメント（現Ｃ＆Ｉエンタテインメント）の久保田修さんがいて、現在映画監督の熊沢（尚人）さんもいました。

――すごい面子がいたんですね。河井さんと組んだのは、そのころの縁でですか？

そうですね。ぼくは最初は洋画だったので、そういうのを横目で見ながら、洋画の買い付けをやっていて、『グリーンマイル』（九九年、米）『キューブ』（九七年、加）『オースティン・パワーズ』（九七年、米）とかを担当していました。『ムトゥ・踊るマハラジャ』（九五年、印）は買い付けたのが江戸木純さんで、それで久しぶりにやりましょうということになって、渋谷のシネマライズでずっと上映したこともありました。

――単館で数字が伸びることを証明した作品でしたね。

ところが、あれはザナドゥー（二〇〇九年に消滅）が配給をやっていて、ビデオの権利しかキャニオンはなかったんですよ。キャニオンで自社配給したのは『キューブ』が初めてです。
そうやって洋画の買い付けをやっていたら、そのうち久保田さんも辞めて、熊沢さんも監督をやるとなって辞めて、邦画で河井さんのフォローをする人間がいなくなってしまったので、「おまえ、やれ」ということで河井さんの下についたんです。その後、彼に「アミューズ〔七八年に大里洋吉が創立した大手芸能事務所。テレビ・映画などへも多面的に展開している〕に行くけど一緒に行く?」と誘われたので、悩みましたが、キャニオンには一一年間いてもうやることないかもと思い、ついて行きました。

――アミューズは、当時のアミューズピクチャーズをたたんだ後ですか?

それはぼくが入社したあとですね。アミューズグループとしては、配給・製作部門であるアミューズピクチャーズを東芝に売却しようとしていたみたいで、でも大里会長(当時)は映画製作が好きなかたなので、あらたにアミューズの本体で映像部門を立ち上げることになったんです。それで河井さんとぼくが行ったわけです。

――それで、満を持してアミューズで映像製作の事業を本格的に開始されるわけですね。たとえば、『2LDK』をプロデュースされたのが二〇〇二年ですか。

移ったのが二〇〇一年で『2LDK』の制作が二〇〇二年で配給が翌年ですね。ぼくはポニーキャニオン時代に、テレビの作品は三本くらい作ったことはあるんですが、映画製作の経験が全然なかったんですよ。

――『2LDK』は公開が「DUEL～対決」ということで『荒神《あらがみ》』と併映だったわけですね。それでガップリ河井さんと組まれて作り始めて、一通り映画の配給とか製作の構造だとかご存知だったと思うんですけど、実製作で真んなかに立ってやると、またちがう苦労があったと思うんですが。

そこで初めて、映画製作ビジネスのノウハウを覚えたんですが、河井さんには本当にいろいろ教わり、いろんな人を紹介してもらいました。その後、河井さんはアミューズに残って、ぼくはアミューズ・ソフトに転籍しました。なので、結局一緒にやったのは、『スカイハイ』のテレビ（〇三年、テレビ朝日）と、『2LDK』『荒神』（〇三年）の三個くらいなんです。アミューズ・ソフトでは『下妻物語』（〇四年）『アヒルと鴨のコインロッカー』（〇七年）『いちばんきれいな水』（〇六年）『嫌われ松子の一生』（同）『隣人13号』（〇五年）などを製作しました。一番充実していた時期ですね。

配給に挑戦

――九〇年代中盤まで邦洋メジャーが一極的・固定的に興行界を支配し、独立系のVG（ビデオグラム）販社や配給会社はその間隙を縫って、メジャーの目の届かないところで懸命にアドバンテージの高い商品の仕入を続けていましたが、二〇〇〇年代に入ってVG市場の崩壊と共に敗れ去っていきました。そんな流れのなか、石田さんは独立系製作・配給事業の果敢な戦いを挑み続けています。配給という自らのコンテンツの価値を決定する機能を他社に依存して製作を続けると、楽である反面、常に売り上げ不安がつきまといます。石田さんはそういう危機感から自ら配給を行いたいと思ったんでしょうか？

いまぼくが企画している作品も、当然マストアイテム（不可欠なもの）ではないですから、たとえば企画してもある社でだめ、別の社でもだめと通らなかった作品が、自社でできればいいなということと、さっきも述べたようにビジネスの流れとその構造を知りたかったということがあります。配給から利益構造を含めてきちんとビジネス面をわかりたかったということがあるんですが、逆に自分で企画した作品だと、そういうことを言ってられなくなりますからね。

それに他社の企画でも、他社も配給部門はあるけど、そこで通らないとこっちに話が来るじゃないですか。そこで純粋に判断できれば配給受託があるわけですから、そのときに客観的にその構造が見えていたほうがいいわけです。自分の企画は、シビアにプロデューサーとして本当にフラットに考えるから、そのときに自分で配給するのがいいのかどうかというのを最終的に判断すればいいわけです。

――ということは、配給に依存しない製作の開発とか、実際のコンテンツの製造とは、配給にあえて依存しないで作っていくということですか？　配給があったほうが企画を流しやすくなるけど、それが必ずしもいいことではないというお話と思ったんですけど。

最終的には、配給に依存しないですむようにしたいんですね。組織としては、配給のセクションがちゃんと成長し、そのためにはある時期には自分のキラー・コンテンツを任せなければいけないわけですが、そこは経営者として、最終的な目標はそうでもいまはそういう時期ではないと考えています。むしろいまは、製作の部分を強くして配給力を牽引したいので、発売元をとったりして、そこで利益を出していくという段階ですね。

配給部門を持っていると、ぼくのような制作側からすると、企画が持ち込まれてきます。それはすごくいいと思いますね。どうしても自分の企画には限界があるし、いろんなところにアンテナを張り巡らせられるわけがないから、そんなときに配給部門を持っているということで、邦画のいろんな企画が持ち込まれるというメリットがあります。ただどうしても、先ほど言ったように自分の企画になると話は別で、バジェット（予算）や、配給先や、編成といった問題を自分が一番わかっているので、ぼくの企画を自社配給するとなるとそれなりに拘束されるし体力を使うから、最初の二、三年は会社を回転させるためにも他社の作品を受託したほうがいいわけです。やはり経営的にはそう考えてしまいますよね。

――洋画と邦画では商品を扱ううえでどういう大きなちがいがあるのでしょうか？

洋画に比べて、邦画は作っていく過程からプロモーションが始まり、キャスト・スタッフをプロモーションで稼動させたり、製作委員会に対してもいろいろ調整しなければいけないので、かなり大変になります。

まあ、大変な分、権利があるので当たれば利益は大きいですけどね。

映画以外の映像需要と音楽の可能性

――メジャーのチェーンの相互乗入れや従来チェーンのクロス化が進んだり、銀座地区の動員数激減に象徴されるように地方と都市部での動員逆転現象が起きています。マーケットのお客さんの志向が変わってきているなかで、企画内容も変わってきていると思うんですけれども、この何年かで作られているとき、マーケットの変化をどう意識して、そこでどういう方向を模索されていらっしゃるか、教えていただけますか?

ＤＶＤは確かに売り上げが落ちました。あと、洋画とはまだ格差があるけれど邦画も単価が安くなったので、値段が安くなって売れなくなったわけですから、ＤＶＤで回収するというのがなかなか難しくなりました。じゃあ劇場でヒットするかというと、東宝以外の作品はほとんど厳しいのが現状です。正直言って回収するのが困難な状況になりました。

ぼくはいまでもインディペンデント（独立系）だし、テレビ局と組むこともあるけれど、そこと組んでがっちりやれるような作品ばかり扱っているわけではないので、どうしても回収にはものすごくシビアになっていきます。それで、企画をどうするかを常に考えていますが、若者に向けた作品作り・仕掛けというのは、ちょっとぼくには欠けていますね。そこはテレビ局の力に勝てない。内容はともかく、媒体力とかＣ

Mの仕方というのは真似できないので、ちがう形をやらなければいけない。いまそれを模索しているところですが、自分自身の志向としては、タレントものの恋愛映画なんかを作ってこなかったし、これからも多分作れないですね。だからＦ１層と呼ばれる二十代から三十代前半の女性以外の、もっと上の層を開拓すべきじゃないかなと考えています。

そこに向けた作品作りというのは絶対あると思うのですが、映画興行だけでなく、二次利用のビデオグラムでビジネスをするのか、ネット配信で見せるかと考えているところです。そこには潜在需要があるわけで、『ビリーズブートキャンプ』〔二〇〇七年に大ヒットした、エクササイズの映像ソフト〕のような例があるわけです。石原裕次郎のＣＤボックスが売れていたり、プレスリーも通販で大人気ですから、彼らに向けた映画や映像を作ったりできないかなと考えているんです。

テレビも、時代劇とか刑事ものがなくなっちゃっているでしょ。トレンディドラマの流れで一三回で終わるようなものばっかりになってしまっているじゃないですか。昔なんて、『ありがとう』（一九七〇年〜、ＴＢＳ）とか『飛び出せ！　青春』（七二年、日本テレビ）は一年やっていましたからね。そういう一年間やるような作品がないからこそ、みんな『24 - TWENTY FOUR -』〔アメリカの人気テレビシリーズ。日本では〇三年にビデオ化され、人気となった〕みたいなアメリカのドラマに流れちゃっているんでしょうね。昔、刑事ものとか時代劇を支えていた層が、いまはテレビや映画からちょっと離れているわけなので、そこに直接なにかをもっと訴えかければ、新しい作品でも、絶対そういうのを楽しむと思うんですね。『アンフェア』（〇六年、フジテレビ）や『相棒』（〇〇年〜、テレビ朝日）がドラマと映画でヒットしたり、大映ドラマのような韓国ドラマがヒットしたりするのはそういうことなんじゃないでしょうか。

俳優たちも、そういう役を演じてみたいと思っている人がいっぱいいるんですよ。ぼくの周りにも原作もので時代劇をやりたいというベテランの俳優さんがいたし、若手でも推理小説をやりたいということで直接出版社に交渉したり、俳優の事務所から本人がこの役をやりたいと言っているのでぜひお願いしますというのが結構あるんですよ。それをぼくらがうまく結びつけてそのマーケットに発信していけば、ビジネスとして成り立つのではないかと思っています。

——失礼ながら、石田さんは、すでに完成されたクリエーターをお金をはたいて連れてくるのではなく、あえて言うなら〝ちょっとだけ映画界へ足を踏み入れてみたけど、まだ右も左もわからない〟というような逸材に声をかけて育てあげ自らのラインにしていくという、目利きのスキルがたいへん大きく感じられます。こういう新しい人たちに対する目利きのポイントは、どこにあるのでしょうか？

さっきからずっとお話ししていますように、ぼく自身が映画業界そのものにそんなに長くないので、映画関連とか映画監督とかにそんなに人脈がないわけです。映画のコアな部分の人たちとそんなに共鳴する部分がなくて、映画論を闘わせるとか、映画作りとはなにかという議論は、逆にできないんですよ。映画原理主義的なことはぼくには向いていなくて、どっちかというと、単純にあの映画はよかったとか、あの映画のここはいいとか、そういうことならいくらでも話します。あと、ぼくは映画は音楽から入っているので、サントラにはものすごいこだわりがあるんですが、日本の映画ってサントラの制作にほとんどお金をかけてないですよね。映像にはお金をかけても、音楽にはお金をかけないから、「えっ、音楽費ってこれだけ？」ってぼくは最初愕然としたんです。そこは、もっとかけろよと思いますね。

音楽のクオリティによって映像ってまったく変わってしまうから、スピルバーグの『ジョーズ』（七五年、米）のあの音楽がなかったら、オープニングのシーンなんて全然恐くないと思うんです。映画音楽がクライマックスにかかることによって、泣けたりということもできる。『ゴースト／ニューヨークの幻』（九〇年、米）のろくろを二人でいじるシーンで、「アンチェインド・メロディ」がかかって泣けるわけです。そこには絶対センスが問われるし、映画音楽というのをぼくはすごく大切なものだと思っています。

面白かったのは、監督のセルジオ・レオーネは作曲家のエンニオ・モリコーネ（一九二八年～、イタリア人作曲家。レオーネ監督の「マカロニ・ウエスタン」作品ほか多数の映画音楽で著名）とずっとタッグを組んでいて、ウエスタンのときには前もってエンニオ・モリコーネが台本を読んでテーマ曲を作っていたんだそうです。それを撮影のときに、現場でセルジオ・レオーネが流していて、クラウディア・カルディナーレとかはそれを聞きながら演技するわけですよ。だから、バッチリはまる。これは素晴らしいなと思いました。まあ、監督によってよし悪しだと思いますが……。とにかく海外の人はそこまでサントラの重要性をものすごくわかっている。ぼくもそうじゃなきゃいけないと思うんですね。

日本はＣＭの人が音楽と映像のコラボレーションをきちんと考えている。中島（哲也）さんもそうなんだけれどＣＭの人は、ＣＭの一五秒間のなかで音楽をどう使うかというのをすごく大事にしているから、中島さんの音楽に対するこだわりとかも凄いですよ。既存の曲をいろんなところから引っ張ってきて、それをダミーとして映像に貼り付けるわけです。それがもう完璧に貼り付けているわけです。音楽がのりかわるところも、寸分たがわずに作ってあるんです。それをベースにして「こういうイメージでやってくれ」

と音楽プロデューサーに渡すんですよ。

彼が、「昔の名作というのは、常に後ろには音楽が引いてある。それが引かれなくなったのはニューシネマ〔アメリカン・ニューシネマ。六〇〜七〇年代にかけて製作された反抗的な映画群〕になってからだ。五〇年代、六〇年代のメジャーなハリウッド映画というのは、ほとんど音楽が裏にかかっている。ずーっとBGMのようにかかっている」と面白いことを言っていたから、そういうところまで中島さんは全部研究していて、サントラの重要性に気づいていたんだなと思うんですね。それに、「ニューシネマの安い撮りかたとか、音楽の使いかたとか、そういうところだけ日本の監督は継承したんじゃないか」って、彼は言っているんです。だから中島さんは昔のハリウッド映画にもどって、サントラと映像の重要性というのをもう一回見直そうとして、それでやったのが『下妻物語』（〇四年）だったんですね。もっと発展形にしたのが『嫌われ松子の一生』（〇六年）で、ミュージカル形式にまでしてしまったわけです。

経営者とプロデューサーは同質であっても、両立は困難

――中島さんのお話が出ましたので、石田さんは中島さんの映画の三本目をいま（二〇〇七年）なされているということですが、プロデューサーとしてはどのようにしてクリエーターとの間合いを取ろうとされているのでしょうか？

中島さんにかぎらず他のクリエーターのかたともそうなんですけれど、ドップリとはいかないんですね。

今回はいいけど、次回合わなかったらしょうがないかという感じです。他のクリエーターの人ともそういう関係ですね。ぼくは三池（崇史）さんや堤（幸彦）さんとも仕事をしていますが、三人とも共通しているのはドライな感じで、そこがすごく好きですね。

三池さんや堤さんもそうだけど、何年か経っても普通に仕事ができる感じで、ああいうのがいいですね。粘着性がなくて、ディレクターとプロデューサーの関係としては割り切って仕事ができるし、こっちもプロデューサーとして割り切ってものが言えるし、そこでドップリいっちゃうと最終的には別れちゃうという感じがしますね。

――映画なら作ったらなんでも売れちゃうという時代ではすでになくなっていて、プロデューサーは作品の中身だけを管理すればいい時代ではすでにないわけですが、プロデュースに経営者的感覚を持ち込むことのメリット・デメリットがあれば、おうかがいしたのですが。

経営者とプロデューサーというのは、基本は一緒かなと思います。プロデューサーって会社を経営するようなものじゃないですか。お金を集めて会社を立ち上げるように、お金を集めて一本の映画作品を成立させて、配当金を出すように売り上げを委員会に配分するわけで、一緒の流れだと思うんです。プロデューサーの下にディレクターとかスタッフがそろっていて、それは社員だと思うんですね。製作委員会というのは株主で、スタッフに対しては株主がこう言っているから、こういうふうに作りましょうとなだめすかして、それもまったく一緒だと思うんです。

でも、経営者をやりながらプロデュースを同時にやるというのは、なかなか大変なことです。プロデューサーとして脚本家とか監督とクリエイティブな打ち合わせをした後に、経営者として数字の話をするわけで、そこの頭の切り替えは大変ですね。会社の所帯が大きくなってくれば、だれかに任せていかなければならないことも出てくるでしょう。

企画開発の秘訣

——それでは、現在の日本映画を中心としたコンテンツビジネスの新しい潮流を支えているのは、新世代のプロデューサー群による、従来の発想にとらわれない新しい事業企画のアイデアと、因習的な徒弟制度から脱却した製作システムにあるように思われます。

石田さんが『下妻物語』『嫌われ松子の一生』といったヒット作品を邦画界に送り込んだことにより、独立系制作会社の作品を配給メジャーが、小規模から徐々に拡大していくような、まさに独立系配給の手法で作品を配給したり、また逆に、企画した会社自体は小規模なのに、大小の各種資本がそこに合従連衡して大資本と同等やそれ以上の配給体制へと発展したりと、従来の邦画の配給システムとはずいぶんちがう作品展開が行われるようになってきました。現在、石田さんがルーティンでされている企画の開発メソッドと、資金調達のプレゼンテーションの手法について教えてください。

企業秘密ですね（笑）。

企画の開発には二種類あって、この監督に次はなにをやらせようか、このクリエーターになにをやらせようかというのが一つで、「中島さん、次なにやりましょうか」「三池さん、今度はなにやりましょうか」という形から入る場合ですね。それと、自分自身にとって原作が面白くて、これをだれにやらせるかというケースです。この原作は今度この人にやってもらったら面白いんじゃないかという考えかたです。その二つが一緒になることもあります。また、企画に関しては持ち込みもあったりします。

重要なのは、そのときにパッケージ感をどう出すかですよね。中島さんの場合は、すでにある程度のパッケージができるからいいんですけど。ぼくが原作からスタートしたい場合は、メジャーじゃないので、大手出版社のベストセラー作品とかはなかなか持ってこれないじゃないですか。そのときに、もう文庫化している作品とか、昔の原作だったりだとか、もっと言うとなにかのリメークだったりだとか、そういうのしかないわけですよ。そういう制限がまずあるので、この原作にこの監督をつけて、キャストがこれという、全体のパッケージをどう大きくしてゆくかがポイントになるんですね。

興行部を持っている映画会社や、バックにテレビメディアが付いているところや、ベストセラーの原作をもっている出版社とはちがうから、ぼくらはパッケージの組み合わせで勝負するしかない。そこでお金を集める作業をしないと、メジャーには勝てません。

そこで、いかにパッケージをでかくするかという引き出しを持っていないとどうしようもないわけで、クリエーターを育てることもそうだけど、クリエーターの人脈をどう活用するかが大切になるわけです。今回進めている『パコと魔法の絵本』（〇八年）なんかいい例だけど、この作品は舞台の映画化で、当初はロー・バジェット（小規模予算）で映画化する予定だったんですが、中島さんが監督することになって、一気にバジェットも増えて、豪華なキャストも付いて、東宝もOKということになるわけです。

――それでは、製作会社ということの業態から、石田さんなりの考えかたをお聞きしたいのですが、なかなか永続的な安定経営をしている独立系のプロダクションはありません。製作会社の安定的経営にはいったいなにが必要なのでしょうか？

基本的にダメでしょう（笑）。ぼくも難しいと思いますよ。製作会社も配給会社もなかなか難しいでしょう。その両方をやっているぼくなんか本当に大変で、そのなかでどうやってやっていくかというのは、横の連携でしかないでしょうね。それがソフトの活用だと思っていて、ソフトというのは人脈、人材ということです。ぼくはこの二〇年間いろんな業界を渡り歩いていろんな人とお付き合いして生きてきたので、いかにそのソフトを使うかがポイントになると思います。だから会社単体だとできないけど、どこかと組むことによってちがう利益が生まれてくるというのはあると思っています。そういうことを考えていかないと無理でしょう。人脈をどう結びつけて活用するか、この人とこの人を合わせたらとか、たとえば音楽業界のこの人を映画で使ってみたら面白いかなとかね。

――石田さんの人脈であり、開発した人材であるとすると、石田さんが引退してしまったら終わってしまうじゃないですか。つまり、そういう人脈の作りかたであるとか、人材の開発方法を会社の経営資源として次の世代に伝えていくことも、製作会社の経営という点では重要になってくるということとですか？

経験もありますけど、こういう職業は向き不向きというのがあって、そこはなかなか難しいですね。やはりキャラクターじゃないでしょうか。そういうキャラクターを見出して育てるというのは時間がかかるし、できれば向いているキャラの人をピックアップしたいんですけど、なかなかそういう人はいないし、いてもそういう人は動かないですよ。よほど共鳴しないかぎり、インディペンデントの会社にあえて入ろうという人はいませんよね。

――キャラクターというのは大きな要因ですよね。

個人的なことですが、ぼくは子どものころに六回くらい転校しているんですよ。だからというわけではないけど、変わり癖が付いて、会社も何回も変わっているじゃないですか。そうすると、つねに客観的というか人の輪になかなか入れないんですよ。すぐには仲間に入れない。それって、子どものときつらいじゃないですか。そうすると次のところに転校したときに、こいつらのなかにどうやったら入れるんだろうと子どもながらに考えちゃう。それでまずは、そいつらを観察するんですよ。こいつの好きなことってなんだろうとか、こいつらが好きな遊びってなんだろうって観察して、じゃあぼくはゲームを持っていって、それで仲間を釣ろうと、そういうことを考えるんです。まずは遊びなんかで、どうやったらこいつらの注意を惹くんだろうと見ているわけですよ。

それで、最初に引いて観察するというのは、プロデューサーとしての部分になにか結びついているんじゃないのかなと自分なりに考えていたら、同じことをいっていた人がいたんです。それが横澤彪《たけし》（元フジテレビ・プロデューサー）さん。横澤さんの本を読んでいたら、横澤さんも子どものころ転校が多くて、それで客観的に物事を見る力をつけたと書かれていました。常になかに入れない、それで子どものくせに物事を引いて見る、醒めて見る体質になっちゃった。ぼくも、そういうことを身につけていますね。

でも、普通の人とはちょっとちがう特殊な経験になっちゃうから、プロデューサーのスキルとしてはあんまり参考にならないですね。

——それでは最後に、これから映画業界へ足を踏み入れようとする学生や、参入しようとする若い実業家たちへ、石田さんからメッセージをお願いします。

なんでもいいから、この業界の人脈を広げることです。まずはクリエーターと仲良くなることでしょう。ぼくなんかそんなにクリエイティビティがあるとは思えないし、もう歳だし、頭も固くなってフットワークも鈍くなってきているんだけれど、この監督にこの脚本家を付けたら面白い作品になるとか、この会社とあの会社と組んでやったら面白い展開ができるとかは思いつくことができる。それは人脈とコーディネートの力です。自分にクリエイティビティがなくても、コーディネートの力があれば必ず勝負できます。

そうしたときに必ずやってほしいのは、そういうクリエーターに対して絶対利益を還元してあげてください。いま、映画業界・映像業界はクリエーターに対し冷遇しすぎです。だからみんな、お金になるゲームとかパチンコとかに流れるわけです。優秀なクリエーターをみんなで育てるために、絶対利益還元してほしい。利益還元をすることによって、信用が生まれ、そのクリエーターとまた仕事ができる。そしていい仕事、いい作品作りができるわけです。

第二節　コンテンツ制作（1）

白倉伸一郎（しらくら・しんいちろう）　東映取締役、東映テレビ第二営業部長

【二〇一五年八月インタビュー】

――最初に、現在白倉さんは具体的にどういうお仕事をされているのかを教えていただけますか？

いまの肩書きはテレビ第二営業部長というものですが、部下は一人もいないんです（笑）。具体的には、「仮面ライダー」とか「スーパー戦隊」というキャラクター番組を統括するというのが建前です。

――建前ということは？

全然、統括していないからです（笑）。野放し状態です。

――白倉さんのこの一〇年ほどのご活躍はファンにも有名ですし、また、それだけたくさんの作品を手がけられております。そうした仕事のお話に入る前に、白倉さんはどのような学生生活を送られて

いたのか教えていただけますか？

東京大学に進んだんですけど、学生時代は本当になにもしなかったんですよ。なにもしないだけじゃなく学校にも行かなかったので、卒業できなかったんです。世間的には勉強が大好きだったんですと言っているんですけどね。留年した五年目にそろそろ卒業しないとまずいだろうと思って、どれだけの単位が残っているのかを見たら、一年間をいっぱいいっぱいにがんばって、ようやく卒業に必要な単位数が取れるとわかったんです。それで、好きでもない分野の講義にも一生懸命に出たりしてギリギリで卒業するんですけど、そのときの一年間というのは勉強がものすごく楽しかったですね。

ありとあらゆる学問ジャンルというのは、だれかが始めたものじゃないですか。それは、各学問分野の面白さに気がついた人が始めるわけですから、全学問分野が必ず面白いんです。それまでかけらも興味がなかった言語学だとか社会学とか、すべてが無茶苦茶面白いんですよ。いまごろ目を開いてどうするんだ、一年生のときに開かれろよと、いまさら感はありましたねえ（笑）。

――その後、東映でヒーローものを作られるのですが、子ども時代はやはり特撮番組

白倉伸一郎さん。
1965年、東京都出身。90年、東京大学文学部卒業。東映入社後、テレビ事業部に配属。91年『鳥人戦隊ジェットマン』『真・仮面ライダー／序章』に参加。遍歴を経て、2000年『仮面ライダークウガ』で特撮番組に復帰。以降、いわゆる「平成ライダー」シリーズを多く手がける。東映東京撮影所長を経て、2014年に東映テレビ第二部長に就任。

がお好きだったんですか？

特撮番組は好きでした。でも、それだけが好きということではないので、本当に好きだった人と話していると馬脚をあらわしちゃうんですよ。好きだったんだけど、くわしくはないんですね。不良というほどじゃないんですけど、高校に入ってから段々と身を持ち崩し始めちゃって、いまもつい気が緩むと昼夜逆転しちゃうんです。特に、高校生くらいのころからビデオデッキというのが普及し始めていたので、ついついビデオを借りてきちゃ観ちゃうんですね。大学に入ってからはパソコンが広がり始め、まだインターネットじゃなくてパソコン通信の時代だったんですけど、テレホーダイというサービスが始まっていて、定額制で二三時にならないと接続できないんです。そうすると、昼夜逆転せざるをえなかったんです（笑）。

いまのインターネットに近いものは大学にあったので、自宅にいながらそのサーバーにぶら下がってそれで宿題をやったり、バイト先のサーバーにぶら下がるというのも可能だったんです。でも、それも二三時以降にならないと使えないから、学校に行かなくなりますよ。自宅から通っていたんですけど、だから家族から見たらいつも寝ているという生活だったんです（笑）。

――そのなかで就職活動をされて、東映の内定を取られたと思いますが、いくつかの選択肢があって東映に決められたのですか？

学生ですから考えかたが甘いんですけど、趣味の方の映画・映像系の会社としては東映しか関心がなかったんです。東映よりも東宝とか松竹の方が格が高いような気はしていましたけど、でも、趣味を仕事にするのならば東映で働きたいなと思っていました。一方、ちょうど黎明期だったコンピュータ系の事業はこれから伸びていく分野で面白そうだなと見ていましたから、その分野で働くのならどの会社でもよかったんですね。東映の内定が一番遅かったので、コンピュータ会社の面接を受けたときに「ほかはどこを受けているんだ?」と聞かれたから、「東映です」「全然畑ちがいじゃないか。それでもし東映受かったらどうするんだ?」「それは東映に行きます」とはっきり答えていました（笑）。

——東映の役員面接を受けたときに、「どういう仕事をしたいのか?」と聞かれて、「制作現場とテレビ局やスポンサーとのせめぎ合いの板ばさみをやりたい」と答えられたのは、白倉さんの有名なエピソードになっていますよね。

それでプロデューサーをやりたいと答えたんですけど、実はどんな仕事でもよかったんです。「東映ＬＯＶＥ」だったので、東映で働くことができればどんな部署でもかまわないということなんです。

現場経験と新ツールのミックス

——いま出た東宝や松竹という会社と東映とでは、会社としての戦力もちがうし特性もちがうけれど、代表的な映画会社として三社並べて比較されやすいじゃないですか。そのなかでテレビに進出したのは東映がとても早く、多くのテレビ番組を量産していきました。その分、戦後の保守的な撮影所の体質が温存されたのではないかと思いますが、外から見ていると「仮面ライダー」の新シリーズのメインプロデューサーに白倉さんが立たれて、東映東京撮影所（大泉撮影所・東京都練馬区）の撮影所をドンドン改革されていったような感じがしました。

撮影所特有の古い体質にはいい部分もたくさんありますが、それをデジタル通貫というまったく新しい体制のもとでアジアで一番の撮影所にしていかれて、東映ゆえの苦労も多かったんじゃなかろうかと想像しています。そこを具体的にお聞かせ願いますか？

まず、アナログとデジタルという言葉はあまり使いたくないんです。それでも、特にここ二〇年ほどは、映像制作においてデジタル化というムーブメントがすごく進み、家電メーカーやコンピュータメーカーという異業種からの参入が相次いだんです。撮影機材・編集機器に至るまでの全ジャンルにおよぶんですけど、新しく会社を作りました、新しい機材を作りました、新しい編集室を立ち上げましたというのはいまも続いています。それはそれで選択肢が増えるということなので喜ばしい面もあります。ところが、新規参入してくるメーカーは現段階ではノウハウを持ってないわけですよね。一方で撮影所育ちの人間にはノウハウを持っている人がいっぱいいるんだけど、その人たちはツールを持っていない。

ですから、ツールを採るのか人を採るのかという選択肢のように見えるかもしれませんが、当たり前の話なんですけど、人とツールって並び立たないわけじゃないですよね。映像制作の現場で生き残ってきている人たちですから経験を積んでいますし、必ずいいところがあるわけです。そういう人たちに新しいツールを持ってもらえれば、鬼に金棒となるわけです。それだけのことですから、どうやってツールを持っていただくかということと、どうやってこのツールをメーカー主導にさせないかということだったんです。キャメラが典型ですけど、あるメーカーが新規にキャメラ製造に参入してくる場合、それはビジネスとして狙っているわけですから、いっぱい買ってもらいたいと願っているわけです。ということは、最終的には民生用に落とし込むもの、つまり一般のかたがたが運動会で子どもの姿を撮るとか、赤ちゃんの姿を記録するとか、そういう技術に落とし込むための先駆けとして業務用のキャメラの開発に乗り出すわけです。そうすると、一番多く買ってくれるところにターゲットを設定しますよね。放送局で特にスポーツ中継用のキャメラを作りたがるわけです。それが売れるか売れないかは結果論になりますが、そうすると、映画用とかテレビドラマ用というキャメラの開発は、二の次、三の次になってしまうんです。

ところがノウハウのないメーカーだと、映画やドラマを撮るキャメラとスポーツやスタジオのニュース中継用のキャメラと、どこがどうしてちがわなければならないのかというご理解が得られないんです。「スペック上ではうちの方が優れています」と営業トークをされても、「このキャメラは岩場とか波打ち際でも大丈夫？」って聞けば、「そういう苛酷な環境で使うのはやめてくれ」ってなるんです。「爆発シーンの撮影だとセメントの粉とか飛んでくるけど、防塵対策はどうなっているの？」「そういうところでは使いません。まずはしっかり三脚に固定して、安定した水平の状態を保って使ってください」って（笑）。

映画って撮影する側で環境を選べないから、「環境を選んで使ってください」なんて無理なんですよ。日中の郊外の撮影で特に夏場の炎天下で使うようなとき、「ズーッと電源入れっぱなしだと、熱暴走しますので一時間ごとに休ませてください」とか、「一日中回すなんてありえません」とか、「そんなテストしたこともない、考えたこともない」なんて言われても、そうはいかないんですね。

——以前は熱暴走が確かに多かったですからね。大泉撮影所の内覧会を拝見させていただいたとき、いろんな機種のＨＤを使われていたりして試行錯誤されていたじゃないですか。多くのメーカーさんとお付き合いされながら機種を取捨選択し、撮影するテレビシリーズにぴったり合うものを探し出したりとか、合成用のフィルタを一枚入れなきゃいけないんだけどその後の工程が楽になるとか、そういうものを何年もかけて探していかれたんですね。

「わかった、実験しよう」と言われてから、五年くらいほったらかしにされていたりとかありましたよ。そういうことの繰り返しが多くて、こうならないのか、ああならないのかとメーカーさんと話し合っても、こちらの要望を聞いてくれなかったりで、その苦労は多かったですね。

——一方で、ここ七、八年くらい前からですかね、大泉で撮られるテレビシリーズのロケーションの場所が新しくなったなあと見ています。それまでの東映の定番の場所ではなくて、新しい場所をいろいろ探して使っていますよね。上野の国立博物館でロケしていたこともあったから、よく撮影許可が取れたなあとびっくりしました。

それは監督ですね。監督の方で意図的に新しい場所を探しているんだと思います。

――技術チームは先ほどの機材の問題があって、一方、実際にロケに出る制作チームは新陳代謝があったのだと思いますが、会社としてはどうしても安定した人に監督をお願いしたいと考えますよね。

会社としては、安く撮ってくれる人が一番ありがたいわけです。

結局は人間にもどる

――技術面についてもう少しうかがいますが、デジタル通貫で納品までしてしまうという白倉さんの計画はとりあえず完成したと思うんですけど、次のステージについてはどのようにお考えなのでしょうか？

それが、計画としては道半ばどころか端緒についたばかりなんです。どこまでというのは限りがないんですけど、極論すればオールＣＧでもいいわけです。みなさんもご存知のようにハリウッドのＣＧ技術ってものすごく進んでいます。そこで進めば進むほど、その映像作品がＣＧだからびっくりして感心するという段階からはかけ離れていきます。となると、そこから先は演出の力であったり、編集の力であったり、物語そのものの牽引力であったりということで、映像そのものの力というのはＣＧであろうが、実写であろうが、日本的なアニメーションであろうが、どれも同じことになっていくと見ています。となると話は振り出しにもどっちゃいますよね。いまはまだ過渡的な段階にあるので、アニメはアニメ、フルＣＧはフルＣＧ、実写は実写、それをちょっとハイブリッドして実写をベースにしてそこにＣＧを入れたりという作りかたです。ところが、もしもいずれフルＣＧで人間の動きを完全再現できるようになったとしたならば、現場で培われた生身的なノウハウを持った人材やノウハウそのものの積み重ねが、これからの勝負を分けるポイントになると思います。

いま映画制作に使われるキャメラって、ほとんどがビデオキャメラですよ。２Ｋであったり４Ｋであっても、ビデオキャメラじゃないですか。しかも、iPhoneで撮ろうが、業務用の８Ｋのキャメラで撮ろうが、基本は同じなので、だれでも撮ろうと思えば撮れちゃうハードルの低さがあるんです。ところがそこで、フィルム経験があるのとないのとでは、いざ現場に出ると大きなちがいになるんです。そもそも映っているかどうかは現像してみないとわからないという、恐ろしいフィルム経験を積んできた人間が撮るワンショットの重みと、ビデオを回しっ放しにしておいてあとでいいとこだけ切り取ればいいという感覚のワンショットとでは、全然ちがったものになります。機材の好ききらいはさておいて、フィルムで鍛えられたキャメラマンにビデオキャメラを持たせれば、やはりすごい絵を撮るんですね。

でも、いまさらフィルムキャメラを体験してもらおうということは考えられないので、そういうフィルム経験的なものを現状の機材でどうやって積んでいくのかを自覚的に考えてやっていかないと、その次の世代のスタッフが育たないんです。一事が万事なんですけど、そういうことがＣＧとかデジタルの世界全般にあって、やがてＣＧで表現できることがこんなに広がりましたというときに、ずっとコンピュータに向かっているだけで現場を知らない人たちが主導権を握ってしまい、皮膚感覚とか生の感触を失ってしまったら、そこで東映はというか日本の映像産業は終わっちゃいますよ。映像の持つ求心力がなくなっちゃうからです。

――そのフィールドワークの場所は大泉にしか残されていないわけですね。

そうかもしれないですね。ですから、大泉撮影所のなかにデジタルセンターがあるのは、非常に意義深いことだと思っています。従来だったら、デジタルセンターはほかの場所に分散していたんですけど、そうすると、仕上げは仕上げという感覚になってしまうんです。デジタルセンターが撮影現場と直結することによって、現場というのがどういうものなのかが見えてくると思います。

――亡くなられた東宝の川北紘一特技監督〔一九四二～二〇一四年、円谷英二に師事し、「ゴジラ」シリーズなどを手がける〕が、「特撮というのは実写なんだ。ＣＧとは別物だ」と最後までおっしゃっていたと聞いていますが、白倉さんはそうではなくて、ＣＧがこの先に進むにはフィルム的な技術が必要なんだとお考えなんですね。新しい表現は間違いなくそこにあると思います。

ＣＧでなければどう撮るんだということを理解したうえで、選択肢の一つとしてＣＧがあるんだったら、それでいいような気がするんです。もともとは小道具をしていたんですけど、それからＣＧディレクターとして活躍しているスタッフがいるんです。彼がゲームの仕事をしていて、部屋のなかにあるテレビの映像が映らなくなった状態をどう再現するのか、とても苦労している後輩がいたそうなんです。放送終了後のテレビ画面が、ザーッと白黒のノイズになるのを砂嵐と呼びますよね。あれをプログラムで再現するのは難しいらしくて、「どうしましょう？」と相談されたと。そこでCGディレクターさんが、テレビからアンテナを抜いて画面をザーッとさせて、ビデオキャメラでその画面を撮って「この映像を貼り付ければいいじゃない」と教えたら、「そんな手抜きでいいんですか？」って言われたと（笑）。手抜きじゃないでしょ、本物に優るものはないわけです。世界はこんなに広くて、その世界を再現するのがわれわれの仕事なのに、なんでその世界から持ってこないのかということなんですね。

――ＣＧと実写は対立するわけではなく、互いに補完し合えるものなんですね。

ですから、結局、人間にもどっていくんですよ。人間が作って、人間に見せるものですからね。映像のコンテンツっていろいろなものがありますけど、最強は天気予報だと思っているんです。天気予報って、本来は気象データがあって出かけるときに傘が必要かどうかさえわかればいいものですからスマホでも充分なんですけど、どうしてもお天気お姉さんが必要なんですよ（笑）。データだけの無味乾燥な画面を見るか、お天気お姉さんがキャメラ目線で「きょうの天気は～」と言ってくれているのを見るかといえば、絶対にお天気お姉さんを見ますよね。ただし、その天気情報は耳に入ってこないですけど（笑）。

映像表現の醍醐味とはなにか

――コンテンツについては、二〇〇〇年に『仮面ライダークウガ』という「平成ライダー」の一作目がありました。これがエポックメイキングな位置付けで、その後たくさんの「仮面ライダー」作品が現在に続いているわけです。東映では最初に高寺成紀《しげのり》さんがプロデュースを担当されていましたが、図らずも不安定な制作ラインとなったことで白倉さんが登板されています。白倉さんがいろいろとフォローされているうちに、次作の『仮面ライダーアギト』（二〇〇一年）からチーフプロデューサーを引き受けられた。

作品のプロデューサーを務められているなかで、白倉さんがコンテンツ全体の底上げとか、撮影所のリノベーション（改修）を考え始めたのはなにかきっかけがあったのでしょうか？

東映に入ったときから、「四十代になったら撮影所のおやじになりたいなあ」という願望はずっとあったんですね。まさかそれが実現して、さらに撮影所を追い出されるとは思っていなかったんですけど（笑）。東映という会社に入ったからには、大泉であれ京都の太秦《うずまさ》（東映京都撮影所・京都市右京区）であれ、撮影所に骨を埋めるのが理想的な形のような気がしていたんです。

――映画会社にはそういう人が多いですよね。東映のかたの話を聞いていると、大泉や太秦で働いていいなくても、その撮影所のことを誇りに思っているような感じがします。

東映の場合、東京撮影所と京都撮影所はもともと別の会社だったんですね。それでいまでも文化がちがうんです。独自性があるというか、いまだに統合されきっていないんです。逆に、そこが梁山泊のような感じで楽しいところでもあるんです。昔の撮影所は、本社から人が来るとどんなに若い奴でも接待してあげて、それで時間をつぶして撮影所に立ち入らないようにして追い返していたそうです。治外法権みたいなものだから、「本社が攻めてきたぞ。迎え撃て！」という感じですよね（笑）。

――特に昔の労働組合が強かった時代はそうでしょうね。白倉さんは「平成ライダー」の立役者で、確信犯的にいろんなことをされてきたことは経歴と作品で充分に理解できますが、先ほどの先発者である高寺さんとはどういう関係性でお付き合いされていたんでしょうか？

彼はプロデューサーではないと思っているんです。

――エグゼクティブ・ディレクターのような感じですよね。

そうです。彼は個性的なキャラクターでもあるので、彼が東映に在籍していた当時にわたしが上司筋に訴えたのは、「わたしを彼のプロデューサーにしてくれ」ということなんです。「彼に任せきっちゃうより、彼をプロデュースすればいいんだよ」ということです。彼にすべてをゆだねちゃうと暴走しかねないんですね。

彼には独特の魅力があって、弁も立つし、ニコニコしていて邪気がないように見えるんだから、それをもっとうまく利用したらよかったのにと思いましたね。「組織に身を置く以上、利害関係は一致しているんだから、上司にケンカを売っても得るものはなにもないよ。へいこらしろとは言わないけど、もっとうまくやったら？」と、よく彼と話したんですけど、残念ながらうまくいかなかった。そのうち、昼だと会社で上司と顔を合わせてしまうから段々と夜行性になっていく。作品に対しては厳しい評論家のようなところがあり、人の作品にダメ出しをしてくれるんですけど、「じゃあ、どうするのか？」という対案はなかなか出ない。周りのスタッフもずっと心配していました。人間的魅力に溢れる人だけに、本当にもったいないないなあという感じでした。

――白倉さんの場合は、作品を貫く普遍的なテーマを意識されているんでしょうか？　つまり、どんな作品でも、これだけは訴えようとしているものとかがありますか？

テーマというよりも「映像である」ということです。つまり、テキスト化できない映像でしかありえない快感がないと、それは映像化する意味がないんです。小説なりマンガなりの原作があってそれを映像化する場合でも、映像ならではの要素が必要だと考えています。ストーリーものって、必ず脚本というテキストがあってそれを映像化していくというのが、ワークフローとしては多いですよね。つまり、どのドラマも映画も、脚本という小説を映像化しているようなものなんです。ですから、映像化の意味がないんだったら、脚本を読んでもらったらいいということになります。

しかも、映像化の快感というのは、理屈に合わないんですよ。〝変身もの〟自体、文字に書いたらバカみたいですよ。「『ヘンシン！』と叫んだら変身した」なんて脚本、読んでもわかんないし、マンガにしても面白くないでしょ。マンガはダメだという意味じゃなくて、そういうのは映像で見ないとやっぱり面白くないですよね。そういうテキストに落とすとくだらなくなってしまうものが、映像表現の醍醐味であると思います。

変身ものの原型に『多羅尾伴内』（一九四六年〜）ってありますよね。片岡千恵蔵主演で大映で四作撮って、その後は東映で製作されています。ぼくはこれが大好きなんですけど、くっだらないんですよ（笑）。絶対にバレバレの変装をしていて、「あるときは片目の運転手〜」なんて言っても、眼帯しているだけじゃないかってツッコミたくなるんだけど、あれはそういう面白さに満ち溢れていると思っています。「俺の作ったこの偽札の出来がいいことは、あそこの占い師に聞けばわかる」って多羅尾伴内が言って、その偽札を渡された人が占い師のところに行ったら、占い師に扮した多羅尾伴内がまた待っていて「おおっ、この偽札は完璧だ！」なんてやっている。無茶苦茶なんですよ（笑）。そんな面白さはテキストではありえないもので、映像ならではのバカバカしさなんです。それが映像の醍醐味なんですね。

仮面ライダーとはなにか？

——東映のテレビ部が手がけるキャラクター番組では、関連商品を生み出し、しかもその商品が売れなきゃいけないというマーチャンダイジングのミッションが背負わされます。「仮面ライダー」シリーズの場合でも、毎年必ず新しい商品を登場させてほしいという玩具メーカーからの要望があると思いますが、わたしも製作現場時代はかなり無茶なことを言われたものです。そこでは、番組スポンサーでもあるメーカー側の要望を過不足なく作品にしていく製作側の技能とか、スポンサーとの付き合いかたとかがあるのだと思うのですが、たとえば『仮面ライダー電王』（二〇〇七年）という作品はそういう外部的な挿入条件を逆手に取ったような印象でした。

最終的には番組がヒットすればいいんですけど、利害関係はそれぞれの立場で微妙にちがいますよね。番組がヒットするといっても、なにをもってヒットと見なすのかは、立場、立場でちがったりもします。制作会社とテレビ局でもそれはちがいます。もちろん、一番幸せになってもらいたいのは視聴者なんですが、全方向の一〇〇点満点を目指しても、それはなかなか難しいですよね。じゃあ、それは難しいとなったら、理屈をこねるしかないんです。理屈というのは、たとえば「『電王』にとっての電車というのは、スポンサーのバンダイにとってはプラレール（タカラトミー）に対抗しうるものかもしれない」というようなものです。

『電王』のときは当初、わたしもずいぶん悩みました。「仮面ライダー」の始まった一九七一年だったら、オートバイが子どもにとって憧れの乗り物だったから、バイクに乗ったヒーローって成り立ったんだと思います。当時の子どもたちは憧れの自転車を手に入れて、それに乗って仮面ライダー気分を味わっていたものです。ところがいまは、自転車は普及しつくしちゃっていて珍しくもないし、憧れの乗り物でもない。ましてやオートバイともなると、暴走族とかのあまりよくない世間的なイメージもある。そういうなかで、仮面ライダーなんだからバイクに乗るものだという固定観念を一度薄めてみて、いまの子どもにとって憧れの乗り物といえばなんだろうか？　と議論をスタートさせて、「電車というのもありなんじゃないか？」とアイデアが出る。そのアイデアなら、仮面ライダー的な視点と折り合いはつくかも――なんて考えていきました。

――電車の提案はバンダイから出たんですか？

あれは野中剛さんという当時バンダイ、いまはフリーのかたの発案で、「たとえばですが～」とバンダイ社内でプレゼンテーションをしたら、大反対にあったそうです（笑）。

――それでも、子どもたちに届くだろうと、白倉さんのなかでは確信があったわけですか？

『電王』は「平成ライダー」の八作目にあたるのですが、少しシリーズが迷走していた時期なんですね。煮詰まっているから、仮面ライダーとはなにかが段々わかんなくなってくるんですよ。なにをやったらいいのかよくわからない。そこで、原点回帰しようと七作目に『仮面ライダーカブト』というのを作ったんです。だけど、これでは保守本流ではないような気もしてきて、じゃあ、いったいなにが仮面ライダー的なものなのか、なにが平成ライダーなのかということを考えれば考えるほどどんどん思考が解体されていくんです。「仮面ライダーっていったいなんじゃ」「変身ってなんじゃ」と毎日考えているうちに、乗り物は本当にオートバイでいいのか？　とか、変身するとはどういうことなのか？　と、袋小路に入っちゃったんです。

変身という行為は、その人物の同一性は連続しているわけですから、単に見た目や呼び名が変わっているだけなのか？　つまり、仮面ライダーの変身は、パワード・スーツを装着したり、武器を手にしたりすることとなにが本質的にちがうのか？――戦闘力が上がることなのか？――外見が変化したということなのか？――そういう議論を延々としていたら、心まで変わっちゃうという変身はないのか？　っていうのが、脚本家の小林靖子さんのご意見だったんですね。仮面ライダーに関するあらゆる要素を真剣に検討していくなかで、先ほど述べたように、電車というアイデアがはまってくる。それじゃあ、今回の仮面ライダーは「電車」と「心が変わる」というのを軸にしたらどういう企画になるのか、それをとにかく詰めるだけ詰めて、理屈だけで突き進んでいった結果、ああいうものができあがったんです。というか、あれしかなかったんです（笑）。

ありとあらゆる選択肢がなくなっちゃったけど、途中でみんな「もうやめたい」とか「電車なんかいやだ」とか「電車まではいいんだけど時間旅行はやめて。別の番組で散々な目にあった」とか出てくるんですよ（笑）。そこで、「ありとあらゆる選択肢はつぶした。『ターミネーター』に似てようが『ドラえもん』に似てようがそれはしょうがないんだ。なんで『ターミネーター』と『ドラえもん』が同じ話になるのかといえば、他に選択肢がないからだ」と強引に進めていって、それでふたを開けてみたらああいう番組じゃないですか。「これ、平成ライダーの本質じゃないよね」とみんな呆然ですよ。あんまり突き詰めると危険だと思い知らされました。突き詰めるほど、よくわからない答えが出てくるんです（笑）。

――でも当たった。『仮面ライダーカブト』（二〇〇六年）は確かに原点に回帰しようとする作品のように思いました。よくできていて、ガジェット（登場する機器のデザイン）もしっかりしていて、おもちゃのセールスもよかったんだろうなと思っていたら、『電王』はもっとはじけた感じで、東映内部でいったいなにが起こっているのかなあという感じでしたね。マーチャンダイジングのことを続けてうかがいたいのですが、お盆商戦だとかクリスマス商戦とかの年間の商品の計画表をバンダイは作っていて、それを番組に反映するようにというオーダーが東映には来ますよね。それを噛み砕いて、物語に反映させていくのは、プロデューサーと脚本家との間で話し合って決めていくものなのでしょうか？

ケース・バイ・ケースですね、年間進行表というのは番組によって変わっていきますし。ドラスティックに言えば、これはビジネスなので昨対（昨年対比）で動くものです。昨年のシリーズではこの時期にこういう商材が出てこのように売れたので、同じようなカテゴリーで同様の価格帯で前年と同じように位置づけられる商材がこの時期にほしいとか、期末なのでこのくらいのヴォリューム感を持って決算に備えたいとか、いろいろな事情があるわけですよ。一方で、番組の企画によってはそうした流れと全然ちがってしまうので、そううまくはいかなかったりもする。そのへんをどう落とし込んでいくのかというのは、スポンサーと話し合いながらですよね。

制作サイドでの打ち合わせでは、「こんな要望が来ちゃったけれど、どうする？」「一回くらい使ってもいいんじゃないの？」「脚本に書かなくてもいいよ。現場で勝手にやるから」ということだってあるし、逆にあまりに影響が大きいことに関しては、事前に脚本家ともシリーズの流れを相談して、「ついては玩具の方をこうしてほしい」とメーカーに要望を出すこともあります。わかりやすい例を挙げれば、ライダーの人数とかは動かせないですからね。

――かなり無茶なオーダーってありましたか？

いっぱいありましたよ。ただ逆に、「そういう発想があったか⁉」という発見もあって、むしろそっちの方が多いと思います。こっちも無茶を言う場合もありますから、押し付けじゃなくて、無茶を言い合えることがいい関係性なんだろうなと思います。それに、あんまり破綻しているとどうしようもないんでしょうけど、ビジネスとして手堅すぎるものよりは、ちょっと破綻しているものの方がやりがいはありますよね。ちょっとはみ出しているんだけど、やってみようかという冒険心が少しだけ加わっているものです。結果はよかったり、たいしたことなかったりしますけど。

チャンバラ映画のＤＮＡ

――コンテンツの話にもどりますが、現在「仮面ライダー」は親子二代にわたる多世代型コンテンツの代表作のようになっています。一方で白倉さんは、「メタルヒーロー」シリーズの劇場版『宇宙刑事ギャバン THE MOVIE』（二〇一二年）を企画されたりして、過去のコンテンツを忘れずに登場させています。たとえばタカラトミーでしたら、ベイブレードとかチョロＱというヒット商品の場合、ブームがあって休閑期があってとコンテンツを休ませながらリサイクルして、ブームを繰り返し創出しています。白倉さんはそういう意味で、これまでたくさん生み出されてきたコンテンツやキャラクターをデッドコンテンツにしないで引っ張り出すことで、新しいマーケットが生まれるかもしれないとお考えなのでしょうか？

それはあります。露出しないと忘れられて、知らないモノになってしまうというのがありますからね。たとえば日本テレビで『ど根性ガエル』（『少年ジャンプ』連載は一九七〇年〜、アニメ放映は七二年〜、その三十年後という設定の実写ドラマが二〇一五年に放送された）という素晴らしい作品を放送しましたけど、あれも元は七〇年代のアニメ番組で、オールドコンテンツはさかのぼっても七〇年代までじゃないですか。いまのお客さんに受け入れられるかどうかは別ですけど、作り手が知らないものだとそもそもリメイクもされない。ヒーローものといえば『月光仮面』（一九五八年）であり『黄金バット』（映画は五〇、六六年）であり『ターザン』（一九一八年〜）であるという世代もいるわけですけど、かつてどんなに一世風靡しようとも露出が続かなくなるとたちまち忘れられていくものっていっぱいあるじゃないですか。

ヒーローものって、いうほど画期的なものが生まれていないジャンルのような気もしているんです。ロボットアニメの系譜だと、『マジンガーＺ』から『ガンダム』『マクロス』を経て『エヴァンゲリオン』と続いていて、『ガンダム』や『エヴァ』というのはその前に数多《あまた》あったロボットアニメそのものを塗り替えちゃったからすごいんですけど、『エヴァ』以降の二〇年間はそれに匹敵するものが出ていない。

結局ヒーローというと「ウルトラマン」や「仮面ライダー」となっちゃっているけど、その陰には単に消費されて忘れ去られていった多くの作品群があるわけです。そうすると、「ウルトラマン」や「仮面ライダー」の歴史を凌駕するようなものを作り出す努力を怠ってはいけない一方で、そのかつて人気を博した多くの作品をどんな形でもいいから露出し続けないと、完全に忘れ去られて悲しい思いがします。映画のツマで「こんなのいたんだ？」と思われるような形でもいいから、そういうことを定期的にやらないとたちまち世代の波に押し流されていってしまいます。「仮面ライダー」は四〇年間続いているシリーズですとか言っても、世代によっては全然知られていないライダーもいるし、われわれだと1号だ2号だＶ３だとか言いますけど、知らない人もいますから。「仮面ライダー」という名前にどうしてもあぐらをかきやすいんで、そこは気をつけたいですね。

――リブート（作品展開）という言葉を使ったり、『キカイダー REBOOT』（二〇一四年）や「宇宙刑事」とか名作のリメイクや続編を撮られている東映のなかで、白倉さんご自身は『超光戦士シャンゼリオン』（一九九六年）とか『Sh15uya（シブヤフィフティーン）』（〇五年）という、まったく新しいタイプの作品を突然作られたりしています。これは「新しいものを作らなければいけない」という、プロデューサーとしての義務感だったわけですか？

東映にいる以上は、保守本流的なものを守りつつ、第三の潮流のような別のものも常に模索しなければいけないと思うんですよ。ただ東映って本来はチャンバラ映画でのし上がった会社ですよね。しかし、チャンバラ映画自体は人気がなくなって、少なくとも東映は作らなくなってしまう。そこでどうやって生き残ってきたのかというと、刑事ものとヒーローものとアニメーションで、刑事ものは『相棒』なんかそうですけど男くさいものだったりしますよね。チャンバラ時代のＤＮＡがそこに流れているんですよ。ですから、同じものだとはだれも思わないでしょうけど、東映はいまもチャンバラを作っているとも言えるんです。ヒーローもののなかには時代劇直系の要素が入っているから、恐竜が鳥に進化して生き残ったようなものかもしれないですね。

京都撮影所出身のスタッフたちが仮面ライダーの変身ポーズを考えたわけですが、チャンバラならば刀で格好をつけることができたんですけど、初代の仮面ライダーは刀を持っていなかったから、手で刀を模するようなことをしなきゃいけなかったんじゃないかと想像しています。どこからなにが出てくるのかはわからないし、なにがどうなるのかは予見できないですけど、新しいものを生み出し育てる一方で、脈々と受け継がれているものはわたしも大切にしたいですね。

――遺伝子を受け継いだ枝葉がドンドン太くなって幹になるかもしれないし、遺伝子によって新しいものが生み出されているということですか。田崎竜太さんを監督に起用されたり、トレンディ俳優を起用されたりとか、白倉さんもまだお若かったこともあって、「自分にしかできないことをやってみよう」という意気込みも感じました。

若さというか、三十代くらいまでは自己実現みたいなことも、どっかでモチベーションになりますよね。いまはどうでもいいですけど（笑）。

同時代性と普遍性のバランス

——それではライツ面についておうかがいします。「仮面ライダー」は原作者のいるコンテンツですが、最近、ＮＨＫと講談社の間で原作の映像化契約の不備による係争があり、裁判所は「二次制作作品は原作どおりに作るべきだ」という判決を出しています（一一八ページ）。その判断に疑問を感じる意見も出ていて、今後、原作などの知的財産権の取り扱い法理は、ライセンシー（ある権利の許諾を受けた側）である二次制作者側も守られるように進化していくべきだとも言われています。白倉さんは個人として、映像制作者として、原作の扱いについてどうお考えですか？

そもそもすべてのものが模倣から始まっていますよね。オリジナルだとか創作だといっても、それがどこまでのものなのかは実は「たいしたことはない」と思っています。キャンバスや筆や絵の具を買ってきて絵を描いたとしても、自分で新しい素材を開発したわけではないのですから、そのどこまでが創造なのかと思っちゃうんですね。どこまでいっても、模倣のなかのちょっとしたアレンジでしかないという感じがあります。テレビとか映画というメディアの場合、メディア自体はわたしたちで作ったものでもなんでもないし、テレビドラマや映画を鑑賞するという習慣性がお客さんの側にないとビジネスという以前に作品として機能しません。それは、音楽にせよ映像にせよ、小説やマンガであったり、ありとあらゆる現存するすべてのメディアが抱え込んでいる問題だと思います。

それと、観客はどのようにして新作を観るのか？　という問題もあります。たとえば、テレビのゴールデン帯は必ず新作で埋められていて、再放送番組がかかることはめったにない。書店に行けば平積みにされているのは新刊書ですし、ビデオにせよ配信にせよ新作ものは高くて旧作だとゼロ円という扱いなんてこともありますよね。つまり、新しいものには価値があって、古いものには価値がないというのが、現実的にメディアの需要の差としてあります。ところが、時代の風雪に耐えて生き残ってきたクラシカルなものの方が確実に価値が大きいはずです。ロードショーで公開されるのは新作ばかりで、いま日本で公開されている映画は年間八〇〇本ほどですが、たいていはハズレですよね（笑）。名作だとか傑作だと現在に伝えられて繰り返し観られている映画の方が、間違いなくハズレがないわけですよ。

じゃあ、なぜそうなるのかといえば、それは同時代性というものの価値が非常に重いからです。ライブ感と言いますか。コンテンツが限りなく生中継に近づいていくわけで、先ほどの天気予報とかニュースとかと同じ位置づけになるかもしれない。そういう同時代性というのは、予言に近いものですから、過ぎてしまえばきのうの天気予報ですら意味がないし、一〇年前の天気予報となったら資料的な価値以外にはまったく意味がない。しかし、きょうの天気予報には意味がある。「これからこういうことが起こる」という予言性を持った天気予報からは目が離せないわけです。

しかし、ドラマとか劇映画とかのストーリーものって、天気予報には絶対になりきれない。完成した時点ですでに過去形なんです。撮り終わって、編集されて、作品性を帯びていないと、ドラマや劇映画はパッケージ（商品）にはならない。難しいのはこのパッケージ感が度を過ぎてしまうと、むしろものすごい過去形になってしまって同時代性を完全に失ってしまうことです。「三年前に作ったものをいま公開します」と言われたら、どんなに先進的な映像だったとしてもその時点で古い感じがしてしまい、価値がなくなったように感じてしまうものなんです。しかし逆に、ストーリーものにはよく言えば普遍性があるから、五〇年前とか一〇〇年前の映画であっても時代を超えて観客は観ることができ、生き残ることもできるんです。

この同時代性と普遍性のバランスが本当に難しい。たとえば阪神大震災を前提にして書かれた原作があったとして、それを現在そのままに映像化するのがはたして原作に忠実なのか？　ということなんです。阪神大震災直後の感覚はすでにだいぶ薄れてきていて、しかもその後、東日本大震災を日本人は経験しています。阪神大震災で受けた時代的な感覚と、東日本大震災での感覚とは別のものですから、原作を東日本大震災に置き換えて映像化することに意味があるのかないのか、原作に忠実といえるのかどうか、すぐに答えの出る問題ではないんです。それよりも、模倣であろうが、昔のコンテンツの焼き直しであろうが、そこに「いま作られる」ということになんらかの意味があると信じることができないと、作るほうもモチベーションを失うし、観客も観ていられないはずですよ。

――知財法理的にも「原作を映像化するうえでは、そのスタッフによる同時代性という付加要素＝制作者の独自性がないと創作の意味がない」ということを認めるべきだということですね。確かにいま、

「仮面ライダー」を石ノ森先生の原作どおりに映像化しろと言われても、面白く作るのは難しい。

そうですね。また、かつて作られた作品はもう一度同じようには作れない、というのが実情かもしれない。最初の『仮面ライダー』が全九八回で、実は、その第九九話というのを現在作ったら話題になるんじゃないかと考えたことがあったんです（笑）。まことしやかに「いま、幻のフィルム発見！」という体《てい》の触れこみをして、本当に一九七二、三年あたりに作られたんじゃないかと思わせるようなテイストのものを作れたら、これは面白いんじゃないかなと研究したんですよ。当時の画調も含めて再現したらどうなるんだろうと研究してみたけど、技術的なものとか美術とか以前に、あのノリを再現することができないことに気がついたんですね。お手上げだったんです。

仮面ライダーと敵のショッカーとの関係性自体が、もう現代とは感覚がちがいすぎる。彼らは命の取り合いをやっているんだけど、どこかゲーム的というか紳士的というか、そこにはいわく言い難い関係性があるんですね。ライダーも改造人間だからもとはショッカーの一員だった云々という設定上の問題点ではなく、化かし合いのような関係性がある。怪人二十面相対明智小五郎とか、ルパン三世対銭形警部のように、単に闘っているんじゃなくてなにかを競い合っているようなある種の共犯意識があるんです。最後にショッカー首領と仮面ライダーの対決となるとき、「よく来たな～！」と首領が言うけど、本当に三割くらいは「よく来たな（来てくれたな）」という気持ちじゃないかと感じさせるようなものですね（笑）。

当時、メインの脚本家が伊上勝《いがみまさる》さんで伊上の個性もあるのかもしれないけれど、それ以前に時代的な背景がいまとは全然ちがうんです。ですから、原作に忠実といっても、その原作自体がドンドン時代遅れになっていってしまっている。だからといって価値がないわけではないんだけど、同時代性というのが絶対に必要な要素なのだと思います。ベートーヴェンの『運命』をまっとうに聴ける人がいまの日本にどれだけいるのかと、ときどき考えるんですよ。いまの日本ではヴァラエティ番組とかで手垢がつきすぎちゃっているから、「ジャジャジャジャ～ン」と鳴った瞬間にプッと吹き出しちゃうんじゃないかと想像しちゃう。ベートーヴェンが発表した当時の感覚で聴くことはできないんですが、かといって原曲の価値が下がるわけではないですよね。

東映の特質は粗製濫造

――原作の問題に関して、続けて質問なのですが、『KAMEN RIDER DRAGON KNIGHT』（〇九年、米）は『仮面ライダー龍騎』（〇二年）をアメリカ向けにローカライズしていて、白倉さんもご覧になられていると思います。そうしたローカライズとか海外展開については白倉さんはどのようにお考えでしょうか？

『仮面ライダー龍騎』には仮面ライダーがいっぱい出てくるんで、アメリカ市場に向けた場合、日本版のまま吹き替えにしただけでは伝わらないだろうからアメリカっぽくしたいという要望があったんですね。そもそも日本の実写なので日本人ばかり出演しているわけで、アメリカ人には登場人物の顔の区別もつかなくて、「なんでアジア人しか出てこないのか？」と思われるだろうから、根本的に置き換えをしなきゃいけないというのは理解していました。それで「どうぞ、お好きにしてください」としたら、「悪の将軍ゼイビアックス〔『龍騎』には登場しないキャラクター〕が〜」というところから始まる。もうそれは『仮面ライダー龍騎』じゃなくていいんじゃないかという気がしました。

東映では『百獣王ゴライオン』（一九八一年）というアニメのアメリカ展開を図ったことがあって、大評判になったんです。それは『ゴライオン』と『機甲艦隊ダイラガーXV』（八二年）という二つの別々の作品を切った貼ったと編集し直した作品でした。日米の文化的なちがいがあるから編集し直さないと伝わらないということで、そうなったんです。ただ、それは本当なのかという気がします。まず、「名乗り」というのがアメリカ人には伝わらないだろうとよく言われるんです。敵が目の前にいるのに、立ち止まってなにを突然自己紹介しているのだろうかって。でも、そんなの日本でも昔からツッコまれているんだよって（笑）。変身という概念もよくわからない、スーパーマンやバットマンは着替えているわけで、変身は日本独自の文化だと言われても、言うほどそうでもないようにも思うんです。先ほど東映はいまもチャンバラを作っていると説明しましたが、歌舞伎の「早変わり」がなければ今日の変身ヒーローものとかはなかったかもしれない。「見得切り」もそうです。

——アメリカで作った『パワーレンジャー』を観たら、日本以上に見得を切っていますよね。

あれは現場の日本人スタッフがやけくそでやっていたという話で、「ヒーローは名乗るものだ」と忠実に再現したんでしょうね。ですから、我々は歌舞伎を見て育って、「変身や見得は確かに歌舞伎の伝統を受け継いでいる」とうなずきながら楽しんでいるわけではないですよね。もの心ついたときにはああいうものだったというだけで、それはべつに日本固有の文化ということでもないだろうし、他の文化でも受け入れられるものじゃないかとも思います。アメリカではこうしなければいけないということで改変するのではなく、海外展開をしたければ、最初からこっちで作っておくという方が話が早い。

——子どもたちはどんな文化でも意外に自由に受け入れたりしますから、無理してアメリカで作るなよ、任せとけということですか。さすが撮影所育ちです。

では次に、映画会社としてのお話をうかがいたいのですが、邦画三社（東映、東宝、松竹）といわれるなかで、各会社の力は興行力や配給力に裏打ちされています。その点で東宝は「ドラえもん」やジブリ作品「ポケモン」「コナン」と強力なラインアップを持っているからこそ、実績や前例のない原作や製作体制のどうなるのかわからない作品にもトライできて、結果を出せているのじゃないかと分析できます。東映もここ数年は「プリキュア」「ライダー」「スーパー戦隊」と実に強いラインアップをお持ちで、シネコンシステムの力もあるんでしょうが、三〇〇ブック（上映館数）くらいはできる実力を持ってきました。東映もこうして『仮面ライダー電王　俺、誕生！』の二〇〇七年くらいから東宝を追撃している状況のなかで、そうしたレギュラーの看板作品を強化していく方向が一つあるのと、もう一つは東宝のように積極的に自社資本以外からのものを増やしていって番組（映画のラインアップ）力や配給力を強化していかなければいけないというのが、経営的観点の意見だと思います。

ラインアップを見ると、実は東宝が出資している看板作品って少ないんですよね。「ドラえもん」や「ポケモン」「クレヨンしんちゃん」は配給の受託ですし。そういう意味ではヒット・コンテンツの自己資本率は東映の方がずっと高く、ヒットの収益率も東映の方が高いと言える。そのようななかにあって、映画会社として出資の方向性や配給を今後どう整備していくのかという点をお聞かせいただければと思います。

今日の東宝一人勝ち状態というのは決して一朝一夕に作られたものじゃなく、また昔からそうだったわけでもないんです。いまの島谷（能成）社長がまだ現場のころからすごく長い時間をかけて積み重ねていって、いまに至っている。その苦労されていた当時の東宝の戦略というのは、どちらかというと業界のなかではバカにされていたような気がしないでもないんですよ。「ドラえもん」を筆頭にするアニメ映画を、毎年毎年当たろうが当たるまいが、判で押したように同じ時期に上映し続ける。「ドラえもん」にしても「コナン」にしてもなんにしても、浮き沈みって当然あるわけです。ところが、そこはおかまいなしに続ける。東映も「東映まんがまつり」の延長線上で、「ドラえもん」なんかと同じ時期に『ONE PIECE』とかを置いたりしても、持続力がなくてすぐ飽きちゃう。結果がなかなか出ないから「もうダメだね」と投げ出して撤退しちゃうのに対して、東宝は粘り強く作品を同じように置き続けていつしか世代が一巡りするくらいになって、「ドラえもん」を観て育った子どもたちが親になり、今度は自分の子どもを連れて観にいっているんです。サケを放流したら還ってきましたという感じですよね（笑）。ラインアップを長く粘り強く、しかもすごくていねいに扱ってきた結果、やがて磐石の構えを築いているわけです。

ヴァージン・シネマズを東宝が買収したから劇場数が急にドーンと広くなったということはあるけれど、基本的にそういう粘り強さを東宝は持っているんです。興行にしても時間をかけて直営館体制からシネコンチェーンに造り替えていったし、撮影所の整備も一〇年以上かけて地道に進めていかれたわけです。

わたしが就職するときもそうでしたけど、東宝というと「ビジネスマン的な会社」というイメージがすごく強かったし、いまでもそのイメージどおりにちゃんとしているところは本当にちゃんとしていて、中長期的な展望もしっかり持っているように見受けられます。もちろん、具体的なヴィジョンは知りませんが、粘り強く進められる力が今日きちんと功を奏している。そのうえ、テレビ局各局との関係も日々地道に積み上げつつも、テレビ局頼みだといつか倒れてしまうので、テレビ局頼みではないものも積極的に採り上げ始めている。『進撃の巨人』なんかその一例だと思います。そういう状況を松竹もきちんとラーニングし始めていて、大角（正）さんが映像本部長になられてから、個別には結果の出なかった作品があったとしても、全体では如実に成果が現れ始めているわけです。

そういう状況で東映がなすべきことというのは、これは後追いに見えるかもしれないけれど、現行の「ライダー」「スーパー戦隊」「プリキュア」という判で押したようなコンテンツというのがたまたまあるわけですから、それをきちんとケアしながらさらにその隙間を狙って実質的なものを作っていくことになるのだろうと思います。これは言葉が悪いんですけど、東映の特質というのは「粗製濫造」だと思っているんですね。質より量というか、とにかく量産することによってのし上がってきた会社なんです。他社が一本しか作らないところを二本立てをやってナンバー・ワンにのし上がっていった会社だし、他社が手を出さない、格下と見られていたテレビの制作にいち早く手を出せたのも、それは量産体制があったからなんですよ。

「粗製濫造」とか「質より量」とかいうのを決して悪いことだと捉えているわけではなく、当時の二本立てというのは九〇分とすでに尺〔ここでは割り当てられた上映時間を指す〕が決まっていたんです。九〇分以上となると、それは監督とかスタッフの自己満足でしかないと許されない。こうして九〇分というかせがはめられたことによって、当時の作品をいま観返してもまったく無駄がないんですね。

いまのテレビ以下の制作日数で作られている本当に粗製濫造時代の映画なのに、へたしたら年間二〇〇本作っていたという時代の一本、一本に一切無駄がなく、テンポもいいんです。ものすごい傑作もあるんだけど、あまりに量が多すぎるので埋もれちゃって、だれも知らない作品もいっぱいある（笑）。かつてのディズニー映画も九〇分以上のものは絶対に許さないというポリシーで、それ以上長いと子どもが飽きてしまうから意図的にそうしていたんです。東映の場合は二本立てだから、A監督が「九〇分といわず一〇〇分くらいやらせてよ」と言ったら、B監督も「俺も、俺も」となって止め処《とど》ないので、仕方ないから九〇分というかせをはめていたんだと思います。

その量産思想というか量産主義というのが東映のDNAだと思いますし、その量産体制があったからこそテレビ時代に切り替えて生き残ることができたんです。じゃあ、いまから映画を年間二〇〇本作りましょうという話ではないんですが、とにかく作り続けることから次の東映の道というのが出てくるという気がします。「『ライダー』映画だけで年間三本もやるなよ」と言われるんだけど、いま、夏、冬、春とやっていますが、秋が空いているなと常に狙っているところなんです（笑）。

東宝の一番の強み

――作品力が強ければ、配給力、興行力が担保されていくという戦略ですね。一方で作品依存しなくても配給力そのものを強くしていくという考えかたはないんでしょうか？　これは東宝が評価されるときに必ず挙げられている点で、「不安な作品を渡しても数字を稼いでくれる、だから東宝に企画を持っていく」という話は本当によく聞きます。

ブック力（劇場編成力）そのものは、興行成績にいうほどは直結しないんですが、東宝の強い点は宣伝力です。それは二つあって、一つは無駄にお金をかけず、かけるところにキチンとかけている点で、もろもろのデータから推測するに、東宝は本当にお金の使いかたがうまいなあと感心しています。具体的な数字は知りませんが、松竹よりもかけかたはおそらく少ない。

もう一つは、直球型の宣伝をしていることです。新入社員にまずは劇場を経験させて観客としての目線を植え付けさせてから、宣伝なら宣伝、企画なら企画に回るという、東宝独自の育てかたがある。そこで観客の目線に立つ宣伝力を培っているんですね。松竹と東映を一緒にしたらまずいかもしれませんが、この二社は宣伝の仕方がもっと真面目なんですよ。真面目と言うと語弊があるけど、東宝に比べると作品や現場にもっと入り込んでいるんです。東宝には伝説の宣伝部長というかたがいらしたそうで、作品は観ない、脚本も読まない、どんな映画なんだって聞いて、それでスターヴィジュアルだったり、予告編の構成だったり、コピーを決めて、「こんな感じでいけ！」ってやるから、「せめて脚本読んでくださいよ。作品観てくださいよ」と言われても、「観たってしょうがないだろ、お客さんはまだ観てないんだぞ。こっちは宣伝部なんだから、観るのが仕事じゃなくて、観ていない人に観ていただくのが仕事なんだ」ということなんだと。いまの東宝はさすがにそんなことはないと思いますが（笑）、その視点はすごく正しい。観ていない観客に観ていただくのが販売戦略ですから、宣伝にしても優先順位のつけかたが東映や松竹とは全然ちがう。真面目な東映や松竹は制作現場に通うし、キャストにも近づくし、監督の想いとかキャストの想いとか、原作があれば原作者の想いとか、そういうことをいかに伝えようかと真っ先に考えちゃうんです。

――宣伝担当者が作品の最初のファンになる、ということですね。そういえば、東宝の宣伝会議にクリエイターが出てきたことはないですね。

東宝では、監督とかに作品に対する想いがあったとしても、宣伝的な目線で「それは言わなくていいから。それよりもこういうことを語ってください」と、会見や舞台あいさつではちゃんと仕込んでいるはずです。「こういう宣伝戦略でいきます」というのが徹底されているのが、東宝の一番の強みだと思う。そういう宣伝体制を長い時間をかけて築き上げてきたんでしょう。東宝のそういう体質を我々は揶揄的に「サラリーマンだから」と言ってきたんですが、そうじゃなくてビジネスマンなんです。その点、東映の場合はみんな映画が好きすぎるんです。だから、ビジネスマンにはなりきれないんですよ。

作品と商品との折り合い

――先ほど東映のコンテンツの自己資本率が高いということを申し上げました。それはまさにコンテンツ愛なんだと思いますが、資本負担率が高いと版権償却の問題が出てくるわけで、東映ではどのような基準で処理されているんでしょうか？　たとえばサンライズの「ガンダム」だと、オンエアの段階で一括償却をするといいます。たとえ赤字でも。

テレビ番組の制作ならば、納品したところで償却完了です。

――東映ではテレビコンテンツは一括償却なんですね。映画の場合は、たとえば独立系の配給会社ならば一〜二年で償却というところが多いのですが、東映の映画の場合は興行を締めたところで落とすわけですか？

そこからだいたい一年間くらいで償却していると思います。ただし、製作委員会方式になってからは、会計的に締めたとしても業務的には報告や会計業務がズーッと続きますよね。

――制作現場にいると感じる余地があまりないものなんですが、会社であればＰＬ（損益計算書）があってCF（キャッシュフロー）があって年度予算があって、通期の売り上げがこのくらいないといけないとかあるわけですよね。わたしも若いころの現場では、いいコンテンツを作ればピカソの絵のように時間とともに価値が上がっていくものだと思っていたら、「償却して価値を下げていく」と言われ、「なんだそれは？」となりました（笑）。ビジネスというものの構造や会社のありようがわかったのは、白倉さんはどのくらいの時期でしたか？

いまもわかってないですよ（笑）。難しいですよね。ご指摘のように、作品という側面と商品という側面があってその折り合いになっちゃうから、どっちかに片寄りすぎてもいけないし、どのへんが最適解なのかなんていまだによくわからないです。

——以前のご発言ですが、「現場（スタッフ／キャスト）VS外部（局／スポンサー）なんて単純な二項対立は、それこそカケラも存在しなかった。同時に、そんなふうに見せかけておいた方が、いろいろ都合がいいこともわかった」と白倉さんは語っておられます。どういうことなのか、わかりやすく解説していただきたいんです。

つまり、脚本家というクリエーターがいて、監督というクリエーターがいて、各自に理想があったりやりたいことがあったりするはずなのに、テレビ局や番組のスポンサーとかがそこに横槍を入れたり、くちばしを挟んでくる。そこで、その間に立つはずのプロデューサーが、クリエーターの意向を無視して「はい、はい」と答えて流されてしまうから、作品そのものがダメになっていく。そうなったら視聴率が取れるわけもなく、玩具メーカーの思うようにおもちゃが売れることもなく、しかもその番組の枠まで失いかねず、まさに虻蜂取らずで本末転倒になってしまったら脚本家や監督が可哀想である。したがって、そこをもっとうまくやればいいじゃないかと、こちらも青二才だったので最初はそんなふうに考えていた。

ところが現場に入ってみたら、そんなものではないとすぐに気がつきました（笑）。そんなのちょっと考えればわかることなんですけど、脚本家が勝手に脚本を書いているわけでもないし、監督が好き勝手に自分の作品を撮っているわけでもなく、みんなそれぞれに理想はあっても趣味なんかを追求しているはずがないんですよ。けれど、テレビ局の視聴率稼ぎのために作っていますとか、番組スポンサーのおもちゃを売るために放映していますとするよりも、キャストやスタッフをはじめとするクリエーター陣が作りたいものを一生懸命に作っていますと見せたほうが、お客さんも受け入れやすいんです。それもまんざらウソでもない話ですし。

「両撮」「アニメ」「量産」

――昔は東映のかたとお話ししているとだいたい一二〇館規模の編成という作品が多かったなかで、『電王』あたりを契機として一気に三〇〇以上のブックができるようになりましたし、現在の東映はすごく安定した状態で次のステージを目指しているように見えます。そこで、東映は今後どういう形に変貌していこうと目指しているのか、簡単にお願いします。

あくまでもわたし個人の考えですが、東映の強みは三つあります。一つは「両撮」といって、京都の太秦と東京の大泉という二つの撮影所を持っている点です。先ほど述べたように、この二つはもともとは別会社だったこともあって、文化のちがう撮影所が二つもある。そういうヘンテコな会社なんです。二つ目は、これは先見の明だったのかどうかはわかりませんが、「アニメーションの制作能力」を持っている点です。そして最後が、これも先ほど説明した粗製濫造のいい面で、特撮ものも含んだところで「量産」体制を続けていることでしか生まれない力を持っているということなんです。つまり、他社が特撮に手を出すと火傷をするような、量産を続けていることでしかできないものというのがやっぱりあるんですね。「両撮」「アニメ」「量産」という三つが東映の売りであり、特色でもあり、限界点でもあります。ですから、まずはそれらをキチンと活かすことが第一歩になります。特に「両撮」というのは、いまだになかなか力を合わせられていない。地理的な問題と文化的なちがいもあって、東西の撮影所が力を合わせてなにかをするというのがなかなかしづらい。それと、東映から分家するような形で東映動画（現東映アニメーション）が設立されて、最初は東映出身者の多かったアニメーション会社だったわけですが、いまやまったく別の文化を持った大会社に成長しています。上場していて、東映グループにいてくれてありがとうという気持ちですからね。

そういう、文化はちがうんだけど、おのおのにひとかどの特質を持っているものが大泉にもあり、太秦にもあり、中野（東映アニメーション）にもありというのが東映の強さなので、これがバラバラに機能していても面白くはない。それを統合しうれば、世界のどこにもないような作品作りの体制が生まれるわけです。しかも、「量産」気質というのは全部に共通しているんです。「両撮」と「アニメ」のノウハウを合流させたうえで、「量産」に向かっていく体制作りという方向にいきたいですね。

――『仮面ライダーオーズ　WONDERFUL　将軍と21のコアメダル』（二〇一一年）で、バイクに乗った仮面ライダーと馬に乗った暴れん坊将軍が江戸の町を並んで走っている姿にはびっくりしました。あれは東映の「両撮」結合ならではのシーンですよね。

わたしもあれを二回くらいは観ているんですけど、どんな話だったのか、あのシーンだけで吹っ飛びましたね（笑）。

いま、テレビの時代は終焉を迎えつつあるとか、映画館はいつまで存続するのだろうかとか、いろいろ言われるじゃないですか。そこで、テレビがなくなるとか映画がなくなるということではないけれど、メディアにとって過渡的な時代であるとはわたし自身も思っています。配信というシステムがどこまで伸びていくのかはわからないのですが、これからはテレビも映画もなくなって、すべてがYouTubeとニコニコ動画になるとも思えない。ただし、ユーザーにとって選択肢が広がっていることだけは確かで、人の持っている時間は有限ですから、映画も観ます、テレビも観ます、動画も全部観ますという行為はありえない。しかも、映画は映画、テレビはテレビ、動画は動画といういまのそれぞれの形が理想形ともいえないわけです。

これからのメディア展開というものをずっと注視していかなければならないんですけど、といって、これからどうなっていくのかというのはわからない。映像産業のなかだけで覇権を競っているわけでもないし、この先に別のメディアが登場するかもしれません。そこで、これが映画の完成形、テレビの完成形、動画の完成形と確定しているわけでもないのですから、わたしとしては「こういう映画体験がある」とか、「動画体験がある」ということを見出していきたいんです。映画はスクリーンで観るもので、テレビだと三十何型画面とかで、動画はスマホでという画面サイズのちがいでもないし、尺がちがうという問題でもない。特に機材が段々同じようなってきているので、機材的にはそれこそスマホでも映画が撮れるわけですよ。そういう次の映像体験というか、次のメディアのありようというのは、これからも模索していきたいとわたしは思っていますが、それは東映という会社がやるべきことなのかどうかはわからないところです。

映像業界という職場

――それを東映のなかでやろうとしたら、白倉さんしかいないでしょう。最後に、映像業界にこういう期待を持ってほしいとか、こういう人材に参戦してほしいというメッセージをお願いします。

映像業界というのはとても珍しいところで、職場として、ゼロ歳の赤ん坊から九〇歳以上のお年寄りまでが、同じ仕事場で仕事をすることがありうるんです。赤ん坊役、お年寄り役がいたり、まれに超ベテランの監督やスタッフで九〇を超えている人もいたりして、しかも若い奴よりよほど元気だったりする非常に不思議な職場なんです。

そこに徒弟制度的なものが当然あって、有名なのは助監督システム。監督を頂点としてセカンド、サードと段々に序列が下がっていくものもある。一方で、撮影現場にいる全員に与えられている役割が全部ちがう。いわゆる駆け出しの下っ端でもなにかの役割を主体として担当していて、それを他の人間はやらない。助手や見習いという肩書きであったとしても、与えられた役割は責任をもって務めなければならない。その役割は他の人がやるものじゃなくて、その人がやるべきものだと決まっている、他の職場にはないきわめて珍しい職場なんです。

それと、映画作品の場合、「何々監督作品」とあたかも一人の手柄であるかのような語られかたをされることが多い。その方がわかりやすいからなんだけど、その監督自身もそう思い込んじゃって「おれの作品」と言ってはばからないような人種もいたりします。ところが実際にはそうではなくて、そこに携わったすべての人間がなにかの役割を果たしていって、ようやく作り上げられたものなんです。そこですべての人がやったことの成果というものが形となって残る。そして、それを観ることができる。それは素晴らしいことだと思っています。

この業界に入って二十数年経って、そういう感覚は完全に麻痺していますけど、それでもときどき、これはやっぱりすごいものだなと感じます。自分の関与した爪あとを感じると同時に、これは彼がやったことだとか、あそこは彼女の苦労があああいう形になって現れているんだなと追体験できるわけです。もしも別の人間がそこを担当していたら、また別の作品になってしまうというケースもあるんです。それはなかにいた者にしかわからないものです。

その分やりがいはあるのだけど、また労働環境的にはこれほどブラックな職場もないわけです（笑）。ブラック企業の話を聞いていると、ああ、そのくらいの労働時間ならむしろいいじゃないかと思ってしまうくらいですからね。ですから、この業界に勧誘していいのかはわかりませんが、多くの人にこの業界にぜひ入ってきてほしいです。来ても、一日や二日ではわからない。逃げ出す人間は三時間で逃げますし、「朝六時に来て」と言ったのに来なかったりしますから（笑）。

――最近の学生を見ていると、「コンテンツは好きだけど、コンテンツ産業には勤めたくない」というケースが多いんですよ。「お寿司は大好物だけど、寿司職人になる気はない」という感じなんですね。

正しいかもしれない。あるテレビ局のプロデューサーの方が、「わたしさあ、テレビが好きでテレビ局に入ったのに、テレビなんて全然観られないじゃない」って言うんです。わたしも作るものじゃなくて、観るもののような気もするんですよ（笑）。

第三節　コンテンツ制作（2）

円谷粲（つぶらや・あきら）　元円谷ドリームファクトリーエグゼクティブプロデューサー

【二〇〇七年八月インタビュー】

――まず最初に、円谷粲さんがどのようにして業界に入り、どのような経緯を経て現在のポジションに就かれたのかをお聞かせいただけますか？

幼いころから親父〔日本特撮の創始者・英二氏。制作現場では〝親父さん〟という愛称でスタッフからも親しまれていた〕や兄貴たちといろいろ話しをしているなかで、「お前、映画はいいぞ。自分がやりたいことをみんな映像で確立できる」と言われ続けてきたということがあったんですね。そんな環境でいるうちに、「映画ってのをやってみようかな？」と漠然と考えるようになった。大学の卒論も映画産業をテーマに取り上げました。そのころは映画ばっかりで、ぼく自身は最初はテレビというのは考えもしなかった。でも当時の映画産業は斜陽だったから、映画会社は一人として採用していなかったんです。

そのころ長男の一《はじめ》さん〔一九三三～七三年、演出家。円谷プロ二代目社長〕がもうTBSの演出家になっていて『煙の王様』という作品で文部大臣賞を取ったとき（六二年）に、次男の皐《のぼる》さん〔一九三五～九五年、プロデューサー。円谷プロ三代目社長〕も同じようにフジテレビで演出を目指していました。それでやっぱりぼくも演出の方向に進みたいと思った。

それで入るんだったらいまはテレビ業界しかないだろうというところに、ＴＢＳがちょうど募集していたんで受けるということになって、親父に連れていかれて受験したんだけれど、最終的には落っこった（笑）。そのときに受かったのが、同じ高校の一級上でのちに宇宙飛行士になる秋山豊寛〔ＴＢＳ記者として、九〇年に日本人初めての宇宙飛行士となる〕。彼とＴＢＳを同期で受けて、彼は受かってぼくは落ちた。筆記からなにから悪かったんでしょうね。

さてどうしようかというときに、親父が円谷特技研究所〔一九五六年設立、現在の円谷プロダクションの前身〕というのを若いスタッフたちと一緒に始めた。なぜ始めたかというと、長男も次男もぼくもそうだったんだけど、就職に困ったからですよ。それで、「自分が会社を作ればそこにみんな入れられる。なにかあったら全員同じところに来るだろう」という発想だよね。

それでなし崩し的にぼくは制作現場に出て、助監督をやっているうちに、『ウルトラマン』（六六～七年）が終わり、『ウルトラセブン』（六七～八年）が終わり、『怪奇大作戦』（六八～九年）が終わってしまい、制作作品のなくなった円谷プロは瀕死の状態になって、大変だったんですよ。

――参加されたのはどの作品からだったんですか？

円谷プロは『ウルトラＱ』（六六年）のころで、ぼくは大学四年の夏休みだったかな。バイトとしてカネゴンの回とか何本かの作品についているんですけど、完全に記憶に残っているのはケムール人の回

（「2020年の挑戦」）です。あれも大変だったんですけど、やってて面白かったんです。それでこれは愉快だということで、やっぱりこの道に進もうと思ったんだけど、職業として確立されるのはもっと後のことになります。

卒業して助監督として入って、最初は『ウルトラマン』についたのかな。そのころは朝にロケーション撮影に行くとき、川崎のほうの空をみんなで仰ぎ見るんです。あそこは火力発電所があるんでいつも煙っているんですよ。それで煙の少ない朝早くにロケ隊は出発するんだけど、着いたらモヤってて、もうだめ。それで帰ってくる。そういうのが何日か続くうちに、こっちもいい加減飽きてきて、今日もだめだろうなんて思いながら行くと、予想に反して監督が撮影を始めっちゃったりするわけ。そうするとボールド〔通称〝カチンコ〟。撮影フィルムと録音テープを同調させるためのタイミング音を発生させる道具。助監督が管理・使用する〕を忘れてきたりとかするんだけど、あのころのスタッフがすごかったなあと思うのは、ないものはすぐその場で作ってたんだよね。ボールドも作ってくれて助けてくれた。そんなことがわたしの業界人生の始まりなんです。

――最終的にはプロデューサーになられるわけですが、当時の演出とプロデューサーの修行って明

円谷粲さん。
1944年、東京都出身。日本特撮の父・円谷英二氏の三男であり、映画・映像プロデューサー。主な作品に、『トリプルファイター』（72年、テレビシリーズ）、『ウルトラマンレオ』（74年、テレビシリーズ）、『ウルトラQ・ザ・ムービー　星の伝説』（90年）、『超高層ハンティング』（91年）、『エコエコアザラク　WIZARD OF DARKNESS』（95年）、『チェーン　連鎖呪殺』（2006年）など多数。

確にセグメントされていた時代じゃなかったかと思うんですが、どうしてプロデューサーのほうに進まれたのですか？

『怪奇大作戦』が終わって、円谷プロが経営的に本当にもうダメになったとき、東宝が経営補強に入ってくれて業者さんに支払いや借金を五年間棚上げにしてもらうという処理をしてくれたんですよ。これをかなり強引にやってくれた。そのおかげで円谷プロは少しずつですけど製作が稼動してはいたんですね。

そのころにはぼくもチーフ助監督（助監督のリーダー）になっていて、周りにも大木淳さん〔故人。後の特技監督である大木淳吉氏〕とか先輩のチーフ助監督たちがいた。そのころ松竹系の〝歌舞伎プロ〟というのがあって、あるとき「そこで助監督を募集しているからお前行かないか？」という話をもらって、行くと一度決めたんだけど親父と一さんに止められた。その理由というのが、「監督業ではこれからの世のなかはもう食べていけない、だから営業してプロデューサーになったらどうか？」ということだった。抵抗したけれど最終的にはその言葉に従うことにした。それから先ですよ、プロデューサーになるのは。

円谷英二の特撮技術

——ここで〝円谷の血〟をうかがわないわけにはいきません。偉人伝のような本も出ているお父上と、お兄さんが二人おられますが、ご家族から受けた影響はどのようなものでしたか？

ぼくが入社した当時、すでに一さんは実質的に製作者として円谷プロの社長業を務めていました。ぼくは助監督として現場に入っていったんだけど、当時の一さんの製作者としての力量はすごかったよね。ぼくはやっぱり一さんからの影響が強い。皐さんはまだフジテレビの社員で番組プロデューサーでしたがその後、一さんの跡を継いで第二期のキャラクター・マーチャンダイジング黄金期を作っていくことになります。

親父は東宝の映画を中心にやっていたからテレビの現場作業はなかった。それに身体を壊してあんまり仕事をやらない時期でした。だから円谷プロの一番辛い時期には、ほとんど会社に来られなかったんだよね。ぼくも円谷プロに入って、映像というものが段々とわかりだしてきたころだった。芸術だとかなんとかだっていう以前に、映像というのは発明なんですよ。新たな映像作りというのは、まったく未知の発想を基に内容を作っていくことですから、発明なんです。

親父がこういう映像を作りたいと思ったときに、キャメラの機材からオプティカルプリンター〔現像したフィルムを別の現像したフィルムに焼き付けられる、特殊効果を生み出す合成機〕まで全部自分で作っているんです。戦前のサイレントの時代に固定のキャメラボックスのハンドルを手で回していた時代があったんですが、親父のこの回しかたの巧さといったらだれも真似できなかったそうです。親父のフィルム技術とかキャメラの動かしかたとか技術のすべてがそのハンドルから始まっているようですね。

パン〔横に振るキャメラの動き〕したいとか移動車を使いたいとかクレーンを使いたいとか、アメリカにはすでにあったけれども、日本ではそういうことをまだやってなかった時代だったんです。そこで自分がその映像に飽き足らないのでどうしたらいいかと考えたときに、角材をキャメラに固定してパンして動くようにしたり、それから移動車を使ってキャメラを動かしたりしています。映像とは発明であり、技術も発明ということを身をもってやっている。

——英二さんはキャメラを回すときにいま何コマ送られているんだとか、このあとどういうふうに加工するんだということを考えながら回していた？

それと回転数です。これはのちに親父の『ゴジラ』〔五四年から現在まで続く東宝怪獣映画の看板シリーズ〕ではっきりするんですが、倍速を上げて撮影する。怪獣の動きかたというのは、回転数を何倍に上げればもっとも巨大生物らしく見えるか？ という特撮の思想につながっていくんですね〔キャメラの回転数を上げることを〝ハイスピード撮影〟といい、そうして通常より多く秒間に撮影されたものを普通に再生すると動きが重くスローモーになる〕。

それともう一つは『無法松の一生』（五八年）という映画で、監督の稲垣浩さんがオープニングに車輪のアップを撮りたいと言った。ところがいくら撮ってもうまくいかない。それで親父に助けを求めてきたので、親父は「回転数を上げろ」とアドバイスしたら、みなさんがご覧になった見事な車輪のカットになったわけです。

だから現在の特撮技術というのは、戦前に始まる親父がやっていたような撮影ノウハウの体験的な蓄積があればこそなんです。そうでなければ回転数の調整で臨場感を出すなんていうアイデアは決して出てこない。あとで親父の弟子の話を聞くと、ミニチュアセットに対する分一のサイズがちょうど回転数にはまるんだといってるんだけれども、あれも体験的勘だよね（笑）。

——出来なんてラボ（現像所）で現像したラッシュ〔試写のために焼き増したフィルム〕を観ないとわからないですからね。

だから勘でやっているわけで、これが素晴らしい。それを身をもってやれたのは、親父がサイレント時代からそういうことをやっていた人だからでしょうね。

面白かったのは、東宝の砧撮影所のなかでミッチェルというでかいキャメラでパンダウン〔縦に下ろすキャメラの動き〕する練習を、撮影助手がボールを放り投げて、それをパンダウン撮影していた。そこをたまたま通りがかった親父が「おれにもやらせろ」とやってみた、現像したラッシュを観たら親父のは全部真んなかにボールが収まっていた。「これはすごい！」ってことで、撮影所のみんなはそれでますます、尊敬したっていうんです。普通はそんな撮りかたをしてだれも真んなかには収まらないんですよ。それだけボールの落下速度も速いところに、あれだけ重い機械をスッと持っていけるというのは、普通ではできないんです。それが一コマずつ全部真んなかに収まっていたっていうんだから、やっぱりすごいよね。当時の助手の人がそういって教えてくれました。

だから親父には、フィルムの性質とか、このキャメラはどう仕組になっているのか、という撮影技術体系がすべて頭のなかにあったから、スクリーンプロセス〔撮影中の映像に背景などで別の映像を投射する技法〕であるとか、ブルーバック〔合成用の素材を撮影するとき、青い布などの背景を用いる技術〕であるとか、特撮映像にそういったノウハウが全部反映されているんですね。われわれは気づかないけれども、それはやっぱりフィルムというもののすべてを知悉していないとできない。キャメラから現像技術まですべてを。「技術とは知識なんだ」ということも教えてくれている。

――実相寺昭雄さん〔一九三七～二〇〇六年、映画監督。「ウルトラ」シリーズのほか、多数の作品で知られる〕が太秦の東映撮影所で撮影中に、ライバルである東宝の英二さんが陣中見舞いに来たら、周囲が一目置いてくれたという話があるように、業界内では英二さんの影響力というのは大きかったんじゃないですか〔当時の京都の撮影所は封建的で排他的な慣習が強かった〕。

それは大きかったでしょうね。親父に関わってこの映像の世界で広がっていった人がものすごく多くて、それは大変な数がいるでしょう。東映に行ったヤジさん〔矢島信男。特撮監督。現・特撮研究所会長〕だとか、大映でも撮っていた的場徹さん〔故人。特技監督、「ウルトラ」シリーズなどを担当〕だとか、ピー・プロの鷺巣富雄さん〔うしおそうじ氏の本名。故人。『マグマ大使』『スペクトルマン』『怪傑ライオン丸』などのプロデューサーであり、デザイナー。音楽家鷺巣詩郎氏の実父〕だとか、全部親父の弟子ですから。

試行錯誤が楽しかった

――粲さんご自身では、一番最初のプロデュース作品は『チビラくん』になるわけですか？

一番最初は『チビラくん』〔一九七〇年〕。これは日本テレビに、永井陽三さんという『快獣ブースカ』〔六六年〕のプロデューサーがいて、この人のところに最初営業に行ったんですよ。当時は有川貞昌さん〔故人。特技監督。東宝時代からの円谷英二氏の弟子〕が円谷プロの制作部長だったので、一緒に行ったんです。そうしたらけんもほろろで。

その理由は後でわかったんだけど、円谷プロは『ウルトラマン』もやって『ブースカ』もやっていた。『ウルトラマン』というのは円谷プロのなかでエース作品だったけど、『ブースカ』は変化球だったわけです。だから永井さんにしてみれば、局として差別されているんじゃないかという意識を持っちゃっていたらしい。

それが毎日のように営業に行っているうちに、どんどん仲良くなってくれて、ぼくは日テレの社員かと間違われるくらい、局のかたがたとお付き合いできるようになっていたんです。そのときに、『おはよう！こどもショー』〔六五年～七九年、同局系列で毎朝放映されていた子ども向け番組〕のなかで、企画募集があったから、それを永井さんが聞きつけて、「おい、企画出せよ」ということになって、ぼくらもいろいろ考えて『チビラくん』というのを出した。日本テレビの『おはよう！こどもショー』というのは、当時社会教養局という部署が担当していた。その担当者が森田義一さんというかたで、これをやろうと決めてくれて、最終的にスタートしたわけです。それで、『おはよう！こどもショー』のなかで一五分番組を始めることになったんです。

当時アニメの『８マン』（六三年）なんかを担当していた、河島治之《はるゆき》さんというＴＢＳ映画部のプロデューサーをしていたかたが一さんの同期の友だちにいて、『チビラくん』を作るときに、この人にデザインを頼んだりしました。

いまのサンライズの代表を岸本吉功さんが務められていたときでもあり、その岸ヤンを紹介してくれたのも河島さんです。それで河島さんと一緒にいろんなことをやっていて、ゆくゆくは『恐竜探検隊ボーンフリー』（七六年）『恐竜大戦争アイゼンボーグ』（七七年）『ザ☆ウルトラマン』（七九年）という、実写＋アニメという特撮シリーズの流れに連なっていくわけです。

――帯番組〔平日の同じ時間帯に放送される番組。『おはよう――』は帯番組だった〕で一五分はきつくなかったですか？

ところがそうでもないんだよ。二話持ちで一班体制〔一班で二話分を同時に撮影するシステム。このように製作本数の多いテレビシリーズなどでは複数の撮影班が並列稼動するシステムをとる〕なんだけど、着ぐるみで特撮がないし、ある意味で人形劇だからそれほど難しくはなかった。一週、二五〇万という制作費で決して潤沢ではなかったんだけど、いま振り返ればもうちょっとクオリティはがんばれたんじゃないかとも思いますね。

その次が『レッドマン』（七二年）という作品で、これは『おはよう！こどもショー』で『チビラくん』が終わっちゃって、なにもないから助けてって無理やり頼んだら入れてくれた（笑）。

――それから『トリプルファイター』（七二年）ですか？

これは一〇分の帯番組です。当時、マルサンというソフトビニール人形を作っていた玩具会社がブルマァクに社名変更して、単独スポンサー作品をやりたいということになったらしい。それで円谷エンタープライズ〔当時、皐氏が社長を務めていた営業を中心とした事業会社〕の清水武プロデューサーにブルマァクが話を持ちかけて、『トリプルファイター』をやろうということになったんです。

局の製作企画というよりもスポンサーのマーチャンダイジング主導企画は、あの時代のＴＢＳでは珍しかったんだけど、それでもＴＢＳが放映枠を出してくれたんです。つまり、編成枠じゃなくて営業枠でやったわけです。

――三人の戦士が合体するというコンセプトはどなたが。

あれ全部、おれ。それで平山亨さん〔「仮面ライダー」シリーズや『秘密戦隊ゴレンジャー』などのスーパー戦隊シリーズを担当していた元東映プロデューサー〕に笑って言ったことがあるんですよ、『ゴレンジャー』でパクっただろうって（笑）。そうしたらあの人、「いや、そんなことない」って言っていたけどね（笑）。

最初は、赤・青・黄の三人の兄弟が変身するヒーローチームのつもりで作ったんです。それがドンドン進んでいくうちに、ブルマァクのほうからもう一段なにかいいアイデアはないか？　といわれていろいろ考えたんですよ。それで最終的には三人が合体すればいいと思いつき、それで『トリプルファイター』ということになったんです。

それで『トリプルファイター』をやるときに、ブルマァクはＳＡＴ〔Space Attack Team、劇中で主人公たちが所属する組織〕の車のデザインを、すでに自動車の躯体《くたい》モデル屋さんに発注していたんです。昔クラウンのハードトップという車があってそれをベースにして作ったというから、安心してどの程度できあがっているか見にいった。

その躯体モデル屋というのが大森にあったデザイン事務所で、行ったらたまたまぼくの大学時代の同級生が働いていたんで驚いたんです。その後、そろそろできあがるころだというので行ったらまた驚いた。だって完成した躯体が木製だったんだよ。基本的なベースが車の形をしていて、外側に板を貼って作っているんです。『ウルトラセブン』のポインター〔劇中に出てくるウルトラ警備隊の専用車輌〕にしたって、車を板金で直して作っているわけですよ。

躯体はたしかに車の形をしているんだけど、それを板金で作らないで木で作るっていう発想は、生産車の原型モデルを作るというデザイン屋の発想だよね。でもそれでは原型のソリッドモデルを作っているだけであって、実用にならない。びっくりして同級生に、「お前、これ走ったらどうなると思う」って聞くと、「いや大丈夫だ。強度はちゃんと保ってある」って言うから、「本当に大丈夫かよ⁉」と思ったもんだよ（笑）。でももういまから作り直すわけにもいかないので、できあがりを待ってたら、受け取ったその日に撮影現場に行く途中でやっぱり壊れちゃった（笑）。現場の連中から電話がかかってきて、「風防が割れました」っていうから見に行ったら、木だからきしんで割れてるわけ。

それで、同級生に「お前、割れたぞ」って電話したら、「ああ、いいんだ。すぐ取り替えに行くから」っていう（笑）。確かにその場ですぐ直る。直ったけどまた走るとすぐ割れちゃう。そういうことばっかりがあって、あのころは大変だけどこういう試行錯誤が本当に楽しかったですね。

――日本キャラクター界のみならず、戦後芸能界や政界にも大きな影響力を持ってらっしゃる川内康範さん〔一九二〇～二〇〇八年、作詞家。『愛の戦士レインボーマン』などの原作、『まんが日本昔ばなし』などの監修も手がけた〕とも粲さんは親しかったのですが、どういうお付き合いだったんですか？

萬年社〔戦後、『月光仮面』『ワイルド7』『レインボーマン』をはじめ『ファイヤーマン』や『流星人間ゾーン』などを送り出した広告代理店。一九九九年に倒産し、旧社員による版権存続会社が著作物を管理している〕という広告代理店がありました。康範さんが萬年社製作の『月光仮面』の原作者だということもあって、自民党の広報予算を康範さんの紹介で受託したりと大きな仕事をしている会社でしたね。当時から康範さんは、多くの歌手が出場する紅白歌合戦の出演も調整したりと、本当に大きな行政力を持っていた。ぼくが萬年社を訪ねたときに康範さんがたまたま社内にいて紹介されたんです。康範さんは東宝で脚本書いたりしていた時期もあったから親父とのつながりもあって、そのころから妙にかわいがってくれたんですよ。

あるとき『レインボーマン』（七二年）を康範さんが企画して、そのマーチャンダイジング告知を萬年社が発表しようとしたことがありました。ところが『レインボーマン』の商標登録はじつは円谷プロが先にしちゃってたんです。もちろん内容はちがいます。その当時はそういう風に可能性のあるタイトルはすべて商標登録を先行して行っていましたね。当時は三、四〇万で全部商標はおさえられたんです。そういう意味で商標権を見ると、似たようなタイトル山ほど取っているよね。ところがなにも知らずに発表会をしようとしていた萬年社にその一報が入った。すわ一大事と、あわてて衛藤公彦さんという萬年社の社長が相談に来た。ぼくが「だめだよー」っていったら（笑）、衛藤さんが「それは困る」と。「困るんだったら、うちの作品もやってくれますか？」「それは必ずやるから」「だったら御社へ売りましょう」ということで商標を売ったんです。

その件でぼくは衛藤さんに貸しを作った。その後、電話で企画があるから聞いてくれと営業して持っていったのが『ファイヤーマン』（七三年）なんですよ。

新たなものを作りたい

――『ファイヤーマン』で巨大ヒーロー作品のプロデュースに参画した後、満を持した『ウルトラマンレオ』

（七四年）で粲さんはなんとシリーズに終止符を打ってしまうわけですが。

『ウルトラマンレオ』は実はぼくは「やりたくない」といったんだけど（笑）、ＴＢＳに橋本洋二さんというかたがいて「円谷の名前が作品のなかに一個もないと困るじゃないか」と脅された（笑）。それまでは一さんなり皐さんなりの、だれかの名前が載っかっていたわけですよ。それで、「おまえが責任を取って名前を載せろ」と。

ぼくが参加した時点でもうどんどんと企画は進んでいってたんです。橋本さんって『柔道一直線』（六九～七一年）をされていたかたなんですね。そのせいか今度は「ヒーロー師弟が特訓をする」という設定になっていて、さらに『ウルトラセブン』の森次晃嗣くんまで出したりとかで、自分色というか新しさがとても出せない。ぼく自身は旧作に依存した企画よりも新しいやつが好きなわけで、それで「いやだ」といってたわけです。まあ後乗りした人間のわがままですけどね（笑）。

——アイデアは主にだれが出されていたんですか？

橋本さんと野村さんというプロデューサーに、それと熊谷健プロデューサーの三人が中心ですね。熊谷さんは円谷プロのスタッフなんですが、アイデアを出すというより調整型のプロデューサーなんですよ。ぼくが能動的に参加しないまま企画は完成し、こんなに昔のシリーズに依存した作品を本当にやるのかあとか思ったんだけど、もう名前も載っちゃっててぼくの責任で製作しなきゃいけなくなっちゃってた。だから視聴率やクオリティの問題ということでもなく、自分の製作意図がうまく反映される余地が最初からなかったという意味で、あの作品はいまだぼくにとっても忸怩たる思いの作品第一等なんですよ。

——しかしここに来て評価の高い作品でもありますよね。最新作の『ウルトラマンメビウス』にもゲストで登場していましたけど、古くからの代理店や映像業界、子どもたちの反応はすごかったですよ。

じつはぼくにとっての「ウルトラ」は『帰ってきたウルトラマン』で終わりなんですよ。あのシリーズを引っ張って大きくしていってくれたのは、小学館においでだった常務の畠山さんというかたです。いまいったようにぼくにとっての「ウルトラ」は本当は『帰ってきた——』で完結しているんです。その本来は作品として完結していた作品に対して、ファミリーにしたり、新しいキャラクターを登場させたりと、さらに大きな世界観を作っていったというのは、その後も周辺事業を拡大していきたいという作品の外側の事情が大きくなっていったからでしょうね。それだけファンも待ち望んでいたんでしょう。

しかも視聴率が落ちてきたら、周辺事業者からは「ウルトラマンを殺せないだろうか?」なんていうアイデアも出たりする。ファン受けを考えると確かに数字は上がると思うんだけど、「やっぱり殺すわけにはいかないよなあ」とスタッフ間で話し合ったこともあります。そういう過激な発言が出るくらい周辺事業の「ウルトラ」に対する期待は大きく、情熱は熱かったですね。

——マーチャンダイジングや世界観を牽引していたのは出版社がメインだったわけですか?

雑誌によってオリジナルの世界観を勝手に作ることが許容されていた時代で、各誌で設定や解釈がちがってたりしてそこが面白くもあったんです。『ウルトラセブン』のとき、学年誌の付録の独自の表現が、ぼくらの意図とはまったくちがってしまっていて困ったことがあった。それからは製作側がきちんと監修するようになったかな。

――当時、テレビ各局とお付き合いされていたと思いますが、共同で作品を製作するというのはどういうことでしたか?

あのころは、NET（現テレビ朝日）への営業には苦労しましたね。というのも知っている社員さんがだれもいないんですよ。NETにはもともと番組制作をする制作会社は東映しか入ってなかった（当時、東映は渡邊亮徳氏を中心とした強力な営業体制を敷き、NETと番組制作本数を年間で独占的に契約していた）。NETは東映一色でアニメも東映動画（現東映アニメーション）ばっかりだったから、われわれの特撮企画なんか特にだめだったよね。土曜ワイド劇場とか二時間ドラマの担当者が声をかけてくださったりしたけど、最初に営業に行ったときぼくなんかは箸にも棒にもかからなかった（笑）。

その当時高橋（正樹）さんというプロデューサーがNETにいて、一緒に『恐竜探検隊ボーンフリー』（七六年）を製作することになりました。そのあとも高橋さんの紹介でドラマのプロデューサーとも飲めるようになった。あるときそのプロデューサーに『笑ゥせぇるすまん』（八九年）を伊東四朗でどうですか?　って企画書を出したら、しばらく企画はペンディングになってて、ハッと気づいたら別の制作会社が請けてオンエアしちゃっているんですよ。「エーッ⁉」って驚いたけど、似たようなことは他局でもあったね。プロデューサーというものは、企画がいくらよくてもそのときの自分の力だけでは通らないこともある、ということはこういうことで学びました。

――粲さんのプロデュース作品は、「ウルトラ」シリーズを本流とした場合、変化球投手というか映像の可能性に挑戦するような野心作が多いように思われます。これは意識して変化球を投げていたのか、それとも趣味だったのでしょうか？

これは趣味です（笑）。そっちのほうがぼくは好きだったから。「ウルトラ」のことはまったく意識していない。『ウルトラマン』というのはもうできあがっているわけだから、これから新たなものを作りたいというのがぼくの思想だった。

――皐さんはどんなプロデューサーでしたか？

皐さんは演出家というよりも事業プロデューサーとして本当に優秀な兄貴だった。いろんなことに興味を持つ才人だったしね。それで一さんが円谷プロダクションの社長になって制作を中心に経営しようとしていたときに、皐さんは円谷エンタープライズを作ったんです。彼はそこで営業を中心とした代理店ビジネスをやりたかったんですよ。円谷自体が実際の版権ビジネスを始めるのはもっと後になるんですけど、円谷エンタープライズが代理店としてスタートした後で、皐さんのアイデアでライツのライセンスビジネスを開始してこれが好調になり、旧作でもマーチャンダイジングが成立することを証明した。一さんも皐さんも仲がいいんですが、それぞれの立場で経営アイデアを競うライバル心みたいなものがずっとあったね。

マーチャンダイジングを前提とした企画は失敗する

――コンテンツの育成者として、特に〝特撮〟をいうフィールドをベースとした映像制作の場合、アニメと同様、キャラクターのマーチャンダイジングが不可欠となります。作品育成の立場から現場を語ると、粲さんのなかではどのようなロジックをお持ちでしょうか？

経験からいうと、マーチャンダイジングを前提とした企画作りというのはまず失敗するんですよ。当たるマーチャンダイジングというのは、むしろ作品のなかから生まれてくるキャラクターやメカニックの面白さであり、魅力による結果だからです。マーチャンダイジングのアイテムというのは物語のなかでいくら核を占めていたとしても、それがマーチャンダイジングを前提として設定されたものだったら、なぜか作品自体が生きてこないんですよ。観客は敏感なので瞬間的にそのビジネス臭を嗅ぎ取ってしまうものなんですね。

――たとえば「ポケモン」とか、いまの「仮面ライダー」もそうですけど、要はストーリーが面白くて、観客が観たがるもののなかで育っていくものであると。

そうです。それともう一つ、映像とマーチャンダイジングには〝デザイン元―小売商品〟という関係以上に、存在意義の大きなちがいがあります。雑誌もそうだし玩具もそうなんですが、それぞれの商品分野のなかで――たとえば玩具だったら新しいギミック（仕掛け）や娯楽性を持った新製品の開発が必要になるわけです。それはその商品そのものの特性であり能力だよね。商品そのものが面白ければ、どういうキャラクターをモチーフにしていても全部売れちゃいますよ。それは映像作品自体とは関係ないんです。

そういう発想のなかで作っていかないといけないのに、いつの時代からかキャラクターというデザインに依存した玩具になったり、玩具ありきで映像制作をするようになったりしてしまった。その玩具自体が魅力あるものであって、その魅力で客を引っ張っていかないと絶対に商品は売れない。雑誌もそうです。テレビのシリーズをそのまま引っ張ってきて、たとえば後からコミック化したりしてもまったく売れない。映像作品を素材にして独自の物語性を作っていくのはいいと思いますけどね。

それぞれの市場分野でそれぞれの価値を作り出していかないといけないなかで、映像は第一義的な存在として作られている。映像を共通の言語やイメージとして、各商品分野をつないでいるだけなんです。作品内容のなかに小売であるマーチャンダイジングの要素を副次的に入れるというのはいいことなんだけれども、絶対にそれが逆転してしまってはいけない。観客にあざとさが見抜かれてしまうんです。

番組制作でも後半になるほどスタッフは苦労しているんだよね。スポンサーさんからマーチャンダイジングの計画が上がってきてシリーズ構成〔一年間シリーズ全体の構成案〕に反映させなきゃいけないんだけど、提示されたプランのままだと、コストにも限界があるし、なによりも設定に不合理が出たりで脚本も成立しないから撮影に入れないんですよ。だいたいそんなアイテムを次々と自然に物語に出せるわけないんだからストーリーの整合性が取れない。それでどうやったかというと、オープニングの背景にアイテムをぜんぶ出すとかして、逃げちゃったね。内容には全然関係のないところでそういう処理をしちゃうから、やっぱり観客にはバレる。マーチャンダイジングを志向するような作品というのは、総体的に回を追うごとに段々と面白さが薄れていく。最近の東映のシリーズなんかも最終回あたりはバタバタして辻褄あわせばっかりになっている。ファンはやっぱり一年観てきて最後がそうだとがっかりすると思うんですよね。

映像文化を守り育てなければならない

——制作会社の業態という観点からうかがいたいのですが、特撮コンテンツは、通常のドラマ制作と比較した場合、特撮班と本編（ドラマ）班と二チーム編成となり、スタッフ人件費や美術費のみならず、最近ではＣＧ処理費も含めた特撮用経費の増額も求められており、かなりの高額コンテンツと思われています。

アニメーションなどと同じく、投下資本単体ではネガコストの回収は困難で、マーチャンダイジング印税により制作費が充当されていくというのが、東映も含めた特撮コンテンツ回収の基本スタイルです。アニメと同様に収益が補填扱いになり、収益先食い的なビジネスの典型モデルとなっています。最近ではテレビ局からの放映権購入料も出ず、逆に放映枠を買ってコンテンツを放映、宣伝しなければならなくなっている現在、制作会社の置かれた状況はますます悪くなっています。このあたりの打開策というか、粲さんなりのシノギの方法論をお持ちでしたら教えてください。

これ一番ぼくは苦手なんだよ。わかんないでしょう、実際（笑）。

現実的にどこの会社も厳しい状況に置かれている。それはなぜかというと、現在はアニメーションだって制作会社の数自体が増えてきて、作りすぎで市場自体が沸点を超えてしまっているよね。映像制作の全般にわたってどのジャンルでも作品数が多すぎるからです。しかも売ることを考えない無軌道な作品が増えちゃっている。コスト分を売ることができていないんです。買うほうが適値で買っていないということも大きな原因なんだけど。作りかたにしたって、どの会社もが有名な原作を探して作ることをしても、それが市場で流通しているかといったら、日本だけじゃなく海外でも流れていない。つまり、作ることに対して売る戦略がないまま作られているわけです。しかも大量に。コンテンツのデフレーション状態ですね。いくら作りたくてもただ作るだけじゃいけない。売ることも考えて、世に必要とされるものということを考えて作んなきゃ。

だけどね、一方でぼくら映像制作会社はもうけることが目的じゃないんだもん。ぼくらがなにを目指しているかというと、とにかく面白い映像を作りたいと思っているスタッフが集まってるだけのものなんですよ。だからこそ作る側が資本を細らせないようにバランスを取りながら一本一本を丁寧に作ることが大切なわけです。

それが映像はマーチャンダイジングのようなライツビジネスを生む、映画だとヒット作は大きな興収を生むビジネスだということで、いつのまにか一攫千金ビジネスの代表のようになっちゃって、制作会社自身が宝くじを買うように量を作ることだけが目的になってしまった。

たとえば商社から転職してファンド組成の得意なスタッフが映像制作に入ってくる。確かにもうかる時期もあるかもしれない。でもヒーローもの、キャラクターものも含めて、過去から現在の間に何本の作品がそれだけのものに育ったかというと、数えるほどしかないわけです。もともとバクチ性が非常に強い。

それが当たったところはいいけれども、当たらなかったところは、みんなどんどん消えていっちゃう。いい作品を作ったとしても、それで終わっちゃう。仮に一本、二本のヒット作を持っていたとしても、かつての名門制作会社はいまでは経営を維持できなくて、大事なライツを売却せざるを得ない。そういう世界ですよ。

映像とは人類が愛してやまない大事な文化なんだから、大きな庇護の下に育成と安定の計画をもって対応していかないと、これからは育たない。育たないどころか生き残れない。それを最初からビジネスとして成立させようとするとあまりにも難易度が高すぎる。

この間面白かったんですよ。中国が国を挙げてアニメ特区を国内の四ヵ所くらいに造ったんですね。そこに韓国のアニメの会社を受け入れたりしているんです。そのなかの一つで煙台《えんだい》（山東省）というところが、オープニングのセレモニーをするから来てくれということで行ってきたんです。中国人と韓国人がほとんどで、日本人はぼくらと昔の日本のアニメーターとかデザイナーとかが一人、二人。

それで呼んでくれた人物に話を聞いてみると、その特区に中国が資本をいっぱい投入している一方で、海外からの出資もある程度当てにしているという。じゃあどういうコンセプトを掲げて、将来ここをどう運営したいのかとたずねると、その戦略はまったく持ってないんだよね。聞くと「アニメ発展研究会」というのを作って研究を開始しているところだという。つまりどういう作品を作るかということよりも先に施設を造っちゃってるんですよ。日本の官公庁のやりかたも同じかもしれないけれど。将来どういうビジネスをやろうとしているのか、なにを作ろうとしているのか、それがまったくわからない。実際の現場にまったく思想が落ちていない。

やりはじめてからうまくいけばいいけど、日本だって東京都が本腰を入れてくれたのは日本アニメが世界に売れるということがわかってからでしょ。一方で業界としてはもう沸点超えちゃってて、いまさらなにするのよ？　っていうところまで破綻している。だから本当に産業として再生や補強を考えるなら、これを文化資産としてとらえなおして国家の計画のもとにちゃんとした政策を立ち上げないとだめですね。量を重要とする「右肩上がりの現代経済学」では映像制作を評価することはできません。

制作会社が利益を出すには

――コンテンツのライツの状況からおうかがいするんですが、昨今、代理店やテレビ局という優先的地位を保有する企業が著作権を占有して版権収益を独占しつつあります。このあたりはどのようにお考えですか？

マーチャンダイジングという権利概念がない時代に『ウルトラマン』って始まっているんですよ。そのころは、地方のＴシャツ屋さんがシャツにウルトラマンの絵を描いたら売れちゃって、その人たちが申し訳ないからって挨拶に来るんです。われわれはそんなシステムも常識もないから、「いやあ、宣伝のためだからどうぞ、どうぞ」と、こういう世界だったんです。

マーチャンダイジングという業態についてアメリカの制度を学んだ結果なのかどうかは知らないけれど、ある時期に日本著作権協会ができたんです。そこで日本でのマーチャンダイジングという概念が確立された。マーチャンダイジングが稼動するとキャラクター作品はもうかるということを、ＴＢＳなんかは「ウルトラ」の経験から熟知している。そうするとテレビ局さんはみんな、作品の著作権をちょうだいとなってしまって、われわれ制作会社はランニングコストを維持できないほど本当に圧迫されました。もともとが赤字でやっているのを版権収益を当てにして立て替えて作ってきたわけだから、そんなことをされると困るのは当たり前なんです。

キャラクター作品だと、玩具メーカーさんが提供してくれてＣＭの営業ノルマが埋まり、さらに彼らが玩具商品を作って売ってくれてその版権印税も入る。テレビ局さんは放映権料というＣＭを埋めるためのコストの支払だけで著作権まで持ってしまうわけです。しかもそのコストはＣＭ枠の販売分で回収できていてすでに黒字なわけだから、著作権による版権収益そのものは作品原価の補填などではなく、余禄の収益という会計処理なわけです。同じ作品にたずさわっていても、版権に対する考えかたはわれわれ制作会社の死活問題的なものとはまったくちがう。

しかもこうなると、売れるキャラクター企画をテレビ局さんがどんどんと求めるようになる。企業というのは収益機会を見逃さない組織ですから、もうかることがわかるとより大きなパーセンテージの権利を確保したくなり、さらにその権利の種類の幅も広がっていきます。「じゃあ、コンテンツに対してなにをしてくれますか？」と聞けば、「電波法による免許を持つ、数少ない放送事業者としてオンエアしてあげます」というわけです。「いやなら自分で放送免許を取得してどうぞ」と。

テレビ局さんが放映権を購入しない、資本参加しないとなると、われわれがスポンサーを探して、制作費を自分たちで集めて「放送してください」と頼むことになるわけですよ。そうするといまは一〇％から一五％は必ずテレビ局さんへ収益を支払うルールになっています。このシステムが七〇年代から変わり始めて、八〇年代には放送事業者としての権利でもうかることが証明され、キャラクタービジネスにおいてはこういうモデルができちゃったんですね。これって独禁法違反とか「優越的地位の濫用」にはなるはずなんだけどなあ。

実際、マーチャンダイジングは丁寧にやればもうかりますよ。東映なんか一時期の会社の決算表を見ると、マーチャンダイジング収益ですべての事業部の赤字を吸収できて黒字となっているわけです。それくらいもうかるということも証明されているから、テレビ局さんは自分たちの資産である優位性と希少性のある電波をテコに、あとはどの会社のどの企画でやるかという業者選別をするだけでもうかるということになるわけです。いまはみんなそういう仕組みになっちゃっているから、結局は映像業界全体でみんなで首を絞めちゃっている。

最終的に当たらないと成り立たないはずなのだけど、三〇本作って一本当たる確率もないのに、テレビ局さんだけはなにがあってももうかる構造になっているから、利益を失い続けている制作会社たちは「いつかもうかるかも」という夢を追っかけて生きていくしかなくなっている。

――資本構築が大きなジョブの柱であるのがプロデューサーですが、粲さんの現在の立場では資本構築にともなって権利が分散されないように気を遣われていますか？

お金は集まってくるけど、権利のほうは分散も分散、どんどん分かれていっちゃう。投資の代替として権利を持っていくわけですよ。放映権から、マーチャンダイジングの権利、それから出版権やビデオグラム権、ブロードバンド権とたくさんあります。出資する会社はそこで自分たちがその権利を行使するとどれくらい回収できるかということを試算して、出資するわけですね。だから権利はバラバラ（笑）。

――先にライツのプリセールス（先行販売）でリクープすることが前提なわけですね。

そうです。ここ数年ファンドという出資システムが出てきたでしょ。ファンドはなにがいいかというと、投資分の償還だけなんですよ。だから償還してしまえば収益配分を受けるべき出資者の権利が消滅し、製作者の手許には著作権だけが残る。だからファンドは本当は製作者にとってはいいシステムなんです。ところがファンド利用のコンテンツ製作事業では出資分を返してもうけさせた実例がほとんどない（笑）。それでどんどんファンドの投資メンバーも去ってしまう。逆に作品が担保にならないから制作会社そのものに投資するというケースもあります。認知性の高い『ウルトラマン』くらいになれば担保になるけれども、ゼロから発進する企画であるかぎりは作品自体が担保になることはなかなかないですね。

――いまのお話に引き続いてなんですが、すでに七、八〇年代のコンテンツスキームは深化・変質してしまい、企業は淘汰・合流して巨大コングロマリット（複合企業体）に収益構造が一極化する時代になりつつあります。このような新規参入や新しい企画創造の機会が低下している現在、今後のコンテンツ制作はどのようになっていくのでしょうか？　また制作会社のスタイルはどのようになっていきますか？

現在の経済シーンのなかで大きく収益を上げているのはＭ＆Ａ（買収と合併）やＭＢＯ（買収）、上場なんかによる株式の売却益ですよ。生産の実態ではどこももうけていないはずです。純益が生まれていないという意味では実はこれは産業としてというか、国家としてかなり深刻な問題なんですけどね。人口減少で商品自体が売れない時代になっているから、商品がよくてもあんまり売れてないかもしれません。ただしいま話したように本業がどんどん失われているなか、たとえばバンダイなんかは玩具を基点に据えている会社だから、キャラクタービジネスの本質を知っていると思います。もしそこをなくしちゃったら「いったいなんの会社ですか？」ってことになっちゃいますよね。市場を左右できるような大きな企業にはそういうコンテンツ製作のツボというか性質を忘れないで、市場を維持するという義務感を持ってもらわないといけません。「この市場は掘り起こしてもう枯れちゃったから次の市場へ行こう」というように、粗製乱造や売り上げに迎合しただけの商品作りでは瞬間風速はあっても、長く愛されるものは絶対にできません。

この市場を守ってもらいたいわけです。強い力を持つ者にはその義務がある。いざというときに結局頼りになるのは大切に育ててくれた作品であったり、そこから生まれた商品なのだと思います。逆に制作会社はそんな強い大企業を支える企画力を持つことが必要です。

――たとえばバンダイナムコは「ガンダム」「仮面ライダー」「ウルトラマン」などを独占的に契約、事業展開していますね。また同時にサンライズ、東映、円谷プロとも資本提携しています。

これは単なる提携や企業買収に似ているように見えますが、コンテンツ資産の最大化という意味ではまったくちがうシフトなんです。「ガンダム」のサンライズがバンダイの傘下に入ったときも、その保有コンテンツをどういうふうに資産勘定したのかは知らないけれど、コンテンツをキャラクター資産という観点で版権資産計上したらものすごく大きな簿価になるはずで、上場するとさらに大きな上場益が取れるはずですよ。いずれは単体上場も考えられるほどの額面のはずです。円谷プロも同じですね。「ウルトラマン」という資産だけを考えたら、一〇〇億以上のものになるはずですから。キャラクターコンテンツにはそういう価値を発生させる可能性がきわめて高い。おそらくバンダイナムコはそこに気づいている数少ない企業の一つなのだと思います。

これからはバンダイナムコみたいに有力なコンテンツを持っているところがますます企業価値を高めて

資本力を強めます。だから一方でそれら企業がその企業価値と資本力をテコにして、新たなものをどう作り、どう商品を流すかということが注目されるし、われわれ制作会社を活かしていってもらう義務を意識してくれるはずだと思っています。作っているのはわれわれなんだから。「ポケモン」にしたって、三年くらい任天堂がやってて人気が上がってきたから、小学館がそれをテコにさらに大きくしていった。

——大企業には映像を庇護する義務があるということでしょうか？

そう。ところが、だれもそういうふうに考えてくれないんだよね。ぼくらの周りにいる制作会社も映画を作ったり、自分たちでお金を集めていろんなことをやっています。でも、一本作っても、二本目ができるか。二本目を作ったときに、三本目ができるかという状況だから、当然先細りになっていくわけです。どっかで一度コケたらそれっきり、ということになります。

海外の面白さと困難

——では、その戦略の話ですが、現在、粲さんは人口の減少しつつある国内市場にある意味で見切りをつけ、中国を市場としたコンテンツの製作に乗り出されました。今後の海外進出への戦略をお聞かせください。

見切りをつけたというよりも、むしろ日本国内でかかってしまう制作費が高すぎる。アニメだって、いま一本あたり三〇分で一五〇〇万円くらいでしょ。一二〇〇から一五〇〇万円のレベルでみんな作っているわけです。そうすると、少なくともそれで一三本ないしは二六本以上作らなければいけない。そうすると事業額としては相当な額になっちゃう。これをビジネスとして考えれば、それだけの投資金額をリクープするだけの市場要素が現在の日本にまったくないわけですよ。なおかつテレビにかけてもらえれば、電波料を支払わなければならず、これが異常に高い。だから基本的に独立系のわれわれが安定的に制作をできる土壌ではなくなっちゃったんです。

それこそテレビ局さんが、自分たちの枠のなかで編成予算を使ってちゃんとしたものを作っている。子どもの時間帯には子どもをターゲットとして作っていけばいいんだけど、的確すぎるほどその時代のニーズに合わせて、ビデオでもさらに売れるようなお笑いのバラエティ中心にプログラムを切り変えて量産している。新しいアイデアの作品にはスポンサーが乗りがたいという大きな理由もあるんだけど、新しい市場を創出するような作品というのは、リクープできるだろうと逆算して作るようなものじゃないところに存在しているわけです。そんなふうに逆算で作ると、そのなかからは新しい映像は生まれないんですよ。かつての名作はみんなそういうような〝進取の気風〟から生まれていたじゃないですか。

――中国はどうですか？

中国は逆にドラスティックすぎて恐い面がありますね。放送して視聴率がよくて全国的にワーッと盛り上がったときに、教育上よろしくないということでお上がバンと切ることができますからね。そういうことを平気でやるから恐いんだけれども、作ることに関しては、日本の三分の一くらいの値段でできる。この点は絶対にいいなと思っている。ただし日本が技術提供をして、しっかりしたクルーを育てていかなければいけない。これはむしろぼくらの側の義務です。

本来はきちっとした形で映像ができあがってこないといけないんだけれど、いまはまだ中国のなかだけで流せばいいから、その映像が世界的なレベルで売れるようなグレードでなくてもいいという、教育者としての余裕もあるんですよ。ただ、「安い値段で作ったとしても、出資者の期待どおりに中国国内でもうかってくれればいいよ」というのと、「海外にも出して中国の作品というものを認知させたい」というジレンマも当然ある。世界に流す前提ができればそのグレードは必ず現場に求めて、作らせていきます。

——中国でやる場合、制作工程としてはプラニングを日本でやって、撮影は現地でやるとして、仕上や合成はどうしているんですか？

現地でやるものと、こっちでやらなければいけないパートとがあるんです。中国って不思議な国で、実は上海なんかは現在ではまだアナログのスタジオしかないんですね。撮影はＨＤ‐ｃａｍでハイビジョンなんだけれども、それだって中国版のハイビジョンだからちょっといい加減な規格（笑）。ちゃんとした規格のハイビジョンじゃない。だからいま作っているやつは、日本のパナソニックのバリカム〔映画撮影用のデジタルビデオカメラ〕を持っていって撮影しています。そうしないとまだだめですね。

中国の業界自体は新しい機材が全部そろってきています。ところが使えるスタッフがいないから錆びちゃっているんだよね。オペレーターもいないから仕上スタジオの設備の意味もない。さっきも言ったけど「中国ってガワだけが先行する国なのか？」と思ったもんです。だから煙台の特区だって施設はできているのに、なかに入るスタッフも企画もない。

――日本でもＨＤ対応スタジオを行政が作りましたけど、遠いから使い勝手が悪いですね。

そういうふうになっちゃうでしょ。照明なんかもちゃんとした機材があるんだけれど、羽（斜光板）が錆びちゃってて動かない。オペレーターがちょっとノウハウを覚えちゃうとギャラが高いところに移っちゃうらしいんですね。

今回の撮影は、操演〔ミニチュア飛行機などをワイヤーで操作する技術〕のピアノ線からなにからなにまで全部日本で集めて持っていった。これは大変だった。クレーン一つもないし、使いかたも現地ではだれもわからない。向こうのスタッフも香港や台湾から来たりしているから、ワイヤーくらいはできるんだけど。

ところが、デザインを引いてクレーンを造ってくれっていったら、これが安くできちゃう。セットなんか造らせたら、ものすごく安い値段であっという間に造るんだよ。そういうものは新たにどんどん造っている。ただセットだって金物を使わなくて、みんな木で工作しちゃう。石のものだっていうと、カポック〔発泡スチロール製の間接照明に使う機材〕かなにかに塗って石にしちゃうからまいっちゃうけどね（笑）。

今回、中国で特撮をやってみて一番辛かったのはそういう話かな。とにかく使えるスタッフがいない。

気候がちがうから、ホリゾント〔スタジオの背景に使う幕。円谷英二が、ホリゾントに照明を当てることで演出を深める技術を開発した〕に絵を描いてもひび割れになっちゃう。雲がひび割れちゃうからもう一度描いてもらう。そういうスタジオとしては初歩的な問題ばっかりですよ。

特撮とCG

――日本はどんどんCGに移行して必要がなくなっているから、逆に操演なんかが輸出されて中国で残る可能性がありますね。

それはあると思うんです。アメリカ映画でCGがあっという間に広がった。ところがいまのアメリカの大作映画はディザスター・ムービー（災害・パニック映画）のような画がハデなだけのCG作品ばっかりになっちゃった。むしろストーリーの練り上げは忘れ去られている。そんなCG映画に面白さを感じるアメリカ人も少なくなってきていて、むしろアナログ技法のほうがお金がかかってていねいで豪勢だと思える時代にもどりつつある。それは韓国も同じだし、中国も同じなんです。むしろCGはトリミング〔修整やワイヤーの消去などの作業〕で活躍するようになっている。

この状況は逆に手作りのよさというものが徐々に復権するだろうという予測にもつながっていて、そうするとミニチュア技術だとか操演のような現場技術がまた増えてくる気がしますね。やっぱり技術は継承して残さなければならない。親父の体現ですよ。

――『ウルトラマンA』（一九七二年）の操演で、タックファルコン〔劇中に登場する大型戦闘機〕が一八〇度回りながら旋回していくじゃないですか、ああいうアナログだけどもすごい職人芸は今後は失われていくんですかね。

ＣＧだとなんでも可能になっちゃうから、観る側もそういうものだろうとまったく新鮮じゃなく受け止めてしまうんですよ。ぼくが衝撃的だったＣＧは、トム・ハンクス主演の『フォレスト・ガンプ／一期一会』（九四年、米）の冒頭で羽が飛んでくるシーン。あの羽をＣＧで描いたという発想。あんなＣＧと実写の合成という発想は当時の日本人のクリエーターではだれもできなかった。いまは日本の特撮におけるＣＧ技法もそういう使いかたに変わったと思うよ。ＣＧを深化させるなら、他のシーンでもあったようにニュースフィルムのなかの人物を合成したりなんていう、さりげなくだれも気にとめない演出で使っていくべきなんだろうね。自己主張のための映像ではなく。

特撮って「ホンモノに見えるかどうか」が基準であり、唯一の到達点なんだよ。「ホンモノのわけないのにホンモノにしか見えない」というのが特撮の魅力と意味なわけで、「どうだ、ハデだろ?」というのはアニメともう変わんないわけですよ。特撮が実写である意味がまったくない。

――ＣＧを売り物にしちゃうとだめということですね。たしかに最近の北米大作は観ててもＣＧばかりで食傷気味ですからね。

そう、だめ。でも最近『トランスフォーマー』（〇七年、米）を観たんです。さすがにＩＬＭ〔Industrial Light&Magic社。ジョージ・ルーカスの創設した特殊映像工房。「スターウォーズ」シリーズなどを手がける〕の作りかたというのは、ＣＧでもあそこまでやれば大したもんだと思うくらい面白いんだよ。それは物語も面白いからですよ。ああいうふうに物語を活かすＣＧを作ってくればと思うよね。

ぼくが『ウルトラＱザ・ムービー　星の伝説』（九〇年）という映画を作ったとき、キャメラマンとか特撮の技術者というのは、新しい技術が入ってきたとき、みんなそれを使いたがったんです。

ところが観る側はそんな映像を求めていないんですよ。観る人は単純に、切り合わせ合成だろうが面白ければ、感動できればなんでもいいやと。技術的に高等であっても稚拙であってもなんでもいいけれども、観る立場の映像作りというのをそろそろ考えたほうがいい。自分たちの力量がこんなにあるんだぞ、というのを誇示しているような映像は、もう絶対に観たくないよね。バカバカしい。

だから話が面白ければ、どういう撮りかたをしても面白いんですよ。これからそういう映像をちゃんと供出できるかどうかをわれわれは問われているわけです。

映像ビジネスは難しい

――それではコンテンツ会社の理想像というところで、粲さんはいくつかの会社の経営を経て、たくさんのライブラリー群を作り上げ、またそのたびに次の新しいステージへと移動されています。このことは同時に会社経営の困難さもうかがわれるのですが、安定的な制作会社の経営のための処方箋があれば教えてください。

ぼくが聞きたい（笑）。映像を作る会社にとって、それをビジネスとしていくことはすごく難しい。作り続けていくうちになにか出てくるでしょう。作り続けることです。

――人材の育成に関しておうかがいいたします。円谷という制作のフィールドには常に若い人材が集まりますが、六〇年代に円谷に参集した名スタッフたちを超えるほどの人材はなかなか出ていないようにも思われます。これはひとつに〝特撮〟という制作ジャンルの伝習性の低さのせいもあると思いますが、今後のコンテンツ制作のためのスタッフ作りという点に関して、粲さんのお話を聞かせていただきたいと思います。

これも難しいところだよね。アメリカでは若くてすごく情熱を持っている人の場合、一発当たればそれで永久に食っていける。でも日本にはそんなインセンティブがないんですよ。日本では一発当たったからといって、そいつが一生食っていけるような金額は得られないので、みんな次のものを作らないといけない。そうすると、どうしても疲弊のほうが先にきてしまって優秀なスタッフが育たない土壌になってしまう。

いま、円谷プロの少なくとも制作の現場から出た人間というのは、特撮業界を問わずあちこちの会社の中枢にいます。でもほとんどが転職したり、形を変えちゃったりしていることが多い。映像を作る世界で、今村昌平さんが今村学校〔七五年に映画監督・今村昌平が創立した横浜放送映画専門学院を前身とし、現在では日本映画大学として活動中〕の卒業式の訓示で、「ここにいるメンバーが全員映画界に入れるとは限らない」と語ったのと同じで、われわれもなるべくそういう場を創ってやるというのは考えているんだけれど、どんどんと難しくなってはいますね。

だけど、「特撮をやりたい」という人たちがいっぱいいるわけで、そういう人たちがどうすればいいかという処方箋は、ぼくら先人が作る場を与えていかないかぎり、生まれない。「作り続ける」という方法で広げていくしかない。

――最後に、映画製作を志す若者に粲さんなりの言葉でメッセージをいただけませんか。

今村さんと同じ答えになったら、つらいねえ（笑）。やっぱり夢を持ってなにかをやっていくしかないんじゃないかな。映像の世界でうまく生計を立てて一生面白く生きている人もいっぱいいるわけだから、ジャンルを問わず面白いものを作り続けることが大事でしょう。

第四節 映画産業にとって〝作品〟とはなにか？

先達の言と苦労をここまで聞き取ってきた。これらインタビュー群はいずれも映像産業界のなかでオリジナルな地図を描いて会社の進軍先を決め、多くのスタッフを養い、継続的に作品を送り続け、安定的な経営を行ってきた成功者の至言であり、あるいはその継続を断念した人々が、地図に描きこむべき魔境や落とし穴を後進に伝えようとする遺言状でもある。その声に真摯に耳を傾けたい。

同時に筆者は、実業において被取材者のかたがたと同様に映画事業を行ってきていることから、彼らの実績を傍証、そして言葉を証言とさせていただき、すでに到来している映像事業の荒波時代を乗り越えるため、映画を中心とした映像産業の経営戦略の新しいモデルを提示したい。

現在の映画界の抱える問題点

現在の映画を中心とした映像産業界に関して、いずれの証言からも共通して読み取れる事象がいくつかある。まずそれを挙げると、

①（旧時代の慣習として）採算性の検証なしに事業スタートをさせてしまう

②デジタルの普及によって小売価格の異常な廉価化が促進され、回収ポートフォリオが成立しなくなった

③会計基準の厳格化により、投資に対するリターンの義務とサイクルが短期化され、被投資環境が悪化した

といったものである。ここではもっとも数値化されにくく、また自覚し難いケースとして①から検証し、読者諸氏に対する処方箋を提示したい。

〝作品製作〟とは〝商品製造〟――商品製造はだれのためか？

かつて日本映画の黄金期の一九五〇～六〇年代、動画を観るには映画館に行かなければならない時代があった。二本立興行が常で、しかも週ごとに番組がかけ替えられていた時代なので、極端な話、映画でさえあれば、観客はなんでもよかった。そんな大量生産時代にさまざまな属性の作品が生まれた。もちろん王道で強い動員力を持っていたとされるのは、恋愛性が強かったり、アクション感がたっぷりの娯楽映画だった。しかしその時期に、芸術性の高い実験的な作風の映画から、悲劇的作品、あるいは残酷なゲテモノ・キワモノ作品や、果てはシュールにしか見えないが、作っている当人たちはいたって真面目なものまで、多種多様な作品群が量産されたのだ。恐らく、その作風では現在の全国配給規模（少なくとも一五〇館以上の規模）での公開動員力は持ちえないと思われる作品でも、大量に全国へ配給されたのである。そしてこれらの作品が、現在も高く評価されていたり、後の世代にも大きな影響を与えた。

その大きな影響は決してポジティブなものだけではない。たとえば以下のようなものが、収益性の安定していた時代だったがゆえに、分析が不要とされ、さらに製作現場の不文律的慣習と化していき、現在へ

と続く解決し難い病根となったのである。

Ⅰ．観客不在・流通意見不在の企画開発

「オレが撮りたいものを撮る」的思想。その当時はどんな作品でも客が入ったために、製造者優先思想が生まれた

Ⅱ．非常識的な労働従事体制の強制

「画のためならすべてを犠牲にしてもよい」的思想。徹夜の連続勤務であったり、原状回復不能となる無軌道なロケーション撮影や交通法規の無視であったり

Ⅲ．芸術に立脚していれば、悪い事業成績も許容される

「観客は不入りだったけれど、いい映画だった」など、戦略分析的反省をともなわない儀礼的評価

多くはこの時期によって培われたこれらの業務習慣によって、現在まで連綿と続く製作部門至上主義が誕生してしまったといえる。本来、商品とは市場のニーズにより製造され、流通を形成する。しかし映画が商品として問題なのは、商品である一方で〝芸術〟というレッテルも貼られている「作品」でもあり、製造関係者の多くはその点にプライドを持って作業に従事しているケースが多いことである。しかし、この〝芸術〟的要素も本来は商品力として換算されなければならないことを、製造従事者の多くは理解していない。芸術品は高値で取引されるものである。

芸術点を競う各国の国際映画祭などがあるのも、その商品性を高めるためという位置付けで継続されて

いるものが多いのが実情だ。しかしその商的な――いわゆる〝キタナい〟とされる金勘定的裏舞台は一般消費者には一切見せず、ブラインドをかけて商品の美しさを際立てることによって商品価値を上げることは、その反面、資本的な生産活動の実態に対する大衆や従事者の理解を阻害し、その結果、「製造（企画・開発・製作）のための売買行為」と「売買のための製造行為」という至極当然のシステムがシンクロしなくなっていったのである。

つまり、この「観客のためではなく、作り手のための芸術作品製作」「金もうけはキタナい」という考えが、多くの作品事業における健全化の障壁となっているということである。具体例をいくつか挙げていこう。

作品はだれの主導によって作られるのか？

企画の起点として位置付けられるものに脚本がある。これは商品としての映像作品の設計図となるものだ。ただし建築物の設計図のように原質化されるだけのものではなく、同時にそこから情緒的なものを湧出させて観客を誘引する仕掛けも設計される。

脚本開発はきわめて限定的な少人数のグループによって行われる。その開発メンバーはプロデューサー、監督、脚本家が基本だが（おそらく三者のいずれもが企画発案者である可能性を持つ）、資本家的地位を有するプロデューサーから発注される単なる受託業務というケースもある。また原作があったり、オリジナルであったり、また翻案であったりする（その翻案率はさまざまだが）。また原案と脚色があるという、物語の発案原質のウェイトはどちらが重いのか、傍目《はため》にはまったく曖昧な場合も存在する。

この商品の重要な部品であり設計図である脚本は、広くレビューを募る性質のものではなく、またきわめて限定された空間で検証するものなので、出来不出来の評価はほとんどが参加者の主観による。その結果、成果の検証時に問題となるのが「〝物語の創造〟をだれが牽引したのか？」という点である。と同時に「脚本完成作業においてだれがこの〝コミュニティを主導〟したのか？」というまったく別のレイヤー（階層）も評価に加わる。つまり脚本の完成において、成果は関わった者でシェアされるべきものであるのだが、結果的に、芸術的成果は監督や脚本家へ帰し、プロデューサーは商的な成果を占有することになるケースが多い。このように脚本の到達点と成果は、クリエイティブとビジネスとのバランスの見極めを相当困難なものにさせてしまう。

問題はクリエイティブ事情とビジネス事情が折り合わなかったときである（経済的事情が多いのだが）。作品としての方向性に結論が出ない場合、日本では多く「監督のやりたいように」という着地をすることが多い。

監督とプロデューサー、どちらの意見が優先されるのか？

先述のようにかつて日本では大量に映画が製作されていた。内容に関係なく一定の売り上げを連続して計上でき、この産業に関わる会社群はいずれも安定的な経営を行っていた。それゆえに勘定方であったプロデューサーは、作品の内容に口を出す必要がなかった。[1] このことにより「作品の内容は監督が差配するもの」というルールができてしまった結果、問題が起きたときにもその裁定は監督に預けられたのである。

プロデューサーは作品内容に立ち入らず、あくまでソロバンを弾いて原価の管理のみを行い、責任のみを負う——そうすることがもっとも平和的な解決方法であり、まただれもが納得することができた当時の知恵であったのだ。それがいつしか「事業戦略の最高決裁者＝監督」という地位を生むこととなり、製作至上・作品至上というヒエラルキーが形成されていった。勘定方は作品の補給線であると同時に「芸術を阻害するもの」という相反する意味を持つようになり、いつしかその両者は同じ事業目的を共有できなくなり、乖離する立場となってしまった。

やがてこれが軍国主義の軍人の暴走にも似た、採算性を度外視した作品事業へとつながっていく。軍拡のために予算をほしがる軍人と、芸術には無制限に投資を要求する芸術家はまったくの同類である。

このケースと同様に製作過程で起こりうる、裁定が必要な事項を挙げてみよう。

ⅰ　脚本（前掲）
ⅱ　キャスティング
ⅲ　楽曲の選定などの宣伝のタイアップ
ⅳ　ポスターなどのメインビジュアルの策定

本来は作品機能と収益の最大化を前提とした科学的な調査、分析的戦略策定がなされなければならない項目ばかりであるが、なぜか監督の任意によって決定がなされる（もしくは決定を依願する）結果、何者も口を挟みがたい超然的決定ではあるのに、個人の感覚に依存するという打算的処理がなされているわけである。やがてそれが、ビジネスサイドは慣習的に「プロデューサーや脚本家は監督の判断に従わなければならない」という風土を作ってしまった。

もちろん映画事業とは一作品事業で完結するものではなく、一〇年、二〇年と連続して行われていくビジネスの一仕入と販売でしかない。これはその他の製造業とまったく同じことである。「いい車を作ったが売れずに会社は倒産してしまった。しかし車自体はクオリティの高い車だったので問題ない」というわけにはいかない。製造・流通従事者の生活があるからだ。コンスタントに利益を生まなければ安定的雇用は不可能だ。

ただし、その連続していく事業のなかには「負けて勝つ」というように、戦略的に一事業そのものをコストとして捉え、橋頭堡や防壁、兵站を築くためのものもある〔製作事業とは継続的な製造工場・流通の整備事業であり、人的資源や経験値を確保しようとした場合、あえて負けることを覚悟して作品事業に臨まなければならないケースもある〕。しかし戦争の場合は、橋頭堡や兵站を築くことが目的ではない。橋頭堡や兵站を築くことにより、その結果敵地を攻略することが最終目的である。製作者やクリエーターを軍人に模すならば、彼らは橋頭堡たる作品の成立に必死になるが、肝心の敵陣を陥落させることである、事業の中長期的安定運営のことは視野に入っていないということになる。

ロマンチックなワーディングに潜む危険性

映画事業独特の危険な文化は他にもある。ワーディング——言葉遣いである。どういうことか？　たとえば以下の言葉をどのように感じるだろうか。

（ア）「ヒット」

（イ）「全米で○○な――」

（ウ）「作品のテーマ」「クリエーターの魂」

いずれもポジティブ、あるいはロマンチックな夢のある言葉ばかりだ。しかし、この語群には羊頭狗肉的な危険が潜んでいる。

たとえば（ア）の「ヒット」という言葉。べつにヒットすることは悪いことではない。ただしヒットにはいくつものネガティブな副作用もあれば、その裏の顔もある。それを説明しよう。

先に述べたように映画事業とは、社会に存在する各種ビジネスと同様に長年にわたって継続されていく事業である。この事業のなかで扱う一つの商品が、通常よりも大きく売り上げを伸ばすことを「ヒットした」という。映画の場合は小売である観客動員数が通常より増え、その入場料で興行収入が増加することをいう。確かに素晴らしいことである。しかしここで考えてほしい。「ヒットした作品」という表現が成り立つことは、一方で「ヒットしていない作品」もあるということである。通常の売り上げより高い「ヒット作品」があれば、通常より売り上げの低い「コケた作品」もあるのだ。全部の作品事業が必要額分の売り上げを出していれば、こんな表現が用いられることはない。「お米が空前の大ヒット！」「いまや豆腐がメガヒット！」「石ケンが驚異的なヒット！」などとは聞いたことがない。需要と供給が安定した市場には、そんな言葉は必要ないのだ。至極当然の論理である。

映画会社各社はこうした作品を年間で複数個扱って、年に一度の決算を迎える（上場企業である場合は四半期決算だから三カ月に一度）。つまり、この期間のなかで各作品の収益を合算することにより、その会計年の成績を確定させるわけである。そうすると「ヒット作」は「コケた作品」と表裏一体なのだ。その年の赤字（コケた作品）と黒字（ヒット作品）とを合算して均した結果、黒字であれば（なおかつ前年比アップであり、さらに期初に掲げていた売上額と利益を確保できていたら）その会社は合格ということなのである。

ところが「ヒット」という言葉が曲者なのはこの点にある。ヒットの裏にはコケたものもあるといま述べたように、「ヒット作が出た！」というポジティブな言葉は、赤字事業の部分を隠蔽してしまう性質を持つのだ。

もちろんヒットが出ないと黒字にはならない。むしろ洋画を買付仕入した場合などは、（イ）のような「全米で初登場一位！」「全米でナンバーワンプロデューサーの作品！」などの作品価値を上げるための煽り文句としてのワーディングもあるが、これは順当な宣伝行為の一環といえる。このことからもわかるのは、〝ヒット感〟とは、株と同じように「気配」であるということだ。

ただ気をつけないといけないのは、この〝ヒット感という気配〟は、確かに作品事業単体の成績に作用する（ことが多い）。しかし、通年の業績すべてを支配するものでは絶対にない、ということである。また北米のメジャー作品のように膨大な宣伝費を投入した結果、メガヒットしたにもかかわらず、事業的には赤字ということもある。二〇〇七年公開の北米のアメコミ超大作が興行収入七〇億円超の大ヒットにもかかわらず、事業は不採算（らしい）というのはその悪い好例だ。しかし、一本のヒット作が、その配給事業全体の「気配」を確定する。その結果、赤字はストック、隠蔽され、対策が未解決なまま決算を迎えることになる。

当たり前のことであるが企業として、決算時に黒字でいられるかどうかが大きな問題なのだ。極端な言いかたをすると、黒字を継続できないと経営は成立しないし、社員の生活も維持できない。どんなに映画を作りたくとも事業を継続することはできないのである。「ヒットした」という言葉で赤字の原因がうやむやにされ、その分析と対応がなされないまま、事業がミスリードされ続けていくことは粉飾と同様の犯罪であり、絶対に避けなければならない。

阪神タイガースという球団がある。一九八五年に日本一になってからわずか二年後の一九八七年から二〇〇一年の一五年間、「暗黒時代」となっていた球団だ。この間、合計で十回もの最下位を記録するほどの最弱球団だった。しかしこの阪神タイガースは、企業としては常に黒字経営であり、現在の球界でも秀でた健全経営を誇っていることをご存知だろうか？「なぜ？」と思うだろう。答えはファンという顧客を維持し続けていたからである。繰り返すがヒットは出るに越したことはない。しかし、映画会社経営において「ヒットした」とは、野球でいう「ある試合に勝った」にすぎない。「ヒットしない」でも、製作委員会システムにより原価を分散し、配給と興行による手数料収益を獲得することで、作品事業そのものはバランスしうるからだ。

野球の場合、負けたとしても試合が面白くて盛り上がれば動員数も上がるので、入場収益もコンセッション（場内販売）のような周辺商品の売り上げも上がる。ただしこれは試合内容を誘因としているであり、試合の勝ち負けには関係がない。負け続ける球団の経営が良好なのは、ロケーションに足を踏み入れる顧客を維持し続ける努力を怠っていないからだ。宣伝、話題作りなど、用意された刺激がそこにある。これをかの球団は低コストで提供してきたのだ。

しかし映画の「大ヒット」のほとんどが大量宣伝費を投入した末に到達する勝ち星であり、その七割が配給元の負担する宣伝費と比較した場合に赤字になっているという状態である。これは極論であり、もちろん適切な宣伝費とコスト圧縮、効率的なアライアンスによって、正しいヒットによる高収益体質を維持している東宝のようなケースもあれば、偶発的なヒットに依存して曲芸のような予算で生き残り続けているメジャーがあるのも事実である。

つまり、より大事なことは「勝とうが負けようがファン（＝市場）を維持し続ける」ことである。単体事業のヒットにより付随する顧客とは、流動的な存在である。その顧客を劇場に足を運ぶレギュラー客に変質させるためには、配給や興行のサービス、商品パッケージが重要になる。つまりはホスピタリティ（もてなし）という現場での顧客満足度をいかに上げていくかを戦略化しなければならないのだ。つまらない映画を観させてしまっても満足して帰っていただく顧客を維持することを、製造も流通も小売も目指さなければならない。映画とは銀幕に投影される作品だけのことをいうのではなく、映画館の現地ロケーションも含めた観客への接待事業なのである。映画作品とはその観点から製造されなければならない。

また現場が暴走してアーティな（芸術家気取りの）作品を作ってしまった場合、（ウ）の「作品のテーマ」「クリエーターの魂」を大義名分にしてそのまま流通させてしまい、事業的な赤字を作ってしまうケースがある。これも本来は避けなければならない事態なのだが、事業連続性の観点から作品のクオリティを社内外にパフォーマンスするためのコストとして許容されるべきタイミングとサイズがある。たとえば、

α　製作事業の創業期にクリエーターなどのスタッフを確保したい時期

β　定番商品事業に対して市場が飽きてしまい、新機軸を打ち出さなければならない場合

などがその時期に相当する。これらの時期には会社の体力に合わせて戦略の可能性を探るために、また新しい無形のクリエイティビティ資産[2]を確保するために、あえてコストとして投資をすることが必要となる。その投資が作品ならばまだ版権資産として計上できるが、コケれば価値は当然、投資額よりも大きく目減りする（減損会計）。また開発のために人員を組成して費やす経費は一般経費として計上され、成果物のない、ＢＳ（貸借対照表）上の資産として現れないケースがほとんどである。これにはいわゆるクリエーターなどスタッフとのスキンシップのための会議費（飲み代）なども含まれる。

無論、投資するタイミングは、黒字が続いていて投資のための資本余剰金がある場合、もしくはインフラ整備のために新たな投資計画の下に借入を行った場合に行われることが多い。ただしこれはＢＳ上には資産として現れない、会計外の無形資産への投資となる可能性もあることを覚悟しなければならない。これらの投資はすべて映画会社の無形資産――スキル、クリエイティビティ資産へと帰していく。

そして投資の場合、もっとも忌避すべきリスクとはなにか？　それは「反省しない、分析しないまま事業継続する」ことであり、「責任（原因）の所在を不明瞭にする曖昧な決済システム」が生む現場の暴走である。その処方箋とはなにか？　要は「コスト予算として計画的に〝暴走〟を管理できるか？」ということに尽きる。

現場の変遷——技術革新によって進化するのは製作現場だけではない

▼デジタルテクノロジー

物理的な処方箋にはいくつかある。たとえば開発進化の目覚しいデジタル・キャメラの活用もその効能が期待される。それまでのフィルム・キャメラによる撮影では、撮影技師、照明技師そして監督以外はファインダーをのぞくことがはばかられる風潮があった。しかし、デジタルの場合、現場にはモニターを据え置き、リアルタイムでプロデューサーは照明設計やサイズの設計を確認できる。また仕上段階においても多様なデジタル編集によって現場のミスに対するトリミングを含めたサイズや色調の補整を可能にしている。この技術の多用によってプロデューサーが自らの現場スキルによって新人の能力を裏書し、育成することができるようになった。

事実、八〇年代までは長い徒弟制度の末に技師（撮影・照明パートの責任者）デビューする、もしくはアシスタント生活二〇年の末にプロデューサー・監督デビューする、というケースが通例だった。しかし、民生機デジタルカムで撮影し、デスクトップのパソコンで編集・仕上をする若いクリエーターが増えた結果、この徒弟システムは撮影所システムと共に緩やかだが迅速に崩壊していった。またコミックの同人誌作家のように、メジャーデビューをきらって、自主の立場で作品を量産しようという作家も増えた。その結果、制作時点におけるコスト管理や宣伝などの流通要素の検討は、クリエーターにとって死活的で身近な問題となったと述べても過言ではない。クリエーターたちは自らの才能を自ら値付けし、プロデュースするることが必須の時代となった。その意味では彼らもまた過当競争時代にある。自意識とクリエイティビティ、市場と資本家との間で、自身をパフォーマンスすることにより作品を製造することができる才能はやはりまだまだ稀なのだ。しかし、そういう特性のクリエーターは確実に増えている。

▼商法と会計スキル

同時に会計におけるテクノロジーも進化した。もちろんエクセルのような会計ソフトの登場だけのことを言っているのではない。撮影現場に即した多種の原価会計ソフトや専門業者も登場しているし、国内外の膨大な判例をデータベース化したエンターテイメント専門の弁護士も登場している。さらに収益予測や企画検証システム、中期（三年間）の予算管理システムなどによって、映像コンテンツ会社は戦略的な予算運営が可能になってきている。問題はその運用をするべき人材が育っていないことなのだが、これまでの業界はいわゆるこの戦略・会計・商法領域の「マネジメント・プロデュース」と、企画・現場・流通領域の「オペレーション・プロデュース」のパートが別々にセグメント（区分）されていた。資本と現場には溝があったといっていい(3)。

しかし前述の「クリエーターが収支を読んで、自己をプロデュースする」ということは、これらのパートの乗り入れと同義であることを意味する。各々の領域のみで完結する事業ではないことは明白であり、背中合わせの相互事業の事情や予算を理解したうえでないと、映画事業はとてもではないが維持できない時代となったのだ。

会計や商法のスキルも、大きくコンテンツビジネスには作用している。元来、権利の集積体である映像コンテンツには、さまざまなライツ利用の方法が策定できるはずだった。また、資本の構築に関しても多様性があるはずだった。それは不動産商品や他の製造業と同様なほど、いろいろな方法論があるはずだ。しかしこれまでは、製造から流通・小売までが単体資本で始まった業界だったがゆえに、事業の多様性を自らが制限してきたといってもいい。今後はファンド利用に留まらず、国外への流通を含めたビジネススキームの構築と新たなポートフォリオ設計を行うことが期待される。

会計の厳格化は本当にコンテンツビジネスに合っているのか？

ただし、ITバブル崩壊に端を発した二〇〇〇年以降の〝会計の厳格化〟と、コンテンツ事業の原価回収期間は乖離しているのが現状である。国内資本は余っているが単年度の回収や利回りを重視するあまり、健康的なコンテンツ事業の収益スパンが阻害されている。

たとえば以下に企画から製造・流通までの工程と人員を書き出してみよう（次ページ図）。

これが、二一世紀スタンダードな全国配給作品のスパンであり、人月（その月に何人が稼動するかという単位）となる。事業開始から完結まで実に一タイトル二八ヵ月もの事業時間と一〇六人月の人件費を持つことになる。ゼネコンでいうなら、ちょっとした中規模ビル一基の建設分だ。もちろんフェイズ（局面）によって休閑スタッフが当然出てくる。これを休閑しないように並列ラインとして稼動させれば最大で一スタッフの担当作品が三、四本程度発生する計算となる。

また、社員スタッフに各種作品のフィールドワーク的な経験値を積ませるとしたら、最低で五つ程度のセグメント（①文芸・アート・ニッチ　②アクション　③恋愛　④ルーティン　⑤キッズ・ファミリーなど）の幅広いジャンル経験が必要となるが、実はマーケットから逆算してもこれほどの量の量産が許される映像企業は非常に少ない。興行を持つメジャー映画会社ならば、年間の取り扱い本数を最低で一二本程度に設定しなければならないことを考えると、並列して何本もこれらの作品事業を抱えることは可能かもしれない。それは都市開発などの大規模不動産事業ほどではないが、壮大な事業である。

ビデオグラムマーケットの収束により、いわゆる〝ビデオ映画〟マーケットも破綻してしまった現在、実戦の場が減少しているのが現実であり、その結果、これだけの本数を経験し、結果が出るまで最低三、

【映画製作に関わる延べ人数】

スケジュールの実例として（1タイトルのスケジュールと従事者数概算）

企画開発期間５ヵ月（５人）
撮影準備期間２ヵ月（15人）
撮影期間３ヵ月（50人）
仕上期間２ヵ月（15人）
宣伝期間３ヵ月（６人）＋劇場営業期間３ヵ月（５人）
公開期間１ヵ月（３人）
ＶＧ宣伝製作期間３ヵ月（５人）
ＴＶ権販売猶予期間９ヵ月（２人）

四年の時間が必要になる。スタッフを丁寧に育成するのなら五年は必要だ。その点においても現在の会計基準は著しく不適当といえる。産業従事者を育てる余地がまったくないわけだ。

不動産事業でさえ建材と工法の進化により計画から営業オープン（売り上げ開始）までがかなり短縮化され、資本環境もデヴェロッパーと呼ばれる事業プロデューサーによって、あらゆるリスクを低減させて事業化されている。映画の事業環境もまた然りでなければならない。しかし、資本組成はともかくも、前述のような人的ラインの組成には相性であったり、資本では解決できない情緒的・感情的なファクターであったりが大きく作用していく。さらに商品は、その製造が「感性」と呼ばれる領域に大きく完成度を依存しており、その管理随意性をプロデューサーが保証することにより製造ラインは機能するのだが、これがいかんともしがたい事故（スタッフや作家の情緒的な精神的事故など）を発生させる可能性を、日常的に持つのが映画商品なのである。

このことからもやはり単年度スパンでの資本金拠出～売上金配分というスピードは事実上不可能といわざるをえない。

洋画事業が隆盛を極めた一因がここにある。洋画の買付仕入の場合は、ある程度の商品完成度を事前に知ることができるし、完成品の購入である場合は、資本拠出タイミングを遅くでき、キャッシュフローリスクを大きく低減できる。また邦画のような人的事故はほとんど発生しないといえる（原産国では起きているであろうが）。

しかし邦画の場合は、資本金拠出を企画開発時点に置くとすると、売り上げの計上まで長くかかりすぎる。製作決定時（Green light ＝青信号）をスタートとした場合も、公開（初売上計上）までは数年かかってしまうのが常である。自社単体の資本拠出が困難なほど映画は資金が高額になるので、製作元はどうしても製作委員会などで資本リスクを分散させたり、証券化したり、ファンドを利用したりする。そのときに資本元から課せられる条件設定に「単年度黒字」と「初年度利回り保証」がなされるケースが多いわけである。もちろんルール違反ということではない。しかし投資家の「出した金は一刻も早く増やして返せ」というこの風潮は、どうにもコンテンツ事業者にとってはハードルが高すぎる。このままでは安定した生産活動がきわめて困難である。

いわば、ヒット作という未保証の売り上げに依存する経営とは、「山に入って獲物にたまたま出合わないと収穫できない縄文人」であり、計画的に収穫を貯蓄し、経費を分散・繰延していくのは「計画的稲作による収穫の最大化と安定化を行う弥生人」のようだ。ところが最近の会計と経営トレンドは「狩猟の計画化、最大化」を煽動し、促進している。たどりつくのは乱獲による、映画という名の稀少種絶滅である。

版権償却――コンテンツの価値は目減りする?――

コンテンツの独自会計基準の創出と業界団体への期待

また版権集積体であるコンテンツには、「版権償却」という会計ルールが適用されている。簡単にいうと、「作品資産は年数を経ると価値が下がるので、製作にかかった原価は簿価上で目減りさせる」という減損ルールのことだが、製造者本人たちは飽くまで自らの手になる作品とは芸術作品であり、ピカソやゴッホの名画と同じようなものだという感覚でいる。「価値が下がる」ということの意味が理解できないのだ。事実、優秀な成績を残した作品は、むしろ高い値段で取り引きされる。コンテンツとは複製権（©／copyright）によってもたらされる収益ビジネスなので、名画のような一点商品ではないものの、〝名画座〟と呼ばれるように名作は芸術品としての扱いを受ける。そのため、設備消耗品のような「償却」システムは、実態や従事者意識と大きく乖離しているのだ。著作権保有期間を権利行使可能の期間とするなら、原価を五〇年に分割した償却計算か、五〇年を満たしたタイミングでの一括償却が望ましいと考えるのは、コンテンツ・メーカーにとっては当然のことといえる。

業界団体などは国家に対して、この産業としての死活問題を、何者にも脅かされずに自信を持って提訴し続けなければならない。過去のミッキーマウスやスーパーマン、バットマン。そしてウルトラマン、仮面ライダーなどの巨大なコンテンツ遺産が製造された時代、その製造に付随するすべての荷重（前述の版権償却や版権管理費、原版メンテナンス費用などなど）を吸収する売り上げと体力とを社会は持っていた。しかも健康的に。

しかし、流通の過程で突然、ブラックホールのように存在する、優越的地位を濫用するかのような位置にある企業群により、収益上のバッファ（余裕）を奪われ、結果的に原価の圧縮に砕身するしか生存方法のない状況へと追いやられている。

この資本主義原理とは著しく遊離した状況に対し、行政が看過し続けていることには国家のありかたとして疑問を感じるが、なによりも業界共通、人類共通のクリエイティビティ資産が阻害され続けているこの状況に対しては、一産業人として大きな不安を感じている。

社会全体が「三年後の一〇億よりも明日の一〇〇万円」「右肩上がりでなければならない」を重要視し

てしまう現行の経済価値、それにバッファをすべて奪ってしまう会計基準にも、あえて「それで本当にいいのか？」とわれわれは疑問を呈していかなければならない。なぜなら、そのことによってもっとも痛手を受ける事業がコンテンツ産業なのだから。

コンテンツビジネスの危機とその処方箋・対処療法

いろいろと現況の分析と処方箋を述べてきたがしかし、処方箋はいたってシンプルなものである。

①マーチャンダイジングや制作下請業務など、製造・流通ラインのランニングコストを吸収可能な利益を生むルーティンのビジネスを持つこと
→映像をレバレッジ（梃子）とした、製作・配給事業以外のビジネスが望ましい。製作・配給という業務は周辺事業の創出が十分に可能である。

②商品（作品・製作）主義であるオペレーションの暴走を抑えうる組織の編成
→販売と仕入のバランス――ヒット作品とコスト作品のバランスを計画化し、それを理解してオペレーションすることのできる組織を作らなければならない。スタッフがジョブに従事し始めた一番最初に、会計のルールと事業における個人のジョブのポジションを理解させる。

③仕入済（製造・製作した）商品（作品）を好ききらいせずに売る、会社戦略に対して義務感を持って任務に当たれる組織の組成

→作品を愛するがゆえに目を曇らせずに冷静に商品スペックを測り、足りない場合には商品力を上げるための足し算をするにはどうすればいいのかを第三者的視点で分析、戦略化する機能を持つスタッフを育成する。

①は作品企画とマーケティング、そしてアライアンスパートナーが大きく作用する。そして②③は組織論である。このことを理解しないまま、カタチとしてのみ会社を組成して経営を行うと、偶発的なヒットは発生しても（ヒットが偶発するところにこの産業の落とし穴がある）、分析と戦略を喪失してミスリードされていき、最後にはあなたの大事な方舟が遭難してしまう可能性はきわめて高い。特に配給や製作の出物スタッフ（会社を出てフリーとなったスタッフ。または転社しようとしているスタッフ）の多くは、作品には興味があっても経営戦略や組織には興味がない。当然②③を意識した仕事は行うことは少ない。特にM&Aなどによって統廃合される製作・配給チームは②③の意識が低いため、業績悪化の末に売却された、ということなのである。

また、最終的に自社で独自の製作仕入を行っていくうえで重要なことがある。それは、

④映画会社にとって一番最初の作品、または戦略作品は「当たればいい」という場当たり的な企画や持込企画ではなく、その会社のブランディングの第一歩となるべく開発し、また自社スタッフ自

身の手で開発する

映画会社にとって、戦略作品や事業を立ち上げての一番最初の作品というものは、いうなればモーターショーのコンセプトカーだ。そのモデルをショーで発表することにより、その企業の市場に対する考えかた、顧客への接しかた、モノ作りの姿勢を高く掲げるのだ。そのコンセプトを見ることにより、業界も市場もその企業の戦略と立ち位置を知るわけである。この作品が社外の手になるものであると、当然その企業のレピューテーション（評判）は著しく低下する。

また、コンセプトモデルの製造コストは一般管理費に近いものとしてセグメントされる開発費であり、その回収は、その後に量産されていく事業において規定される一般管理コストに含まれていく。つまり採算性よりも長期戦略上、大きなミッションを持つのが戦略作品や一番最初の作品なのだ。映画会社は、そのような「フラッグシップ」であり「基準」となる作品製作のタイミングがあることを知らなければならない。それはヒットしないかも知れないが、その企業にとってはラインの組成や市場の体感という意味で、大きなスキルを得るのである。またそうすることにより、その後に連なる作品群をブランド化していくことを目指さなければならない。映画事業とは作品単体のショットビジネスではなく、「○○印の映画を観にいこう」と観客心理を喚起するブランド事業なのである。

そしてブランド事業とは、収益の最大化を目指す事業なのではなく、その価値の普遍化を目指さなければならない。収益を最大化してしまった後には、価値の収斂が待っているだけである。ブランドが売買された途端に顧客が離れるというのは、ブランドの精神性が継承されていないから起こるものである。そこに気づかない企業買収は失敗するのである。

最後に

本書は映画をはじめとした映像コンテンツ業界を目指す学生や、新規に業界参入を目論んでいる若い実業家のかたがたへ向けて、海図のフォーマットとなるべく編まれたものだ。海図は個々の会社それぞれにカスタマイズされた独自のものでなければならないから、あくまでフォーマットである。

本項冒頭に挙げたように、本書には映画産業の海を航海し続けた結果、その航海学に明るい、あるいは道なき映像流通の道を開拓進軍し続け地政学に長けた、偉大な先人たちの言葉を多数収録してある。

彼らの言葉に共通しているのは、「失われることのない産業にしたい」ということと「安定したビジネスにしたい」という、人間ならばだれでもが持つ普遍の情熱である。これは裏を返せば、この産業がいかに不安定で未成熟なものかがわかる。

しかしこの産業には夢があり、そして人類の根源感情である創造力と感動をダイナミズムとしている。読者諸氏の新しい力により、この夢のある産業を、拓けた参入障壁のない自由なものにしてほしい。そしてなんとかして安定した健康的な産業へと育てていってほしい。これは本書に関わる者全員の気持ちだ。そしてわれわれが先人から受け継いだバトンを落とすことなく、あなたたちの手で次世代の人々に渡していってほしい。

すべてのスキルや地図、データは秘匿されるものではなく、開示され、受け継がれることによって活きる。それがやがて人類共通の資産となり、人類を無限に進化させていく。

われわれ全員があなたたちの参戦を心から待っている。

注

（１）厳密にいえば、製造原価管理も進捗管理も専門スタッフである制作担当が行っていたので、映画会社のプロデューサーは単に事業責任を負っていたにすぎない。

（２）クリエイティビティ資産とは、作品の版権資産のように簿価で計れるもののことではなく、従事したスタッフやタレント（才能）という、その会社独自の人的製造ラインのことである。

映画会社は各社独自ラインを持つことで他社と差別化しており、また市場優位性を確保しようとしている。俗にいう「娯楽の東宝」「喜劇の松竹」「アクションの東映」などはここに端を発していよう。商品としての自らをセグメントすることにより、看板に磨きをかけるわけである。ディズニーがピクサーというCGアニメプロダクションをラインとして持ったり、ブエナビスタがジェリー・ブラッカイマープロダクションと契約したりしていることなどもその一例である。日本の場合は制作スタジオと配給・興行が一体化しているのがメジャーだが、北米はそれらが分離されており、さらに制作スタジオは独立系プロダクションと契約することによりスタジオをレンタルすることで運営されている。

日本の場合、各ラインのスタッフが社員化されているケースは稀で、多くの場合はプロデューサー個人の人的ネットワークによって各ラインは組成される。メジャーであっても監督や脚本家が社員化されることはなく、各社のプロデューサーはこれらのクリエイティビティ資産をいかに多数保有しているかがスキル評価の対象となる。

（３）美談として伝えられる「ある巨匠は画に映らない箇所まで美術スタッフに作らせた」とか「制作予算をスケジュール途中で使い果たし、ラッシュを資本サイドに観せて後半を見たい気持ちにさせて増額させた」というような話は、今後は言語道断になるだろう。それは映画が唯一の動画エンターテイメントだった時代の話である。映画業界にはそんな時代は二度と到来しない。このような話は、自戒を込めた反省のエピソードとしてクリエーターたち自身によって語られなければならない。

（４）近年、ディズニーの名作アニメ『ファンタジア』が著作権保有期間を経てパブリック・ドメイン（公共財）化した。その結果、さまざまなメディア商品が本来の権利元の管理を離れてリリースされている。作品の単一性・オリジナリティ（原物性）

を著作権として尊重することが人権保護の法理とするなら、これは明らかに作品精神の侵害を公認することになる。保護期間満了にともなって一般利用促進がされるべきテキストのような著作物と、経営基盤として版権を資産化している企業における著作物とは、同列に扱うことはできず、法理上もまったく別の著作資産として論じられなければならない。

おわりに

一口にコンテンツ産業と言っても、さまざまな業界がある。

本書では「企画」→「製造」→「流通」→「小売」と、通常の製造業の工程を通貫することに模し、その領域に合わせてインタビューの選定を行った。〝模し〟とは書いたが、事実上、コンテンツ産業は製造業であり、同時にホスピタリティをともなうサービス業でもある。コンテンツ業界にネイティヴな書きかたをすれば「企画」→「製作」→「配給」→「興行・オンエア・リリース」というところであろうか。コンテンツ産業界は、このあたりの言い換えを積極的に行ってきた歴史があり、言い換えたワーディングによってある種のロマンチックな特権意識が助長され、それが参入障壁を作り成長阻害を行ってきたことは否めない。今回、多忙な業務のなかで快く取材を引き受けてくださったかたがたは、このあたりの二枚舌事情はよく御存知のうえで、なおコンテンツ産業の生産性向上と市場拡大に努められている。

無論、本書に掲載した白倉氏の発言のように、社外や市場に向けては「現場対資本」という対立のように見せていた方が都合がいい、というような経営上の対外的戦術もある。その域にまでプロデュースワークを昇華なさしめるのであれば、それは資本主義の正しい経営感覚であると賛しうる。しかし、往々にして多くのコンテンツ産業従事者は、義務教育時の道徳教育レベルの不用意な正義と経済観念にとらわれているといえる。

二〇〇〇年以降、単なるコンテンツのファンの気分そのままに安易に産業に従事するケースが爆発的に増加している。その結果、公正な取引意識やビジネスモラルの低下、事業者としての絶対的な前提である「収益を獲得する」という義務を放棄するかのような精神の者が、そのままプレイヤーとして幅を利かせるようになってしまった。これではいつまで経っても、実業界からは一人前の産業として認められるべくもない。コンテンツ産業界がいつまでも経済界で地位が低いのは、この意識の決定的な欠如による。

「赤字でも制作費を増やしていいじゃないですか！　赤字のなにが悪いんですか⁉」
「わたしの提案する演出家の力量が足りていないのはわかっていますが、起用してください！」
「このスタッフを起用しないのなら、今後の監修は厳しくなりますよ⁉」

これは現場プロデューサーやクリエイターの言ではない。某大手出版社の原作許諾をする版権窓口者の言である。ライセンシーと交わす許諾契約書を作成し、担当編集者に監修を依頼する窓口業務以上の職責は当人にはないはずなのだが、作品と演出家のファンであるその担当はいつしか作品の内容を左右するのみならず、個人的な嗜好性で資本負担者であるライセンシーの事業方向性までをも自らの意志に従わせ、あまつさえ自分が提案する演出家によって設計された、採算性のない莫大な制作費の増額を強要してきた。
「こうしないと原作者から許諾が下りません。監修が難しくなります。もちろん原作者とは直接会わせることはできません」などと圧力は押し重ね続けられた。

もちろん二次作品であろうが、収益計画と予算管理、その根拠となるスタッフィングやキャスティングは収益獲得義務を持つ、資本負担者たるライセンシーが差配すべき専権事項である。赤字を出してはいけないのはライセンシーの株主や事業出資者に対しての絶対的な義務である。内容について原作者やライセンサー（ある権利を与える側）の意向を反映させたり、監修を受けたりすることは当然あるとしても、その事業の資本責任がライセンシーにある以上、事業内の行政権をライセンシーが持つことは、やむをえないというより当然のルールだ。無論、ライセンサーには商品としての作品の世界観を守り、その他の連動事業との調整をする義務があり、ライセンシーは資本とその成果を逸脱しない範囲内でその指導には従いうるものである。さらにライセンサーは保有するあらゆるソリューションによってライセンシーの収益伸長に協力することを義務とする。それが作品を成長させることになるからである。

しかしその担当は、そのライセンシーの商品における商標名の運用にまで「そんな商標は聞いたことがない。当社の作品タイトルを商品名に使用するなら、そんな商標は使わないように」というような、監修の領域を大きく逸脱する驚くべき申し入れをしてきたのだ（この場合の商標とは、たとえば商品名を「仮面ライダースナック」とした場合の〝スナック〟の部分や、「ポケモンバトルカードスタジアム」の〝バトルカードスタジアム〟の部分である）。

この大手出版社の社員とはとても思えない、ビジネスマナーのはなはだしい凶悪さは、実はコンテンツ業界に見られる特有のものでもある。

「両者に益する」というライセンサーとライセンシーの公正な取引関係は世界の商慣習上の常識であり、

ビジネスの黄金律であるのだが、下請け会社への発注後の大幅な制作費減額などのケースとも別に、明らかな独占禁止法第一九条違反であるにもかかわらず、いまでも一般のエンドユーザーからは見えない、しかも原作者という原権利者不在の閉鎖空間での〝優越的地位の濫用〟がまかり通っている。これらの多くは、職域を逸脱した原作代行者が大資本を背景として振るう〝権利の暴力〟ともなっている。

また原作やその代行者だけでなく、「クリエイティヴ・タレントが最も尊重されるべき」という思想も映像業界には歴史的に根強い。「監督がこうやりたいと言っているから」「俳優の意向でそれはできない」など、経済的、マーケティング的視点を根本的に欠く、〝クリエイティビティ至上主義〟が跋扈する。よく「作品が当たれば監督の手柄、コケたらプロデューサーの責任」と揶揄される。これは〝プロデューサーのせいでコケた〟という意味ではない。不入りだった際の事業赤字は、独立プロデューサーであれば債務として背負い、社員プロデューサーならば予算の未達責任者として人事評価に反映される、ということだ。つまり、プロデューサー以外は法理的・経済的責任から逃れてしまうのである。かと言ってヒットしたとしても法理的・経済的責任はクリエイターにはないのだが、作品の評価はおおむねクリエイターのものとなり、次作へのセールスに大きく貢献する。

本来はコケてレピュテーション（評判）がさがると困るのは、作品関係者全員のはずだ。しかし実際、芸術的な高説を盾にして、作品を当てるための施策や宣伝プランをまったく受け入れず、「お前は作品をダメにするのか!?」と怒る監督が、その公開結果が不入りでも「自分のせいではない」という顔をする。平気で「当たらなかったのはオレのせいではなく、世間が間違っているのだ」「配給宣伝が下手だったから、宣伝戦略が間違っていたから当たらなかったのだ」と責任転嫁してはばからない。経済的にはなにも失わないまま、である。

彼らは往々にして現場でも〝いい画〟を撮るという理由で予算増を求める。あるいは製作責任者の知らないところで勝手に費用を使ってしまう。検証するとそんな機材やロケーションが必要でないことはすぐに判明するのだが、その要求は武官の軍事費増額要求や、科学者の研究費増額要求に似る。軍備拡張や非人道的な実験にも足を踏み入れてしまうような彼らの暗い情熱と、クリエイターの独善には類する性質がある。その情熱をグリップしていたかつての映画活動屋は、「映画を撮るためには家族を泣かす」など勲章のようなものだったかもしれないが、現在では最後は犯罪に手を染める者や自ら命を絶つ者も出ている。

また、企画段階で制作費の設計をし、事業立案しなければならないのがプロデューサーの基本的な責務であるが、経費のことをクリエイティヴの現場で言おうものなら、「こいつはクリエイティヴのことをなにもわかっていない」と非難され、まるで悪魔のように蔑まれる。それ以降は「クリエイティヴのことを知らない、カネのことしか頭にない守銭奴」として無視されるのがオチだ。クリエイターにとっては『作品創造は高潔なものであって、それを卑しいカネの話で汚すとはなんということだ!?』という意識なのだろう。しかしそれは、人間として一番重要な「生活する」「稼ぐ」という、社会人としての責任行為から逃げ続けてきた幼児性成年の思考だ。初歩的な収支計画も、自らの人件費も、契約書も、納税額も、貸借対照表も読めないでいるまま、ごく簡単なソロバンから逃げ続けてきた、反社会的な精神性の結果である。

面白いことに、そんな人間のなかにはプロデューサーと呼ばれる人々もいる。「オレは現場のたたき上げだから、日本で一番クリエイターのことはなんでもわかっているプロデューサーだ」と言ってクリエイターの心を掴むが、配給の仕組みも知らず、原価の算定や収支計画を作ることなどもできない。他人の当たりそうな企画の尻馬に乗って、当たれば「オレの企画」と言い、コケればこっそりと作品の責任チームから抜け出して被害者の顔をしたり、部下のせいにしたりする。そんなプロデューサーや経営者もいるのだ。

彼らは〝クリエイティビティの暴力〟であり、またそういう産業風土の犠牲者でもある。なぜわかるかと言えば、わたし自身が研究者であるよりも前にクリエイターでありプロデューサーであるため、その両域の事情と感情を経験してきたからだ。わたしはクリエイターとして他人に迷惑をかけないためにプロデューサーでもあろうとした。プロデューサーの言うことを聞かないクリエイターほど、プロデューサーのクリエイティビティにおよばないこともままある。自戒を込めてそう断言しうる。

某映画会社の取締役をしていたときのことである。社長の代わりに経団連の産業部会に幾度か出席したことがあった。経産大臣と会議をするのだが、我が国にとって重要な、規模が大きく納税額の高い産業から順に会議のスケジュールが組まれる。映画・映像産業の番手ははるか後ろである。ようやく大臣との会議となったが彼は正直なかただった。彼はこう語ったのだ。

「映画産業はなかなか規模が大きくなりませんなあ。バクチ性が高すぎて、きちんと収益が出るのはほんの一部の事業者さんだけです。だがそれは産業規模の問題でもない。投資家からは、みなさんがビジネスとして、きちんと利益を出すつもりがないように思われている。また利益を出すよりも映画を作りたいだけにも見える。つまり純粋な投資家を騙しているように思われているんですな」

ぐうの音も出なかった。映画・映像産業の地位がいつまでも低いままなのは、従事者の意識が低く、モラルがないからだ、と日本の産業の指導者に言われたわけだ。そのとおりだと感じ、恥じ入るしかなかった。

コンテンツ製造の最大の問題点は、「資源の最大化、マーケティングの最大化こそ利益の最大化を生み、結果的に作品に供する」という資本主義的常識が、往々にして無視される、非常識とされる点である。資本主義というものは「売れることが尊ばれる」と同時に「将来のために資源を維持すること」も義務化されるのだが、この両視点が並立していないことが問題なのだ。

〝権利の暴力〟や〝クリエイティビティの暴力〟は大資本とその周辺に発生しやすい。大資本はキャッシュに融通が利いて財務体力もあり、ある程度の事業的失敗は吸収することができるため、関係者が損益に関心がなくなりやすいためである。〝周辺〟というのは取引業者としての制作会社であったり、流通や小売の事業者である。これまで、大資本と取引のある周辺業者は自社にキャッシュの体力がなかったとしても、それを大資本に依存できる関係性があった。多数のIPを保有する老舗制作会社や、クリエイティビティの突出した若い制作会社がこれまでこれに甘えてきていた。

しかし、二〇〇六年に金融商品取引法が成立、二〇〇八年から内部統制ルールとしてJ－SOX法の運用が開始され、それにともなう会計の厳格化により、大資本である上場企業は四半期決算をより強化し、キャッシュフロー経営を取り入れざるをえなくなった。その厳格化と決算短期化推進の結果として、周辺取引業者は発注額の精査と圧縮を受け、四半期決算に付き合う形で受発注の会計速度を上げることとなる。大企業は自社の決算ルールに付き合うよう、当然のように周辺事業者に強いる。当然ではあるが本来は製造業であるコンテンツ産業とはメーカー事業であり、その開発から部材調達・仕入れ、製造、流通、小売まで、長い期間が必要だ。もちろん法理的に四半期に付き合う事情はまったくないのだが、実際的には大資本の決算に合わせて受発注と製造、納品、資金繰りを行わなければならなくなっている。特に大きい問題点は本来、下請け的に稼働してきた制作会社が売り上げのために事業出資を行って仕事を創出させ、その結果として出資分の版権資産の償却に苦しむことだ。「資産に苦しむ」という本末転倒の経営状態。これはいかにするべきか。

本書を執筆しようとした最大の理由はここにある。

本来、コンテンツビジネスはデリバティブの強い、低資本でもスタートできる特異なビジネスであり、参入障壁が低いのが特徴である。しかし、これに「映像化」という商品加工を施すと、途端に大規模資本の必要性が出てくる。市場サイズに合わない、高額の原価に充てる資本と高いビジネススキルが必要になるのだ。にもかかわらず、適切な教育を受けず、適切な常識を持たない人材の無責任な産業従事が後を絶たない。ビジネス領域にも、クリエイティヴ領域にもである。「好き」という理由だけでの従事は、自身の愛するコンテンツそのものの足許を危うくし、他者への暴力となっているのだが、それさえも気づかない人間が大挙して押し寄せているのがいまなのである。前書きにも書かせていただいたが、本書はその流れに対する警告である。

反面、実際の経済の基準は既述のように酷薄なものとなりつつある。敬愛する、岩波映画のプロデューサーであった髙木隆太郎氏から「かつて、日本には〝豊かな隙間〟のある時代があった。その〝隙間〟は鷹揚で、いろいろな抜け道や人を傷つけないインチキもそこにあり、それが時代を優しく育てていたがゆえに自分は岩波映画製作所に入社できたし、多くの資本を預けていただいて映画を撮り続けられた」と聞いたことがある。そう語る髙木氏は、土本典昭監督と共に撮った「水俣シリーズ」など、多くの名作群を生み出しながらも、最後には過酷な製作会社の経営からは身を引かれた。残念ながら〝豊かな隙間〟の時代はすでになくなってしまったのだ。コンテンツ産業にはその進度と性質に合った独自の会計基準が必要であり、また、ライセンサーとライセンシーの間には、取引を監視する第三者機関が必要ではないかと考える。この逼迫した必要性を本書の読者には是非とも感じてほしいのである。

世界で活躍する人々にユダヤ人がいるとされる（内田樹『私家版・ユダヤ文化論』文春新書、二〇〇六年）。経済界だけではない。スポーツ、芸術、科学とあらゆる分野で活躍している。嘘か本当かは知らないが、彼らは五歳から簿記を教え込まれるといわれる。つまり、われわれ日本人の五十音や九九のレベルで、数千年前の時代より経営感覚を養っているのだ。そうと知ると各業界にユダヤ人たちが活躍している状況も合点がいく。彼らは幼児のころより、自分の才能をプロデュースするための、世界に自分を売るための経済感覚を修練して獲得し、空気を吸うように駆使しているのだ。

われわれはそろそろ、次のステージへと進化しなければならない時代に入っている。

〝勝ち組〟〝負け組〟と呼ばれるように、特定領域の人間が事情を知らない人間から搾取するような市場ではなく、作る人間も、売る人間も、商品を受け取る人間も、すべてが受益できるビジネス環境こそが正しいはずだ。


黒崎氏のように既存の常識を否定し、新しい習慣の創造を企図することのできる人材。

小林氏のように最初に「だれに売るのか？」を当然のように問いかけられる人材。

古川氏のように大企業の義務として、逆風のなか、新しいメディアをローンチする人材。

鵜之澤氏のように厳然たる回収計画のなかで、クリエイターに冷静にキャップできる人材。

豊島氏のように市場の転換点を好機ととらえ、事業を最大化することのできる人材。

植村氏のように丹念に事業を検証し、危機を越えてあらゆる角度から経営を保全できる人材。

内田氏のように到来する変革期をいち早く感じ取り、備えることのできる人材。

石田氏のように特定のクリエイターをグリップする、コミュニケーション力を持つ人材。

白倉氏のように現在の場所から、次の産業の姿を見据えることのできる人材。


求められている、このような人材群。そして円谷氏のように、コンテンツ制作者のありようと価値とは「企画力」であると自認し、大資本に対してその加護と投資を公正に主張できることが必要であると、本書では示唆させていただいた。

尊敬すべき先人、そして最前線で闘い続ける第一線プレイヤー群の言葉は、本書によって後進のための地図となり、指針となり、あるいは反面教師となって生き続ける。

最後になるが、本書は改訂作業も含めて非常に多くのかたがたにご尽力いただいた。教科書ということで無償で証言し、貴重なエピソードを開示いただいたインタビュイーのかたがたをはじめとして、スケジュールの調整をしてくださった各企業の御担当者、撮影と文字起こしに砕身してくれた研究室の所属スタッフたち、そのすべてのかたがたに深く御礼を申し上げたい。

また本書は先版の共同著作者である小林義寛日本大学法学部教授のご厚意によって、単著として編み直させていただいた。小林先生の厚情と真摯さに重ねて深く感謝する次第である。

公野　勉

【参考文献】

植村八潮著『電子出版の構図―実体のない書物の行方』印刷学会出版部、二〇一〇年
大川博著『この一番』東京書房、一九五九年
――――著『この一番の人生』実業之日本社、一九六三年
岡田茂著『悔いなきわが映画人生　東映と共に歩んだ50年』財界研究所、二〇〇一年
尾崎秀樹編『プロデューサー人生　藤本真澄映画に賭ける』東宝株式会社出版事業室、一九八一年
梶原一騎著『反逆世代への遺言』ワニブックス、一九八四年
経済産業省商務情報政策局文化情報関連産業課企画『プロデューサー・カリキュラム―コンテンツ・プロデュース機能の基盤強化に関する調査研究』C&R総研、二〇〇四年
小林久三著『日本映画を創った男―城戸四郎伝』新人物往来社、一九九九年
小林義寛「テレビと家族――家族視聴というディスクールをめぐって」『テレビはどう見られてきたのか』小林直毅・毛利嘉孝編、せりか書房、二〇〇三年
斉藤守彦著『日本映画、崩壊　～邦画バブルはこうして終わる～』ダイヤモンド社、二〇〇七年
社団法人全日本テレビ番組製作者連盟著作権委員会編『著作権ハンドブック１９８９』一九八九年
千野直那、尾中普子著『新訂版　著作権法の解説』一橋出版、一九八九年
トーマツ編『コンテンツビジネスマネジメント』日本経済新聞社、二〇〇七年
トーマツＴＭＴインダストリーグループ編『コンテンツ企業のビジネスモデル分析―開示情報からわかる』中央経済社、二〇〇七年
永田雅一著『映画道まっしぐら』駿河台書房、一九五三年
中山信弘、大渕哲也、小泉直樹、田村善之編集『著作権判例百選　第四版』有斐閣、二〇〇九年
浜野保樹著『表現のビジネス――コンテント制作論』東京大学出版会、二〇〇三年
――――著『偽りの民主主義　ＧＨＱ・映画・歌舞伎の戦後秘史』角川書店、二〇〇八年
平井和正著『夜にかかる虹』〈上〉〈下〉リム出版、一九九〇年
牧村康正、山田哲久著『「宇宙戦艦ヤマト」をつくった男　西崎義展の狂気』講談社、二〇一五年
村瀬拓男著『電子出版の真実』毎日コミュニケーションズ・マイコミ新書、二〇一〇年

山田順著『出版大崩壊』文藝春秋、二〇一一年
『ユリイカ　二〇一二年九月臨時増刊号』総特集「平成仮面ライダー」『仮面ライダークウガ』から『仮面ライダーフォーゼ』、そして『仮面ライダーウィザード』へ……ヒーローの超克という挑戦　青土社、二〇一二年

【参考Webサイト】〈サイト運営、ページ名、URL〉
（これらのウェブページは、閲覧日の記載がない限り、二〇一五年一二月二〇日に閲覧した）

株式会社エナジオ「ニュースリリース「宇宙戦艦ヤマト」著作権者裁判が終結し、西崎義展の著作者人格権が確定しました　2003. 7. 29」http://web.archive.org/web/20070515052223/http://www.enagio.com/release/old.html#030729_2
株式会社エナジオ「ニュースリリース『宇宙戦艦ヤマト』著作権者裁判が終結し、西崎義展の著作者人格権が確定しました　2003. 7. 29」http://web.archive.org/web/20070515052223/http://www.enagio.com/release/old.html#040726
裁判所ウェブサイト「裁判例情報：東京地判昭51. 5. 26」http://www.courts.go.jp/app/files/hanrei_jp/407/014407_hanrei.pdf
裁判所ウェブサイト「裁判例情報：東京地判平2. 2. 19」http://www.courts.go.jp/app/files/hanrei_jp/706/014706_hanrei.pdf
裁判所ウェブサイト「裁判例情報：東京高判平4. 5. 14」http://www.courts.go.jp/app/files/hanrei_jp/711/014711_hanrei.pdf
裁判所ウェブサイト「裁判例情報：最一小判平9. 7. 17」http://www.courts.go.jp/app/files/hanrei_jp/776/054776_hanrei.pdf
裁判所ウェブサイト「裁判例情報：最一小判平3. 10. 25」http://www.courts.go.jp/app/files/hanrei_jp/318/034318_hanrei.pdf
裁判所ウェブサイト「裁判例情報：東京地判平15. 1. 20」http://www.courts.go.jp/app/files/hanrei_jp/386/011386_hanrei.pdf
裁判所ウェブサイト「裁判例情報：東京地判平14. 2. 25」http://www.courts.go.jp/app/files/hanrei_jp/014/012014_hanrei.pdf

裁判所ウェブサイト「裁判例情報：知財高判平17. 10. 27」http://www.courts.go.jp/app/files/hanrei_jp/308/009308_hanrei.pdf
裁判所ウェブサイト「裁判例情報：東京地判平14. 3. 25」http://www.courts.go.jp/app/files/hanrei_jp/963/011963_hanrei.pdf
裁判所ウェブサイト「裁判例情報：東京地判平12. 9. 28」http://www.courts.go.jp/app/files/hanrei_jp/938/012938_hanrei.pdf
裁判所ウェブサイト「裁判例情報：東京地判平13. 7. 2」http://www.courts.go.jp/app/files/hanrei_jp/402/012402_hanrei.pdf
名木田恵子（水木杏子）「キャンディ・キャンディ事件　今までのこと〈その1〉」http://nagitakeiko.com/chin1.html
名木田恵子（水木杏子）「キャンディ・キャンディ事件　この事件の足跡」http://nagitakeiko.com/aramashi.html
守真弓「ＮＨＫの訴え棄却　原作のドラマ化契約解除巡り東京地裁」朝日新聞デジタル http://www.asahi.com/articles/ASH4X4JQJH4XUCLV009.html（二〇一六年三月一六日閲覧）

〈ま行〉

〈や行〉

〈は行〉

〈な行〉

〈た行〉

〈さ行〉

〈か行〉

索　引

〈あ行〉

〈初出〉

黒崎徹也、豊島雅郎、植村伴次郎、内田健二、石田雄治、円谷粲、各氏へのインタビューおよび、「映画配給と興行について」「映画産業にとって〝作品〟とはなにか?」は『映画はこうしてつくられる』(二〇〇八年、風塵社)に収録したものを、一部修正して掲載した。

著者

公野 勉
Tsutomu Kuno

1967年生まれ。映画プロデューサー。文京学院大学経営学部教授、日本大学法学部新聞学科講師。元東京大学大学院情報学環特任准教授。円谷プロダクション、東北新社で制作事業、ギャガ・コミュニケーションズでの配給事業の後、日活の配給・製作担当取締役、GONZOデジタル映画配給担当、タツノコプロダクション取締役。現在、大学にてコンテンツ産業リノベーションのための研究室を開設。製作作品に『鮫肌男と桃尻女』『バトル・ロワイアルII』『レディ・ジョーカー』『ユメ十夜』『GAMBA ガンバと仲間たち』など。製作参加作品に『輪廻』『劇場版デュエル・マスターズ 黒月の神帝』『劇場版ポケットモンスター　幻影の覇者ゾロアーク』など。

【取材協力】
文京学院大学　本多康平／玉川隆昭
日本大学　冨田祐太郎／喜多村太綱
アニメコンソーシアムジャパン　近藤千裕
講談社　髙橋明男

【調査協力】
丸山あかり

コンテンツ製造論

2016年4月30日　第1刷発行

著者　公野 勉
発行所　株式会社 風塵社

〒113－0033　東京都文京区本郷3－22－10
TEL 03-3812-4645　FAX 03-3812-4680

印刷：吉原印刷株式会社／製本：株式会社越後堂製本／装丁：有限会社閏月社